Ludwig A. Rehlinger
Freikauf

Ludwig A. Rehlinger

FREIKAUF

Die Geschäfte
der DDR mit politisch Verfolgten
1963–1989

Ullstein

CIP-Titelaufnahme der Deutschen Bibliothek

Rehlinger, Ludwig:
Freikauf: die Geschäfte der DDR mit politisch Verfolgten 1961
–1989/Ludwig A. Rehlinger. – Berlin; Frankfurt am Main:
Ullstein, 1991
ISBN 3–550–07503–0

© 1991 Verlag Ullstein GmbH, Berlin · Frankfurt am Main
Alle Rechte vorbehalten
Satz: KCS GmbH, Buchholz/Hamburg
Druck und Verarbeitung: Mohndruck, Gütersloh
Printed in Germany 1991
ISBN 3 550 07503 0

Inhaltsverzeichnis

Vorwort

Die folgenden Seiten berichten über die »besonderen Bemühungen im humanitären Bereich« seitens der Bundesregierungen in der Zeit von 1963 bis zu ihrem Ausklang Ende 1989. Hinter dem umständlichen Titel verbirgt sich der Einsatz für politische Häftlinge in der DDR und die Unterstützung von über zweihundertfünfzigtausend Landsleuten, die wegen der als unerträglich empfundenen gesellschaftspolitischen Verhältnisse aus der DDR in die Bundesrepublik ausreisen wollten. Um diese Hilfe zu ermöglichen, mußten unkonventionelle Wege beschritten werden. »Häftlingsfreikauf« und »Menschenhandel« lauteten die Überschriften, mit denen die Vereinbarungen mit der DDR charakterisiert wurden.

Ich gehöre zu den wenigen, die noch Auskunft über die Aktionen von Beginn an geben können. Immer wieder wurde ich gedrängt, die Geschehnisse aufzuzeichnen, denn sie umfassen ein wichtiges Kapitel der Nachkriegszeit in Deutschland. Viele Bürger wurden von ihnen in ihrem persönlichen Schicksal tief betroffen. Sie haben viele Menschen sehr bewegt und einen nicht geringen Einfluß auf die politische Entwicklung im geteilten Deutschland gehabt.

In den Bericht wurden nicht alle Vereinbarungen mit der DDR aufgenommen. Außerdem schien es mir geboten, auch wenn die »besonderen Bemühungen« nun ihr Ende gefunden haben, eine gewisse Vertraulichkeit weiter zu wahren.

Leider habe ich nicht die Sicht der anderen Seite, der ehemaligen DDR, wiedergeben können. Erst wenn die dortigen Archive einmal geöffnet sein werden, wird die Öffentlichkeit eine genaue Kenntnis erhalten, aus welchen Gründen die SED-Führung sich auf diese anstandswidrigen, unmoralischen, ja abstoßenden Praktiken eingelassen hat und welche Überlegungen das Politbüro der SED und der damalige Generalsekretär und Staatsratsvorsitzende Erich Honecker in bezug auf die innen- und außenpolitischen Auswirkungen angestellt haben.

»Daß einer an mich gedacht hat.«
Der Häftlingsfreikauf beginnt

Am 19. Mai 1988 verließ ich mein Amt als Staatssekretär des Bundesministeriums für innerdeutsche Beziehungen, um einem Ruf nach Berlin als Senator für Justiz- und Bundesangelegenheiten zu folgen. Mit diesem Wechsel nahm ich zum zweiten Mal Abschied von einer Aufgabe, die mir in vielen Jahren ans Herz gewachsen war und die völlig ungewöhnlich und ohne Vorbild im ministeriellen Bereich gewesen ist. Es handelte sich um den Einsatz für politische Häftlinge in der DDR und darum, den Menschen, die die DDR — sei es aus familiären, sei es aus politischen Gründen — verlassen und in die Bundesrepublik Deutschland übersiedeln wollten, in ihrem Anliegen zu unterstützen. Die »Akte« trug den Namen: »Besondere Bemühungen der Bundesregierung im humanitären Bereich«.

Viele frohe Stunden hat es in dieser Arbeit nicht gegeben. Dem Erfolg standen stets mehr offene Wünsche gegenüber. Aus wohl nur wenigen Dokumenten hier im Westen lassen sich tiefere Einblicke in die jeweilige innenpolitische Situation in der DDR von 1963 bis 1989 gewinnen als aus diesen Vorgängen.

Die Tatsache, daß Menschen wegen ihrer politischen Überzeugung verhaftet und zu langjährigen Freiheitsstrafen verurteilt wurden und daß eine Vielzahl von Bürgern aus politischen Gründen das Land verlassen wollte, ließ wie kaum ein anderes Faktum Rückschlüsse auf die gesellschaftspolitischen Verhältnisse, auf das System selbst zu, zeigte die Erbarmungslosigkeit, mit der um einer Ideologie willen das Recht von Menschen mit Füßen getreten wurde, und bewies mit aller Deutlichkeit, daß aus der früheren sowjetischen Besatzungszone mit dem Staat DDR kein Rechtsstaat, keine Demokratie hervorgegangen war.

Von Anfang an stand auf der anderen Seite als Beauftragter der Regierung der DDR Rechtsanwalt Wolfgang Vogel. Wir sind uns in den Jahren oft begegnet und haben nahezu unzählige Male, manchmal täglich, miteinander gesprochen. Hieraus erwuchs eine enge und intensive Verbindung. Über die politisch sich unversöhnlich gegenüberstehenden Gegensätze hinweg kam es zu einer einzigartigen Zusammenarbeit zwischen der Bundesrepublik Deutschland und der DDR. Die Aufgabe wurde von meinem Nachfolger im Amt, Staatssekretär Walter Priesnitz, fortgeführt.

In meiner Zeit als Senator in Berlin habe ich mich dann noch um die »Berliner Fälle« gekümmert. So blieb die Verbindung mit Rechtsanwalt Vogel im beschränkten Umfang zunächst erhalten.

Ende Januar 1989 wurde im Land Berlin das Parlament neu gewählt. Die bisherige Koalition aus CDU und FDP wurde durch ein Bündnis von SPD und der Alternativen Liste abgelöst. Mit der Wahl des neuen Senats schied ich aus der Regierung des Landes Berlin aus. Es galt auch, mich von dem Auftrag zu lösen, der mich am meisten in meinem Leben bewegt hat.

Und so begann sie, die Geschichte der besonderen humanitären Bemühungen der Bundesregierung: Am 14. Dezember 1962 bildete Bundeskanzler Konrad Adenauer sein Kabinett um. Auf Ernst Lemmer folgte als neuer Bundesminister für gesamtdeutsche Fragen Rainer Barzel. Der Wechsel rief bei den Deutschlandpolitikern der CDU, besonders in Berlin, einen erheblichen Unmut hervor. Die Entscheidung Adenauers wurde deutlich kritisiert, denn mit Barzel war ein Mann auf diesen wichtigen Posten berufen worden, der sich zuvor auf dem Gebiet noch nicht hervorgetan und einen Namen gemacht hatte. Lemmer hingegen hatte nach dem Zusammenbruch die CDU in Berlin mitgegründet und seine ganze Energie, seine Tatkraft und sein Engagement den Fragen der Teilung Deutschlands gewidmet.

Lemmer hatte zunächst, wie sein Vorgänger, Minister Jakob Kaiser, ein Büro im »Bundeshaus Berlin« gehabt, in dem die Vertretungen der Bonner Ressorts untergebracht waren. Dort fühlte er sich jedoch eingeengt, und er beklagte, daß der Charakter des rein ministeriellen Bürohauses ihn in seinen Aktivitäten behindere und ihm nicht die gewünschte Freiheit im Umgang mit den Bürgern gestatte. Im Hintergrund stand, daß Lemmer, der durch sein politisches Wirken auch in der DDR weithin bekannt war und Ansehen genoß, unauffällig und unbeobachtet Landsleute von drüben empfangen und sprechen wollte.

Bis zum Bau der Mauer in Berlin − 1961 − gab es einen regen Verkehr über die Grenze hinüber und herüber. Ein Gespräch mit dem Bundesminister für gesamtdeutsche Fragen hätte aber, wenn es den

Behörden der DDR bekanntgeworden wäre, empfindliche Folgen, bis zu einer Strafverfolgung, für den Besucher nach sich ziehen können. Eine zwanglose Begegnung war in dem Amtshaus mit seiner Pförtnerkontrolle jedoch nicht möglich. So richtete sich Lemmer, sehr zum Mißfallen seines Staatssekretärs Franz Thedieck, ein eigenes »Ministerbüro Berlin« in der fünften Etage eines anonymen Bürohauses am Kurfürstendamm/Ecke Uhlandstraße ein. Er genoß es sehr, dort unbeobachtet — wie er glaubte — walten zu können. Zum Leiter des Büros bestellte er den ihm aus seiner politischen Arbeit in Berlin her vertrauten Rolf May. Dieser, ein höchst aktiver Herr, war dem gesamtdeutschen Anliegen leidenschaftlich verbunden. 1962 schied er aus dem Bundesdienst aus und wechselte zum Verleger Axel Springer, für den er Stabsaufgaben in dessen unmittelbarer Umgebung übernahm.

Ich war am 1. Januar 1957 in die Berliner Abteilung des Bundesministeriums für gesamtdeutsche Fragen eingetreten und, wie es bewährter Brauch ist, zunächst in den verschiedenen Referaten des Hauses »herumgereicht« worden, um mich einzuarbeiten. Dann war ich als Referent in das politische Referat eingegliedert worden. Die Tätigkeit dort entsprach meinen Neigungen. Ich hatte meinen Anwaltsberuf aufgegeben, nicht, um im öffentlichen Dienst zu sein, sondern weil mich die Aufgabe mit Macht anzog. Aus dem Erlebnis der Nazi-Zeit heraus fühlte ich mich verpflichtet, mit dabei zu helfen, daß nicht erneut die politische Willkür in Deutschland Boden oder gar Oberhand gewann.

Für die freie Stelle wurde nun ein neuer Mann ausgeguckt. Ohne daß ich mich beworben hatte, machte mir Ernst Lemmer das Angebot, die Nachfolge von May anzutreten. Ich nahm gern an. Diese schicksalhaft bedingte Konstellation trug dazu bei, daß ich über die humanitären Bemühungen der Bundesregierung berichten kann — ja sie war vielleicht durch den Wechsel von May zu Axel Springer eine Voraussetzung dafür, daß die Dinge überhaupt ins Rollen kamen. Ich komme darauf zurück.

Die Geschichte der humanitären Bemühungen für politische Häftlinge in der DDR reicht weit in die Jahre vor 1963 zurück. Sie entwickelte sich aus der Sorge um die Kriegsgefangenen und der Betreuung von Deutschen, die von der sowjetischen Siegermacht verurteilt worden waren. Viele Faktoren kamen schließlich zusammen, um die besondere Hilfe für politische Häftlinge in der DDR zu ermöglichen.

Bereits zwei Jahre nach dem Krieg, 1947, begann die evangelische Kirche sich um das Schicksal von Kriegsgefangenen und Zivilinternierten zu kümmern. Nach der Gründung der Bundesrepublik Deutschland übernahm das Auswärtige Amt die Betreuung wegen sogenannter Kriegsverbrechen verurteilter Deutscher. Das Auswärtige Amt schaltete hierzu den Rechtsanwalt Behling ein. Dieser hatte sich in der Nazi-Zeit als Pflichtverteidiger vor dem »Volksgerichtshof« tatkräftig und unerschrocken für seine Mandanten eingesetzt. Sein Mandat wurde später um den Auftrag erweitert, sich des Schicksals der Deutschen, die kurz nach dem Krieg aus der sowjetischen Besatzungszone in die Sowjetunion verschleppt worden waren, anzunehmen und den in der DDR aus politischen Gründen verurteilten Menschen, so weit es ging, Rechtsschutz zu gewähren.

Die Erkenntnisse über das Schicksal von Personen, die betreut werden sollten, erhielt das Büro Behling auf vielfältige Weise. In der damaligen Zeit − Anfang der fünfziger Jahre − beschäftigten sich eine Fülle von Organisationen in der Bundesrepublik Deutschland mit den Problemen in der DDR. Die Wiedervereinigung wurde als ein politisches Ziel begriffen, das konkret erreichbar schien. Die Verbindungen zwischen den verschiedensten Gruppen innerhalb der Gesellschaft waren durch die Wirren des Kriegsendes zwar unterbrochen worden, lebten aber bald wieder auf. Die politische Teilung des Landes war ja keineswegs komplett; man kommunizierte über die Demarkationslinien hinweg, hielt alte Beziehungen aufrecht und knüpfte neue Gemeinsamkeiten. Zeitweise gab es über hundert gesamtdeutsche Gesellschaften, die eng zusammenarbeiteten. Überall fielen Erkenntnisse über die Situation in der DDR an.

Die Errichtung der totalitären Herrschaft der SED in der DDR zeigte ihre Auswirkungen besonders im Bereich der Strafjustiz. Die Justiz wurde rigoros als Instrument zum Umbau der Gesellschaft eingesetzt, denn »Recht ist eine spezifische Form der Machtausübung« der »herrschenden Klasse«, wie es das DDR-Rechtslexikon definiert. Eine Fülle von Verurteilungen aus politischen Gründen war die Folge. Über diese Prozesse, über das Schicksal der Inhaftierten, flossen zahlreiche Nachrichten und Mitteilungen in den Westen, die von den verschiedenen Organisationen gesammelt und ausgewertet wurden. Da

12

gab es die Befragung der Heimkehrer und der Flüchtlinge, Erkenntnisse beim Deutschen Roten Kreuz, der Caritas, der Inneren Mission, beim »Untersuchungsausschuß freiheitlicher Juristen«, bei der »Vereinigung der Opfer des Stalinismus«, bei den Gewerkschaften und nicht zuletzt bei den politischen Parteien, die eigene sogenannte »Ostbüros« unterhielten.

Alle diese Stellen pflegten eine enge Zusammenarbeit mit Rechtsanwalt Behling, so daß sein Büro bald über alle politisch bedingten Verhaftungen und Verurteilungen genau unterrichtet war. Behling schied später aus Altersgründen aus. An seiner Stelle führten andere Anwälte die Tätigkeit fort. Im Ministerium wurde die Anwaltskanzlei unter der Bezeichnung »Rechtsschutzstelle« geführt.

Die Einschaltung eines Anwaltsbüros, um in politischen Strafverfahren in der DDR den Menschen Beistand zu leisten, erwies sich als überaus erfolgreich. Das Büro wurde rein auf dem anwaltlichen Weg tätig. Es sammelte keine Nachrichten und verfolgte keine politische Aufgabe, sondern half den Menschen, so gut es bei den Verhältnissen möglich war, wie jeder normale Anwalt seinem Mandanten auf der Basis des geltenden Rechts durch Beratungen und mit Gesuchen vor Gerichten hilft. Ab 1955 ging die Rechtsschutzstelle auch dazu über, Rechtsanwälte in der DDR als Korrespondenzanwälte einzuschalten. Sie wurden gebeten, die Verteidigung zu übernehmen und sich nach einer Verurteilung im Gnadenverfahren um die Mandanten zu kümmern. Für die Verhafteten oder Verurteilten in der DDR bedeutete dieser Beistand, der aus dem Westen vermittelt war, eine große Hilfe.

Einer der Rechtsanwälte in der DDR, die von der Rechtsschutzstelle in Strafverfahren als Korrespondenzanwalt hinzugezogen wurden, war Wolfgang Vogel. 1925 in Oberschlesien geboren, hatte er nach dem Krieg in Jena und Leipzig Jura studiert und seine Ausbildung 1952 mit beiden juristischen Staatsexamen abgeschlossen. Von 1952 bis 1953 war er als Hauptreferent der Strafrechtsabteilung im DDR-Justizministerium tätig. 1954 trat er in das Rechtsanwaltskollegium in Ost-Berlin ein. Später durfte er eine eigene Praxis eröffnen. 1957 wurde er auch in West-Berlin, für den Bezirk des Kammergerichts, als Rechtsanwalt zugelassen. Er gehörte damit zu einem der wenigen Rechtsanwälte, die in Ost- und West-Berlin zugleich arbeiten und vor Gericht auftreten konnten.

Der Bau der Mauer am 13. August 1961 zerriß Berlin. Der freie Verkehr in der Stadt wurde unterbrochen. Westberliner konnten nicht mehr in den Ostteil der Stadt fahren. Nur Bundesbürger, oder genauer diejenigen, die einen westdeutschen Ausweis vorweisen konnten, durften ohne weitere Formalitäten die Grenze überschreiten und Ost-Berlin betreten. Die Kommunikation der Rechtsschutzstelle mit Rechtsanwälten in Ost-Berlin wurde damit auf den Briefwechsel eingeengt. Dies erschwerte den Verkehr miteinander erheblich, denn gerade in prozessualen Angelegenheiten ist der ungestörte mündliche Austausch, die persönliche Verhandlung mit dem anderen Anwalt, für die Bearbeitung einer Sache von hohem Wert. Um sich aus dieser Verlegenheit zu helfen, bediente sich die Rechtsschutzstelle, wie viele damals in Berlin, eines Mittelsmannes. Einer der in der Rechtsschutzstelle tätigen Anwälte kannte aus gemeinsamer Referendarzeit in Braunschweig Rechtsanwalt Jürgen Stange. Dieser hatte sich ebenfalls in West-Berlin als Anwalt niedergelassen, besaß aber noch einen westdeutschen Ausweis, weil seine Mutter in Braunschweig lebte. Er konnte deshalb jederzeit Ost-Berlin betreten.

Stange wurde nun von der Rechtsschutzstelle gebeten, in den Fällen, in denen eilige Botschaften mit Anwälten in Ost-Berlin auszutauschen waren, unmittelbar einzuspringen. Es war sehr freundlich von ihm, daß er sich für diesen Dienst zur Verfügung stellte. Auf diese Weise lernte er Rechtsanwalt Vogel kennen, hieraus entwickelte sich eine langjährige Zusammenarbeit und auch eine enge persönliche Beziehung.

In allen Zeiten in der Geschichte hat man sich bemüht, gefangene Landsleute aus der Hand des Gegners wieder auszulösen. Geld hat dabei eine wichtige Rolle gespielt. Niemand hatte grundsätzliche oder gar moralische Bedenken, sich auf einen derartigen Handel einzulassen. Die Geschichte ist voll von Übereinkünften dieser Art. Den Verabredungen liegt der Gedanke zugrunde, dem Landsmann, der in Not geraten ist, zur Hilfe verpflichtet zu sein. Mit der Schärfung des Gewissens hat sich schließlich die Einsicht durchgesetzt, daß jedem Menschen, der unverschuldet aus politischen, religiösen oder rassischen Gründen in Bedrängnis geraten ist, die Zuwendung gebührt. Der Moralbegriff hat sich erheblich verfeinert. Im Geist dieser Idee der Humanitas haben dann auch sehr bald nach dem Krieg viele Menschen, sei es allein oder in Organisationen, sich des Schicksals von Verfolgten und Unterdrückten in Deutschland angenommen. Es verwundert nicht, wenn neben den im engeren Sinn karitativen Organisationen sich besonders die Kirchen in den Dienst dieser Aufgabe für den Menschen gestellt haben. Es ist nicht meine Aufgabe, diese Werke aus christlicher Nächstenliebe hier nachzuzeichnen. Mir fehlen dazu die nötigen Detailkenntnisse; auch würde mir wohl das Recht nicht zustehen. Es ist die Sache der Kirchen, hierüber zu sprechen oder wie bisher weiter zu schweigen. Nur soviel sei gesagt, daß sich die Kirchen schon vor der Bundesregierung in besonderer Weise um politische Häftlinge gesorgt haben. Auch sie wählten den Weg über Rechtsanwälte. Zu ihnen gehörte Wolfgang Vogel. Die ersten Schritte waren bereits getan. Als sich dann aber größere Möglichkeiten eröffneten, stießen die Kirchen an die Grenzen ihrer Handlungsfähigkeit.

Mir ist ebenfalls berichtet worden, daß der Senat von Berlin sich vor 1962 in einzelnen Fällen um Menschen, die ein besonders schweres Los in der DDR erdulden mußten, auf besonderem Wege bemüht hat. Die Fäden liefen damals bei dem Bürgermeister Pastor Heinrich Albertz und dem späteren Senator Dietrich Spangenberg zusammen. Überliefert und verbürgt ist desgleichen, daß vor 1962 ebenso über Anwälte für zwei Deutsche, die in der DDR aus politischen Gründen inhaftiert waren, die Freiheit gegen Geld durch Bemühungen von anderer Seite erreicht worden ist.

Der Gedanke, politischen Häftlingen in der DDR gegen materielle Leistungen zu helfen, wurde auch in Bonn vorgetragen. Er stieß dort im damaligen Bundesministerium für gesamtdeutsche Fragen bei dem zuständigen Abteilungsleiter, Ministerialdirektor Müller, und Staatssekretär Franz Thedieck jedoch auf brüske Ablehnung. Für Thedieck kam ein solcher »Handel« nicht in Frage. Menschen gegen Geld, das trug den Stempel des Unmoralischen, das tat man nicht. Ein Geschäft mit dem Unrechtssystem zu machen, sich mit der SED einzulassen, nein, zu diesem Vorgehen wollte er die Hand nicht reichen.

Wenige Tage nach seinem Amtsantritt als neuer Bundesminister für gesamtdeutsche Fragen stattete Rainer Barzel Berlin seinen ersten offiziellen Besuch ab. Die Stadt war ihm aus seiner Jugend wohl vertraut. Ich empfing ihn an der Gangway auf dem Flughafen Tempelhof. Viel Presse hatte sich eingefunden, denn die Kritik der Berliner CDU an der Berufung Barzels zum Minister war nicht verborgen geblieben. Für Berlin war er zudem politisch noch weitgehend ein unbeschriebenes Blatt. Genug Gründe, um die Neugier zu wecken und sich »News« zu versprechen.

Offenkundig bester Laune und strahlend stieg Barzel, begleitet von seiner ersten, früh verstorbenen Frau Kriemhild und seiner Tochter Claudia, aus der Maschine. Ich ging auf ihn zu und stellte mich vor. Er sagte nur: »Ach, Sie sind der Herr Rehlinger.« Ein freundlicher Blick, ein kräftiger Händedruck, dann wurde er von den Medien vereinnahmt.

So lernten wir uns kennen. Aus der rein dienstlichen Begegnung entwickelte sich bald eine vertraute Bekanntschaft, die später, nach 1973, in ein freundschaftliches Verhältnis mündete. Wir sind immer wieder im Leben zusammengetroffen und haben einen engen Gedankenaustausch gepflegt. Sicher haben die Bemühungen der Bundesregierung um die politischen Häftlinge in der DDR, die mit Rainer Barzel ihren Anfang nahmen und in die er mich als seinen Vertrauten und Beauftragten eingeschaltet hatte, mit dazu beigetragen, eine enge und persönliche Verbindung zwischen uns entstehen und wachsen zu lassen.

Barzel hatte bei seinem Amtsantritt im Dezember 1962 keinerlei Kenntnisse von den Schritten, die andere unternommen hatten, um politischen Häftlingen in der DDR ihr Los zu erleichtern. Auch ich, der ich mit der Rechtsschutzstelle in Berlin laufend dienstlich in Kontakt stand, hatte von diesen Übereinkünften bislang nichts gehört. Alle Abreden mit der DDR waren strikt unter der Decke gehalten worden.

Um diese Zeit brachte Rechtsanwalt Stange von seinen Gesprächen mit Wolfgang Vogel aus Ost-Berlin die Nachricht mit, daß die DDR bereit sei, in größerem Umfang politische Häftlinge gegen materielle Leistungen freizulassen. In der Rechtsschutzstelle wurde von den Anwälten hin und her überlegt, wie sie die Botschaft auf den richtigen Weg bringen könnten. Eine private Organisation kam wohl nicht in Frage, denn wenn sich die Idee tatsächlich verwirklichen ließe, mußten sicher erhebliche Beträge aufgebracht werden. Die Sache mußte zudem politisch abgesichert sein, auch konnten Rechtsakte notwendig werden, die nur von staatlicher Seite vollzogen werden konnten. In Bonn, im Ministerium, waren die Anwälte mit dem Gedanken auf

Ablehnung gestoßen. Hier erneut nachzubohren, schien zwecklos. So sann man nach einem anderen Weg, auf dem dieses Angebot, das für ernst gehalten wurde, an die richtige Stelle — die Bundesregierung — herangetragen werden konnte.

Zu dieser Zeit war Rechtsanwalt Helmut Sehrig für die Rechtsschutzstelle tätig. Aus gemeinsamer politischer Arbeit in Berlin war er mit dem früheren Leiter des Ministerbüros von Ernst Lemmer, Rolf May, verbunden. Sie kannten sich gut. May, der — wie ich oben vermerkt habe — zum Springer-Konzern gewechselt war, hatte aufgrund seines Aufgabenkreises im dortigen Haus jederzeit die Möglichkeit, den Verleger persönlich und vertraulich sprechen zu können.

Das Engagement von Axel Springer in allen deutschlandpolitischen Angelegenheiten stand außer jedem Zweifel. Er, und mit ihm sein Konzern, taten alles, um eine Deutschlandpolitik, die zu einer Einheit in Freiheit führen könnte, zu fördern. Wenn Axel Springer von der Idee überzeugt werden konnte, würde er kraft seines politischen Gewichts und seines Einflusses schon Mittel und Wege finden, die Sache auf den Weg zu bringen. Man beschloß deshalb, May einzuweihen und ihn zu bitten, bei Axel Springer vorstellig zu werden. Springer griff die Nachricht sofort bereitwillig auf und sagte seine Unterstützung zu. Er ließ Bundesminister Barzel eine Botschaft zukommen, daß er ihn gern in einer wichtigen und vertraulichen Angelegenheit sprechen würde. Die Begegnung kam schnell zustande, und Springer setzte Barzel von dem Angebot ins Bild. Rainer Barzel schreibt über das Gespräch*: »So reagierte ich positiv, aber ungläubig und skeptisch, als Axel Springer mir im Frühjahr 1963 bei einem Gespräch im 13. Stockwerk seines Hamburger Verlagshauses — selbst ebenso skeptisch wie ich — einen Hinweis auf einen Rechtsanwalt Stange gab, der Gefangene aus der DDR gegen Geld herausholen wolle.«

Bei seinem nächsten Besuch in Berlin unterrichtete Barzel mich über das Gespräch. Mir war aus der Zusammenarbeit mit der Rechtsschutzstelle die Not der politischen Häftlinge in der DDR bekannt. Die Rechtsschutzstelle führte rund 12 000 Akten über politische Verurteilungen. Hinter jeder stand ein Mensch, der nach unseren Moralbegriffen und unserer Ordnung zu Unrecht in Haft gehalten wurde. In

---

* Rainer Barzel, *Es ist noch nicht zu spät*, München 1976, S. 24 f.

den Zuchthäusern der DDR saßen damals rund 4000 Deutsche ein, die schon von sowjetischen Militärtribunalen, häufig in Gruppenprozessen, verurteilt worden waren – unter ihnen ehemalige Kriegsgefangene wegen sogenannter Kriegsverbrechen, die bereits in der Gefangenschaft regelmäßig pauschal zu 25 Jahren oder lebenslänglicher Haft verurteilt worden waren. Hinzu kamen Zivilisten, die wegen »antisowjetischer Hetze«, »Diversion« – was immer man darunter verstand – oder »Spionage« von sowjetischen Tribunalen hohe Strafen erhalten hatten. Keines der Verfahren war öffentlich durchgeführt worden. Die Tatvorwürfe waren pauschal zusammengestellt worden. Es gab keine ordentliche Verteidigung. Anklage, Verfahren und Urteil verstießen fundamental gegen die Normen, die in einem Rechtsstaat gelten.

Neben dieser Gruppe von Gefangenen befanden sich in den Strafanstalten der DDR die in den sogenannten Waldheimer Kriegsverbrecherprozessen Verurteilten.

Ab 21. April 1950 waren vor einer Sonderstrafkammer des Landgerichts Chemnitz 3400 Deutsche wegen angeblichen Verstoßes gegen das Kontrollratsgesetz Nr. 10 unter Ausschluß der Öffentlichkeit zu langjährigen Freiheitsstrafen verurteilt worden. Die Verfahren hatten durchweg nur fünfzehn Minuten gedauert. Von einem ordentlichen Prozeß konnte nicht die Rede sein. Es handelte sich klar um Unrechtsurteile.

Der Präsident des Bundesgerichtshofes, Weinkauff, charakterisierte diese Urteile am 24. Oktober 1957 bei der Enthüllung einer Gedenktafel folgendermaßen: »Warum enthüllen wir heute hier im Bundesgerichtshof diese schlichte Gedenktafel, die das Geschehen an die Opfer eines mörderischen Regimes wachhalten soll? Gewiß kann man sagen: Hier wurden die namenlosen Greuel des nationalsozialistischen Regimes mit ebenso namenlosen Gegengreueln beantwortet, die mit den nationalsozialistischen Greueln auch das gemeinsam hatten, daß sie ebenso blind, gefühllos und rechtslos zuschlugen wie jene.«

Dann büßten Tausende ein Vergehen aufgrund der sogenannten »Boykottgesetze« nach Art. 6, Abs. 2 der Verfassung der DDR von 1949. Artikel 6 bestimmte: »Boykottgesetze gegen demokratische Einrichtungen und Organisationen, Mordgesetze gegen demokratische Politiker, Bekundung von Glaubens-, Rassen- und Völkerhaß, militärische Propaganda sowie Kriegshetze und alle sonstigen Handlungen, die sich gegen die Gleichberechtigung richten, sind Verbrechen im Sinne des Strafgesetzbuches.« Dieser Verfassungssatz bildete bis zum Inkrafttreten des Strafrechtsergänzungsgesetzes am 1. Januar 1958 die Grundlage für das politische Strafrecht in der DDR. Der Artikel wurde als ein Strafgesetz angesehen, obwohl die Strafandrohung nicht präzisiert war und es an einer klaren Bestimmung der Tatbestandsmerkmale mangelte.

Die pauschale Charakterisierung der Taten nach Artikel 6 als Verbrechen ließ als Strafen die Todesstrafe, lebenslängliches Zuchthaus und andere Zuchthausstrafen zu. Nach dem Erlaß des Strafrechtsergänzungsgesetzes wurde mit Artikel 6 auch dann eine Bestrafung gerechtfertigt, wenn das Strafgesetz selbst eine Lücke offengelassen hatte, die Ahndung der Tat jedoch aus politischen Gründen für opportun gehalten wurde.

Nach dem Zusammenbruch des »Dritten Reiches« regten sich auch in der sowjetischen Besatzungszone sehr bald Kräfte, die aus den Trümmern ein neues demokratisches Deutschland aufbauen wollten. Aus Moskau waren mit der Gruppe Ulbricht deutsche Kommunisten zurückgekehrt, die das Ziel verfolgten, ein kommunistisches System wie in der Sowjetunion zu errichten. Sie hatten die absolute Unterstützung der sowjetischen Besatzungsmacht, dem obersten Träger aller Gewalt in der damaligen sowjetischen Besatzungszone Deutschlands.

Demokratisierung hieß das Schlagwort jener Tage. Doch schnell stellte sich heraus, daß die Kommunisten in der sowjetischen Besatzungszone unter Demokratie nicht politische Vielfalt, Meinungsfreiheit, selbständiges Wirtschaften und Selbstbestimmung verstanden, sondern die kommunistische Diktatur anstrebten. Die demokratischen Kräfte wehrten sich heftig, daß auf die alte, mit soviel Elend endlich zu Ende gegangene Diktatur der Nazis nun eine neue Zwangsherrschaft folgen sollte.

Über das Ringen in den ersten Jahren nach dem Krieg in der sowjetischen Besatzungszone ist viel geschrieben worden. Ich brauche die Vorgänge deshalb hier im einzelnen nicht nachzuzeichnen. Gestützt auf die Macht der sowjetischen Truppen, ohne Hilfe aus dem Westen, mußte sich die Gewalt durchsetzen. Der »Aufbau des Sozialismus« wurde proklamiert, die radikale Umwandlung der Gesellschaft in

Angriff genommen. Es galt, alle kapitalistischen und bürgerlichen Strukturen, wie man das nannte, zu zerschlagen. Da die Gesetzgebungsbefugnis in der Hand der SED lag, bedurfte es nur des konsequenten Einsatzes der Sicherheitsorgane und der Justiz, um das ins Auge gefaßte Ziel zu erreichen. Tausende wurden politisch mundtot gemacht, wirtschaftlich ruiniert, an der freien Entfaltung gehindert und in die Zwangsjacke einer neuen Diktatur gepreßt. Wer sich nicht freiwillig beugte oder das Land verließ, wanderte in die Gefängnisse.

So darbten denn in den Zellen Sozialdemokraten, die sich gegen die kommunistisch gesteuerte Einheitsfront gewehrt hatten, Christen, die um der christlichen Überzeugung willen sich gegen die Einführung des atheistischen Kommunismus gestemmt hatten, Liberaldemokraten, die ähnlich wie die Gruppe um Arno Esch politischen Widerstand geleistet hatten, Demokraten aus der Weimarer Zeit sowie junge Menschen, Studenten und Akademiker, die sich nach den Erfahrungen der Nazi-Zeit nicht einer neuen Diktatur unterwerfen wollten, Gewerkschaftler, die die unabhängige Gewerkschaftsbewegung verraten sahen, Künstler, die sich nicht in das Korsett des sogenannten sozialistischen Realismus pressen lassen wollten und das vorgegebene Aufbaupathos mißachteten, Bauern, Handwerker und Gewerbetreibende, die der Zwangskollektivierung oder der Enteignung zum Opfer gefallen waren.

Die SED verfolgte rücksichtslos jeden, der gegen den politischen Kurs Widerstand leistete, aufmuckte und sich nicht duckte und einpassen ließ. Es war eine bittere Zeit. Ich hatte sie als junger Student an der Humboldt-Universität selbst miterlebt. Auch ich hatte mich zusammen mit Freunden politisch engagiert und versucht, das Erstarken des Kommunismus, die Alleinherrschaft der SED zu verhindern. Wir hatten gesehen, wie Kommilitonen spurlos verschwanden und nicht mehr auftauchten, wie alle Mühen, eine echte pluralistische Demokratie aufzubauen, an der brutalen Gewalt scheiterten. Dieses Bild vor Augen und mit der Erfahrung aus den vergangenen Jahren elektrisierte mich der Gedanke, daß sich hier eine Möglichkeit eröffnen konnte, diesen leidgeprüften und in Wahrheit unschuldigen Landsleuten helfen zu können.

Gewiß, es wäre ein höchst unschöner Handel: Menschen gegen Geld. Ein Geschäft mit den Unterdrückern, mit denen, die für die Not der Menschen verantwortlich waren. Unter dem moralischen Aspekt sicher keine feine Sache, wenn es denn zu Verabredungen käme. Aber gab es nicht die Verpflichtung dem Nächsten gegenüber, der unschuldig leidet? Wer verstieß denn gegen die Moral – der, der Menschen gegen Geld freiläßt, oder der, der bezahlt, um politisch Verfolgten zu helfen? Für mich gab es keinen Zweifel und hat es durch all die Jahre hindurch nie gegeben. Solange die Gegenleistung nur in schnödem Mammon bestand, wenn keine politischen Falltüren eingebaut waren, dann mußte man sich diese Sache – höchst vorsichtig zwar und mit großem Mißtrauen – ansehen. Die gebotene Hand einfach zurückzuweisen, ohne zu prüfen, ob sie nicht wirklich etwas hergibt, hielt ich nicht für richtig.

Die Bundesregierung hatte sich stets in der Pflicht gefühlt, den Menschen im anderen Teil Deutschlands, wenn nötig, beizustehen. Hier zeigte sich eine Gelegenheit, eröffnete sich eine konkrete Aussicht: Diese Chance durfte man nicht ungenutzt vorübergehen lassen. Als mir deshalb Rainer Barzel von der Sache erzählte, trat ich spontan und leidenschaftlich dafür ein, den Faden aufzugreifen. Meines Zuspruchs hat es allerdings nicht bedurft. Barzel hatte sich bereits entschieden, hatte das politische Risiko, das Für und Wider abgewogen und war entschlossen, zu handeln. Er sprach mit Bundeskanzler Adenauer, dem Chef des Kanzleramts, Hans Globke, und Staatssekretär Thedieck. Später weihte er Heinrich von Brentano, den Vorsitzenden der CDU/CSU-Bundestagsfraktion, den Bundesminister der Finanzen, Rolf Dahlgrün, und auch Herbert Wehner, damals Vorsitzender des zuständigen Ausschusses des Deutschen Bundestages, ein. Barzel hat über die Gedanken, die ihn damals bewegten, über seine Überlegungen, die er anstellte, in seinem Buch *Es ist noch nicht zu spät* berichtet.

Der Stein war ins Rollen gekommen. Als nächsten Schritt sah Barzel vor, sich selbst sachkundig zu machen, auszuloten, wie die Nachricht zu werten sei, welchen Gehalt sie hatte. Dazu gab es nur einen Weg. Man mußte mit dem Überbringer der Meldung, Rechtsanwalt Stange, sprechen. So kam es zu der denkwürdigen Begegnung, mit der im eigentlichen Sinn das begann, was als die »besonderen Bemühungen der Bundesregierung im humanitären Bereich«, als ein bedeutendes Kapitel in der Geschichte der Nachkriegszeit in Deutschland verzeichnet sein wird.

Barzel und Rechtsanwalt Stange trafen sich in der Karwoche 1963 im Hotel »Deutscher Kaiser« in München. Der Ort hatte sich rein zufällig, diktiert von anderen Terminen, ergeben. Die Begegnung erfolgte zunächst zu dritt: Barzel, Stange und ich. Dann zog sich Barzel mit Stange zu einem Gespräch unter vier Augen zurück. Er wollte in dieser heiklen Situation aus verständlichen Gründen keinen weiteren Zeugen dabeihaben.

Eine Vorbereitung auf die Begegnung war schlecht möglich gewesen. Es hing alles davon ab, was Rechtsanwalt Stange berichten würde. Ich hatte mich selbstverständlich in Berlin über ihn erkundigt, aber nicht mehr erfahren, als daß er ein junger Anwalt sei, der mit einer renommierten Kanzlei in der Stadt verbunden wäre. Einen eigenen Namen hatte er sich in der juristischen Welt noch nicht gemacht. So konnte man, um »warm« zu werden oder um sich ein Bild von der Persönlichkeit zu machen, weder auf irgendeine Begebenheit in der Vergangenheit zurückgreifen noch über gemeinsame Bekannte einen Faden spinnen. Wegen der totalen Geheimhaltung, die gewahrt werden mußte, konnten schließlich keine großen Recherchen angestellt werden.

Nun, Rainer Barzel war bereit, das Risiko einzugehen. Rechtsanwalt Stange hätte ein Hasardeur, ein Wichtigtuer sein können, seine Nachricht mehr erfunden als fundiert. Barzel hätte sich fürchterlich lächerlich machen können, hätte sich den Hohn und Spott der »erfahrenen« Deutschlandpolitiker anhören müssen − tödlich für einen Politiker. Ebenso war nicht auszuschließen, daß die DDR politische Fallgruben bereithielt, schließlich herrschte zwischen Ost und West der »Kalte Krieg«. Barzel sagte mir nach dem Gespräch nur, er habe Stange bedeutet, daß er grundsätzlich bereit sei, ein klares Angebot zu prüfen, und er habe mich als seine Vertrauensperson benannt, über die der Kontakt gehalten werden könnte. Mehr war an dem Tag im Grunde auch nicht zu besprechen. Die andere Seite war nun am Zuge, mußte konkret werden.

Kurze Zeit später meldete sich Stange bei mir und teilte mit, er habe die Antwort von Bundesminister Barzel in Ost-Berlin überbracht. Man habe die Bereitschaft Barzels, sich einzuschalten, mit großem Interesse aufgenommen. Er denke, man werde sich in Ost-Berlin bald endgültig klar werden und eine Offerte auf den Tisch legen. Sie kam dann auch einige Tage später. Tausend Häftlinge sollten gegen Geld freigelassen werden. Man erwartete eine Namensliste mit den Vorstellungen von unserer Seite. Jetzt mußte Farbe bekannt werden. Barzel beauftragte mich − selbstverständlich unter strikter Geheimhaltung −, eine derartige Liste vorzubereiten. Der anderen Seite wurde erklärt, wir wären grundsätzlich zu einer Vereinbarung in einer derartigen Größenordnung bereit und würden unsere Wünsche, das heißt die Namen der Häftlinge, die wir einzubeziehen wünschten, zusammenstellen.

Für mich persönlich begann eine Zeit, die mich sehr belastete. Ich habe weiter oben dargelegt, daß in unserer Rechtsschutzstelle rund 12 000 politische Häftlinge in der DDR registriert waren. Über jeden einzelnen dieser Häftlinge gab es eine Akte mit dem Schriftwechsel mit Verwandten und Organisationen, aus dem sich sein Schicksal abzeichnete. Genau und sorgfältig waren alle Angaben, soweit man ihrer habhaft werden konnte, notiert: wann verurteilt, zu welcher Strafe, aus welchen Gründen, wo sitzt der Häftling ein, wer kann Auskunft geben, wie alt ist er und wie ist es gesundheitlich um ihn bestellt. Aus diesem Kreis nun tausend Häftlinge auszusuchen, gewissermaßen Schicksal zu spielen − denn vielleicht handelte es sich nur um einen einmaligen Vorgang −, abzuwägen, wessen Schicksal schwerer wog, wer den größeren Anspruch auf Freilassung hatte − diese Entscheidung bedrückte mich sehr. Gern hätte ich den Rat und die Mithilfe von anderen mit dem Problem der politischen Häftlinge Vertrauten eingeholt, aber die völlig ungewisse Situation und die Notwendigkeit zur absoluten Geheimhaltung verboten es, mit Dritten über die Aktion zu sprechen. Einer mußte schließlich die Auswahl treffen, daran führte kein Weg vorbei. So blieb, sich an das alte Gebot zu halten: die Entscheidung nach bestem Wissen und Gewissen zu fällen.

Ich setzte mich mit der Rechtsschutzstelle in Verbindung und bat, sich darauf einzurichten, mir alle Akten vorzulegen. Ich wollte einmal alle Vorgänge mit ihnen durchgehen. Mein Anliegen war völlig ungewöhnlich. Das hatte es noch nicht gegeben, daß sich das Ministerium so intensiv einschaltete. Aus der Vorgeschichte ahnten die Herren dann aber − sie haben es mir später bestätigt −, daß hinter meinem Wunsch sich mehr verbarg als nur das Interesse, einen aktuellen umfassenden Überblick über den Aktenstand der Rechtsschutzstelle zu gewinnen.

In langen Stunden ließ ich mir dann jeden einzelnen »Fall« vortragen und traf zunächst eine grobe Auswahl. Rund fünftausend Akten waren so »übrig«geblieben. Aus ihnen mußten nun tausend herausgefiltert werden. Immer wieder mußte zwischen den denkbaren Kriterien – Grund der Verurteilung, Höhe der Strafe, Gesundheitszustand, familiäre Verhältnisse, bisheriger Lebensweg und andere in der Person des einzelnen liegende Umstände – abgewogen und entschieden werden.

Ich werde die Gesichter der Anwälte der Rechtsschutzstelle nicht vergessen, wenn ich eine Akte auf den größeren Haufen, der nur die Ablehnung bedeuten konnte, legte. Ihre Mienen wurden immer abweisender und bitterer, da ich offenkundig mich so wenig von dem Schicksal dieser schwer geprüften Häftlinge rühren ließ. Aber ich konnte ihnen schließlich keine Erklärung geben, nicht sagen, daß nur tausend Häftlinge zur Verhandlung anstanden. Niederdrückende Stunden und immer wieder der bohrende Zweifel: Hast du auch an alles gedacht, kein Merkmal übersehen und niemand bevorteilt oder zu Unrecht zurückgesetzt? Ich konnte ja nicht ahnen oder gar damit rechnen – niemand konnte es zu dieser Zeit –, daß sich aus diesem ersten Auftakt eine Aktion über Jahre entwickeln würde, in der am Ende für alle politischen Häftlinge, die wir zu Anfang kannten, die Freiheit erwirkt werden konnte.

Die Liste stand, die Namen waren notiert und festgehalten. Rechtsanwalt Stange bekam den Auftrag, zu übermitteln, daß unsere Seite zu konkreten Verhandlungen bereit sei, wir hätten eine Auswahl getroffen, die wir in die Gespräche einbringen könnten. Nach einigen Tagen brachte er als Antwort: Man habe zur Kenntnis genommen, daß unsere Seite tatsächlich über den Komplex verhandeln wolle, man schätze diese Offenheit für neue Gedanken, sei aber noch im höchsten Maße mißtrauisch, ob unsere Seite sich auch wirklich auf konkrete, ernsthafte Verhandlungen einlassen wolle und nicht einen propagandistischen Schachzug zum Nachteil der DDR im Auge habe.

Zu jener Zeit gab es außer zwischen der Treuhandstelle für den Interzonenhandel und dem Außenhandelsministerium der DDR keinerlei offizielle Kontakte zwischen Bonn und Ost-Berlin. Die Mauer hatte ihre ersten Opfer gefordert; die Beziehungen zwischen Ost und

West waren gespannt. Kein Wunder, wenn Ost-Berlin kalte Füße bekam. Die Reaktion überraschte nicht. Die andere Seite machte jedoch keinen grundsätzlichen Rückzieher. Sie ließ wissen, daß sie an dem Plan festhalte, wegen der politischen Situation und dem damit verbundenen Risiko aber kleiner anfangen möchte. Man wolle nicht gleich mit der Freilassung von tausend Häftlingen beginnen. Ob unsere Seite sich auf fünfhundert einstellen könnte?

Es gab keinen Grund, warum das neue Angebot von unserer Seite abgelehnt werden mußte. Auch wenn der Einsatz nur für wenige Häftlinge Erfolg haben würde, wäre dies für die Betroffenen in höchstem Maße erfreulich und würde politisch weiterwirken. Rechtsanwalt Stange übermittelte das »Ja« unserer Seite. Ich machte mich daran, die Liste noch einmal zu reduzieren. Die gleiche quälende Prozedur, vielleicht noch ärger, war zu bewältigen. Die Wahl fiel immer schwerer, denn bei einer rein an objektiven Kriterien ausgerichteten Betrachtung lösten sich die Unterschiede in den einzelnen Schicksalen fast in nichts auf.

Aber auch fünfhundert Häftlinge waren der DDR für den Beginn zu viel. So wurde die Liste auf die Forderung der DDR hin von mir weiter von fünfhundert auf hundert, dann auf fünfzig und schließlich auf zehn Inhaftierte zusammengestrichen. Ein schmerzlicher Vorgang, wenn man an das Schicksal der vielen schwer geprüften Menschen dachte.

Am Ende einigten wir uns auf insgesamt acht Häftlinge. Mit ihnen begann, was in der Öffentlichkeit als »Häftlingsfreikauf« bekannt geworden ist. Meiner Akte im Ministerium gab ich den Titel: »Besondere Bemühungen der Bundesregierung im humanitären Bereich«. Eine etwas komplizierte Bezeichnung. Aber der Vorgang sollte sich von den anderen humanitären Bemühungen der Bundesregierung, wie etwa die Unterstützung der Rechtsschutzstelle, abheben. Auch war die gebotene Vertraulichkeit zu wahren. Diese zuletzt verbliebenen acht Häftlinge auszusuchen, hierfür gab es kein Vorbild und keine Erfahrung, auf die man zurückgreifen konnte. Zu bedenken war, daß niemand gefährdet werden durfte, falls etwa die Vereinbarung doch nicht zustande kam. Man würde sich in Ost-Berlin fragen, warum unsere Seite gerade diese Häftlinge ausgesucht hätte. Man würde vielleicht denken, die Tatsache, daß wir an diesen Personen ein besonderes

Interesse bekundet hätten, lasse darauf schließen, daß es Vorgänge gebe, die im Verborgenen geblieben seien, die der Staatssicherheitsdienst bei seinen Vernehmungen noch nicht erfahren habe. Eine derartige Konsequenz mußte unter allen Umständen vermieden werden.

Völliges Neuland wurde betreten. Stange hatte immer wieder von seinem Gesprächspartner in Ost-Berlin, Rechtsanwalt Vogel, berichtet und ihn als rundum seriös eingestuft. Auch die Rechtsschutzstelle hatte mit Vogel nur gute Erfahrungen gemacht. Er genoß den Ruf, ein höchst tüchtiger Anwalt zu sein, der die Vorgänge kundig, sorgsam, zuverlässig und schnell bearbeitete und sich intensiv um die Mandanten kümmerte. Die Kirchen schätzten ihn. Aber hier ging es ja nicht primär um die Qualifikation von Herrn Vogel als Anwalt; entscheidend war, ob hinter ihm – denn er handelte ja nicht in eigenem Namen – Leute in derart hohen Positionen standen, daß sie die Zusagen einhalten konnten. Um einem Häftling in der DDR außerhalb der Reihe, außerhalb der üblichen Ordnung, Freiheit zu verschaffen, bedurfte es der Zustimmung von »ganz oben«. Höchste Stellen mußten ihr Einverständnis geben. Ein Gefängnisdirektor, ein örtlicher Staatsanwalt, sie wären dazu nicht in der Lage gewesen. Einzelne Bemerkungen von Vogel deuteten darauf hin, daß der damalige Generalstaatsanwalt der DDR, Josef Streit, zu den Befürwortern der Aktion zählte, vielleicht sogar deren Initiator war.

Streit hatte in der Nazi-Zeit sieben Jahre im Konzentrationslager verbracht. 1946 trat er in die SED ein. Er durchlief einen Volksrichterlehrgang, mit dem nach dem Krieg in der DDR im Schnellverfahren Nichtakademiker zu Richtern herangebildet wurden. 1962 wurde er Generalstaatsanwalt der DDR, ab 1963 auch Mitglied des Zentralkomitees der SED. Er verstarb 1987.

Streit und Vogel kannten sich aus der Zeit, als Vogel in der Strafrechtsabteilung des DDR-Justizministeriums tätig war. Viele Jahre später, an seinem sechzigsten Geburtstag 1985, hat mir Vogel diese Annahme bestätigt. Er zeigte mir einen Geburtstagsgruß von Josef Streit, der durch Krankheit verhindert war zu kommen, in dem dieser das Vertrauensverhältnis zu Vogel durch die ganzen Jahre hindurch besonders hervorhob.

Doch 1963 gab es kein Wissen, nur Einschätzungen und Vermutungen. Sie konnten total falsch sein. Wir konnten vollkommen daneben liegen. Sprach nicht der Gang der Gespräche eher gegen die Annahme, daß es sich um eine zentral gesteuerte, von höchster Stelle abgesegnete Aktion handelte? Erst wurde ein Rahmen von tausend Häftlingen genannt, dann wurde die Zahl von Verhandlung zu Verhandlung immer mehr reduziert. Entweder hatte jemand den Mund zu voll genommen, um den Anreiz auf unserer Seite zu vergrößern, oder man bekam es mit der Angst vor der eigenen Courage zu tun, und der Mut reichte dann doch nicht, so daß die Sorge vor einem möglichen politischen Schaden die Begehrlichkeit auf einen materiellen Gewinn in den Hintergrund drängte. Ich kann mir auch heute noch nicht vorstellen, daß dieser Ablauf, wie ich ihn geschildert habe, vom Führungsgremium der SED Schritt für Schritt geplant und abgesegnet worden ist. So sehr die Sorge um die Geheimhaltung verständlich und berechtigt war, dies konnte nicht der Grund für die schwankende Haltung sein, denn über diesen Punkt hatte man sich mit Sicherheit vorher genügend Gedanken gemacht. Eine solche Aktion mit der Regierung der Bundesrepublik Deutschland hätte man doch nicht gestartet, ohne daß vorher das Für und Wider auf das Sorgfältigste abgewogen worden wäre. Unvorstellbar gerade bei einem System, zu dessen Stärke es wahrlich nicht zählte, der Verantwortlichkeit einzelner Raum zu geben, sie zu stärken, selbständige Handlungen von diesem politischen Gewicht und der nicht übersehbaren Tragweite zuzulassen. Nein, ich denke, daß von Anfang an nur an eine kleine, bescheidene Vereinbarung, möglicherweise als Auftakt, zur Erprobung, gedacht worden war. Das große Angebot sollte nach der bisher von Bonn erfahrenen Ablehnung nur bewirken, daß unsere Seite ihre Meinung änderte, begierig wurde und zugriff. Vielleicht werden die Historiker eines Tages die Frage beantworten können, wenn die Akten in der DDR offengelegt werden.

Das Verhalten der DDR verstärkte selbstverständlich die Skepsis und das Mißtrauen auf unserer Seite. Desto sorgfältiger mußte deshalb bedacht werden, welche Häftlinge angefordert werden sollten. Die Auswahl hatte sich auch nach taktischen und politischen Gesichtspunkten zu richten. Um sicher zu gehen, daß auf der anderen Seite eine zentrale Gewalt hinter der Aktion stand, bot sich an, Häftlinge auszusuchen, die in verschiedenen Strafanstalten in der DDR gefangengehalten wurden. Es hätte die Auswahl vereinfacht, wenn man in die Gruppe der ersten acht einfach nur Häftlinge hineingenommen hätte, die von sowjetischen Militärtribunalen (SMT) oder als Mitarbeiter westlicher Nachrichtendienste zu lebenslanger Haft verurteilt worden waren. Aber hätte ein solches Paket die andere Seite nicht vielleicht überfordert? Agenten gegen Geld freizulassen war nie üblich. Diese Fälle hob sich jeder gern für einen Austausch auf. Und sich allein auf SMT-Häftlinge zu beschränken, hätte bei Bekanntwerden, was im politischen Geschehen niemals auszuschließen ist, Spannungen mit der Sowjetunion nach sich ziehen können; hätte den Schein erwecken können, daß gebrandmarkt werden sollte. Es schien mir deshalb ratsam, die Auswahl breiter anzulegen. Leichter wurde es dadurch nicht.

In der Schlußrunde stand dann ein Paket von Häftlingen zur Entscheidung, das einen Häftling einschloß, der vom sowjetischen Militärtribunal zu lebenslanger Haft verurteilt worden war. Es umfaßte weiter Häftlinge mit verschieden langen Strafen, die wegen ihrer Gesinnung und Verbindung zur CDU, der SPD, den Freien Demokraten und den Gewerkschaften einsaßen, zwei junge Menschen, die wegen ihres christlichen Bekenntnisses verfolgt worden waren, und einen Bürger, der spontan und allein gegen die neue Gewaltherrschaft protestiert hatte.

Es folgten die Gespräche über die wirtschaftlichen Gegenleistungen. Sie bereiteten mir ein großes Mißbehagen. Ich empfand ein Gefühl der Peinlichkeit und der inneren Abwehr. Doch ein Ausweichen gab es nicht. Auch diese Klippe mußte umschifft werden. Die Gegebenheiten ließen sich nicht wegwischen. »Der Preis für die Häftlinge wurden von Fall zu Fall ausgehandelt. Widerlich! Das Kopfgeld richtete sich nach dem menschlichen und politischen Gewicht«, so beschreibt Rainer Barzel in seiner Erinnerung das damalige Geschehen*.

Diese in hohem Maß unschönen Gespräche hatten jedoch auch ihr Gutes. Beide Seiten kamen schnell, jeder für sich, zu der Erkenntnis, daß bei der ins Auge gefaßten Fortsetzung der Häftlingsaktion bei der Bestimmung der materiellen Gegenleistungen ein anderes System Anwendung finden mußte. Der Gedanke, Hunderte, gar Tausende von

---

* Rainer Barzel, *Es ist noch nicht zu spät*, a. a. O., S. 39.

28

Häftlingen nach einem für jeden einzelnen auszuhandelnden Kopf-
preis zu bestimmen, wurde als unerträglich erkannt. Diese Prozedur
konnte nicht wiederholt werden.

Am 23. September 1963 — ich erinnere mich noch genau, weil es
mein Geburtstag war — fuhr ich mit der abgestimmten Liste und den
ausgehandelten Gegenleistungen in der Tasche nach Bonn. Bundesminister Barzel gab »grünes Licht« für den Beginn. Die benötigten Mittel
standen zur Verfügung; Barzel hatte inzwischen für die Bereitstellung
gesorgt. Rechtsanwalt Stange bekam nun von mir den Auftrag, Vogel
das »Ja« unserer Seite zu dem Paket zu übermitteln.

Begreiflicherweise gab es keinen schriftlichen Vertrag. Die Verabredung wurde als zu heikel empfunden, als daß man hätte Papiere austauschen können. Den Gang der Verhandlungen und die Absprache
hatte jeder für sich deshalb lediglich in Notizen festgehalten.

Eine Seite mußte beginnen, den Anfang zu machen. Von mir war
von vornherein klargestellt worden, daß eine finanzielle Vorleistung
nicht in Frage käme. Bei der totalen Ungewißheit, die über dem
Gelingen lag, hätte ich es für unvertretbar und für einen groben
Leichtsinn gehalten, auch nur eine D-Mark im voraus auf den Tisch
zu legen. Die Blamage, wenn die Entlassung der Häftlinge ausblieb,
wäre nicht zu ertragen gewesen. Die andere Seite hatte es da leichter.
Ihr Risiko war erheblich geringer. Im ungünstigsten Fall, wenn unsere
Seite nach der Freilassung der Häftlinge den vereinbarten Gegenwert
verweigert hätte, wären acht Gefangene weniger in ihrem Gewahrsam
gewesen — angesichts der Zahl von über 12 000 politischen Häftlingen ein kaum merkbares Minus, eher nur ein Prestigeverlust. Allerdings wäre Häme zu ertragen gewesen, weil man dem bösen kapitalistischen Gegner nicht wachsam genug begegnet sei, ihn falsch eingeschätzt habe.

Ich glaube allerdings nicht, daß die DDR sich große Sorgen machte.
Aus der Vielzahl von Verhandlungen heraus bestand für sie kein Zweifel, daß die Aktion von der Bundesregierung getragen wurde. Die beiden Rechtsanwälte Stange und Vogel kannten sich inzwischen so gut,
daß ein festes Vertrauensverhältnis gewachsen war.

Und die DDR zögerte nicht. Stange meldete bald die Daten, an
denen die ersten drei Häftlinge freigelassen werden sollten. Mit den
Anwälten hatte ich verabredet, daß Stange jeden einzelnen Häftling in

Ost-Berlin in Empfang nehmen, ihn nach West-Berlin bringen und den Anwälten in der Rechtsschutzstelle übergeben sollte. Die Rechtsschutzstelle würde für die weitere Betreuung sorgen. Unvergeßliche Erlebnisse, als die ersten drei Häftlinge eintrafen! Es war ungemein bewegend. Für die Gefangenen hieß es allerdings, eine schwere psychische Belastung zu ertragen.

Keiner der Häftlinge war in der Strafanstalt vorbereitet worden. Niemand hatte ihnen einen Wink oder einen Hinweis auf die bevorstehende Entlassung gegeben. Vollkommen ahnungslos wurden sie von dem Bewachungspersonal aus der Zelle geholt, ohne jede weitere Erklärung in die Kleiderkammer geführt, dort bekamen sie Zivilkleidung und ihre Privatsachen ausgehändigt, dann wurden sie zum Direktor der Strafanstalt gebracht. Neben diesem standen zwei unbekannte Herren: Rechtsanwalt Vogel und ein Staatsanwalt. Der Direktor eröffnete dem Häftling kurz, daß er entlassen werde. Er habe den beiden Herren zu folgen. Dann stellte sich Vogel vor und erklärte dem armen Menschen, der in seiner Aufregung selbstverständlich nur die Hälfte verstand und das Geschehen nicht deuten konnte, daß er ihn nach Berlin bringen werde. Dort werde er dann von einem anderen Anwalt in Empfang genommen und nach West-Berlin begleitet.

Was in dem Häftling vor sich ging, läßt sich wohl nur erahnen, wenn man versucht, sich in seine Lage hineinzudenken. Seit Jahren unschuldig in Haft, einem hartherzigen, scharfen, ja auch willkürlichen Strafvollzug ausgesetzt, ohne die Aussicht auf eine Begnadigung, stets in der Angst, die Zeit körperlich und geistig nicht zu überstehen, ohne den Hoffnungsschimmer für eine Erleichterung des Schicksals zu sehen – und plötzlich geht die Tür auf und jemand sagt: »Sie werden entlassen und in den Westen gebracht.« Ungläubigkeit und Mißtrauen, was kann in einer solchen Situation anderes durch den Kopf schießen!

Alles vollzog sich schnell. Für Erklärungen blieb später Zeit. Vogel und der Staatsanwalt nahmen den Häftling in die Mitte. Im Hof der Anstalt stand Vogels Privatwagen, ein westliches Fabrikat der oberen Preisklasse – eine weitere Unheimlichkeit für den Häftling –, und fort ging die Fahrt nach Berlin. In Ost-Berlin am S-Bahnhof Friedrichstraße wurde gehalten. Hier wartete schon Rechtsanwalt Stange. Eine kurze Vorstellung und Begrüßung, Vogel verabschiedete sich.

Mit Stange anschließend auf den Bahnsteig, einsteigen in die S-Bahn Richtung Zoologischer Garten, Minuten später Ankunft in West-Berlin, noch eine kurze Fahrt zur Rechtsschutzstelle im Bezirk Charlottenburg, und schon saß der nun ehemalige Häftling in einem Sessel, hatte eine langentbehrte Tasse Kaffee vor sich und begann langsam zu begreifen, daß er tatsächlich nicht mehr hinter Mauern steckte, sondern dank einer unbegreiflichen Fügung im Westen in der Freiheit angelangt war.

Ich habe es mir versagt, bei dem Empfang dabei zu sein und die Häftlinge selbst zu begrüßen. Ich kann deshalb nicht aus eigener Wahrnehmung die Erschütterung schildern, von der unsere Schutzbefohlenen in diesen ersten Augenblicken übermannt wurden. Eine gewisse Scheu hielt mich zurück. Vor allem aber dachte ich an die gebotene Geheimhaltung. Den Freigekauften konnte schließlich kein Schloß vor den Mund geheftet, kein Redeverbot erteilt werden. So bestand die Gefahr, daß einer sich trotz Vermahnung doch öffentlich äußerte. Dann war es um der Sache willen gut, wenn er von Anwalt zu Anwalt weitergereicht worden war und kein Regierungsvertreter ihn offiziell willkommen geheißen hatte. Zur Ehre aller acht Häftlinge ist anzufügen, daß sie unserer Bitte, Schweigen zu bewahren, um auch anderen politischen Häftlingen auf die gleiche Weise helfen zu können, entsprochen haben. Die »Story« wäre sicher ein Reißer gewesen. Aber sie haben aus Solidarität mit ihren Schicksalsgenossen auf öffentliche Aufmerksamkeit und wohl auch auf einiges Honorar verzichtet.

Unter den ersten drei Häftlingen befand sich unser schwerster »Fall«. Ein Mann, Tischler von Beruf, allein, ohne Anhang, vom sowjetischen Militärtribunal zu lebenslanger Strafe verurteilt, seit mehr als zehn Jahren in strenger Haft. Ich hatte seine Akte Zeile für Zeile studiert. Einen nachvollziehbaren Grund für die extrem hohe Bestrafung hatte ich nicht entdecken können. Ein Mensch war von den Wirren des Krieges und der Nachkriegszeit verschlungen worden.

Die Anwälte der Rechtsschutzstelle berichteten mir von seiner Ankunft. Er sei sehr still gewesen, habe nur stumm um sich geblickt und ungläubigen Auges die Umgebung wahrgenommen. Als er dann die Wirklichkeit erkannte, begriff, daß er tatsächlich frei war, sei er mit einem Schock zusammengebrochen. »Daß einer an mich gedacht hat«, seien die einzigen Worte gewesen, die er über die Lippen gebracht habe. Ich werde es nicht vergessen.

Gern hätte ich ihn an dieser Stelle zu Wort kommen lassen und ihn gebeten, selbst über seine Eindrücke und die Gefühle, die ihn bewegt haben, zu berichten. Aber leider ließ sich seine Spur an Hand meiner alten Akten aus jenen Tagen nicht mehr aufnehmen, da die Vorgänge Jahre später unter der Ägide von Bundesminister Egon Franke auf Weisung seines Vertrauten, des Ministerialdirektors Edgar Hirt, aus nicht genannten und mir unerfindlichen Gründen samt und sonders vernichtet worden sind. Dazu später mehr.

Wenn es überhaupt eines weiteren Anstoßes bedurft hätte, um diesen Weg weiterzugehen, diesen »Handel« zu bejahen, nach diesen Erlebnissen gab es da keine Frage mehr. Wie gern hätte ich später, als es Widerstände im Ministerium gegen die Fortführung der Aktion nach dem Ausscheiden von Barzel gab, die Emotion vermittelt, die alle ergriffen hatte, die das Geschehen unmittelbar miterlebt haben. Wer den Vorgang, die Akte, nur von der Warte des nüchternen Kalküls beurteilte und nicht den lebendigen Menschen in seinem bitteren Schicksal dahinter sah, der konnte selbstverständlich den Kopf schütteln und sich über das »unfeine Geschäft« mokieren.

Nachdem die ersten drei Häftlinge im Westen eingetroffen waren, übermittelte Rechtsanwalt Stange, daß die andere Seite nunmehr die entsprechende Gegenleistung erwarte. Die Aktion werde erst fortgesetzt, wenn die zugesagten Beträge wie vereinbart gezahlt worden seien. Eine Überweisung auf ein Konto im In- oder Ausland war abgelehnt worden, man wollte den Betrag in bar. Die Forderung war berechtigt. Die DDR hatte vorgeleistet, der Gegenwert war fällig. Wir befanden uns im Obligo.

Ich habe schon gesagt, daß Barzel für die benötigten Mittel die haushaltsmäßige Deckung beschafft hatte. Staatssekretär Thedieck, der dem Vorhaben nach wie vor nicht zugeneigt war, hatte, nachdem Barzel sich für die Aktion entschieden hatte, alle nötigen Schritte bei dem Chef des Bundeskanzleramtes und dem Bundesfinanzminister unternommen, um eine klare und ordentliche haushaltsmäßige Grundlage für die Zahlungen zu schaffen. Das Problem bestand jetzt nur noch in der Frage, wie bei der vereinbarten absoluten Geheimhaltung das Geld bar überbracht werden konnte. Man konnte für die Instanzen des Ministeriums, die normalerweise einen solchen Vorgang mitzeichnen müssen, ja nicht die sonst üblichen Unterlagen fertigen.

Eine Überweisung an Rechtsanwalt Stange kam nicht in Betracht. Wie sollte er den Ein- und Ausgang in seinen Büchern verbuchen? Der Zahlungszweck mußte geheim bleiben. Die DDR würde den Empfang nach der Übergabe des Geldes sicher nicht quittieren und damit ein Beweisstück für diesen »Handel« liefern. Die Lösung wurde durch den Umstand erleichtert, daß es in Berlin eine Hauptkasse für die Bundesbehörden gab. Über sie wurden alle Zahlungen der Ressorts der Bundesregierung, die in Berlin eine Vertretung unterhielten, abgewickelt. Ich legte deshalb Bundesminister Barzel eine Anweisung zur Unterschrift vor, die lediglich aus dem Satz bestand: »Hiermit bevollmächtige ich Regierungsrat Ludwig Rehlinger, den Betrag von DM 340 000 von der Amtskasse der Bundesregierung in Empfang zu nehmen.«

Ein derartiges Dokument hatte es in der Geschichte des Gesamtdeutschen Ministeriums wohl noch nicht gegeben. Als nun die Zahlung fällig wurde, informierte ich die Bundeshauptkasse, daß ich den Betrag abheben wollte. Man möge die Summe bereitstellen. Als Auszahlungsanordnung würde ich eine Anweisung des Herrn Ministers vorlegen. Der Kassenleiter hatte sich selbstverständlich auf geeignetem Weg versichert, daß hier keine Köpenickiade gespielt wurde. So erschien ich am fraglichen Tag auf der Kasse, legte die Anweisung vor und kassierte wortlos die Summe. Obwohl in großen Scheinen zusammengestellt, war es doch ein hübsches rundes Päckchen. Der Kassierer — ebenfalls ein Angehöriger des Gesamtdeutschen Ministeriums —, der mich natürlich kannte, ließ sich kein Erstaunen über den ungewöhnlichen Vorgang anmerken. Ich möchte aber nicht wissen, was in seinem Innern vor sich ging. Kommt da ein junger Regierungsrat und hebt einfach so mir nichts dir nichts einen dicken Batzen Geld ab — was mag dahinter stecken? Gesprächsstoff genug für mehrere Stammtischrunden.

Um mich auch selbst ein wenig abzusichern, hatte ich die Dame aus meinem Referat, die mit dem Vorgang vertraut war, die die Vermerke geschrieben hatte und die Akten führte, zur Kasse mitgenommen. Schmunzelnd und ein wenig feixend, als hätten wir einen Streich ausgeführt, gingen wir beide dann — das Geld unter dem Arm — in unser

Büro zurück. Dort verstaute ich den Betrag neben der Geheimakte in meinem Panzerschrank. Ein Doppel des Schlüssels wie auch der Zahlenkombination lag, wie es Vorschrift ist, versiegelt in unserer Geheimregistratur, so daß, wenn mir etwas Unvorhergesehenes zugestoßen wäre, die Leitung des Hauses jederzeit an den Vorgang und das Geld hätte herankommen können.

Lange wendete ich hin und her, wie die Übergabe des Geldes bewerkstelligt werden sollte. Ich selbst konnte nicht nach Ost-Berlin fahren, um den Betrag auszuhändigen — in der damaligen Zeit eine Unmöglichkeit. Bundesregierung und DDR unterhielten keinerlei offizielle Beziehungen. Im Gegenteil. Fehde bewegte die Gemüter und bestimmte die Politik. Rechtsanwalt Vogel konnte aus den gleichen Gründen den Betrag nicht in West-Berlin abholen. So blieb nur übrig, Rechtsanwalt Stange zu bitten, das Geld mitzunehmen und in Ost-Berlin zu übergeben. Ein einfacher und naheliegender Gedanke, doch nicht ohne Risiko.

Auf Grund von Vereinbarungen der vier Siegermächte nach 1945 wurde die S-Bahn auch in West-Berlin von der DDR-Reichsbahn betrieben. DDR-Transportpolizei übte auf dem Gelände hoheitliche Funktionen aus. Nach dem Bau der Mauer am 13. August 1961 wurde die S-Bahn von der Bevölkerung West-Berlins strikt gemieden. Man wollte seinem Protest gegen die Spaltung der Stadt durch die Kommunisten sichtbaren Ausdruck geben. Die Bahnhöfe verödeten; die Züge verkehrten nahezu leer — gleich Geisterzügen. Jeder, der im Westteil der Stadt dennoch mit der S-Bahn fahren wollte, wurde scheel angesehen und mußte sich abfällige Bemerkungen gefallen lassen — ein Spießrutenlaufen. Eine unauffälligere Übergangsmöglichkeit nach Ost-Berlin als die S-Bahn, die die innerstädtische Sektorengrenze überfuhr, bot sich jedoch nicht an.

Aber noch ein anderer Punkt gab Anlaß zur Sorge. An den Übergangsstellen von West- nach Ost-Berlin hatte der westliche Zoll Kontrollen eingeführt, um Schmuggelversuche aus und in den Osten zu unterbinden. Was würden die Beamten wohl sagen, wenn sie Rechtsanwalt Stange mit einem fünfstelligen DM-Betrag in bar aufgriffen? Er würde mit Sicherheit angehalten werden, müßte Rede und Antwort über die Herkunft des Geldes und den Zweck der Verbringung stehen. Man würde ein Protokoll aufnehmen. Im Apparat würden die

Glocken schrillen, ein großer Fisch sei ins Netz gegangen. Eine nicht gerade erheiternde Vorstellung. Aber es eröffnete sich kein anderer Weg. So nahm ich an dem betroffenen Tag die fällige Summe für die Abschlagszahlung aus meinem Panzerschrank und verwahrte sie in einem braunen Papierumschlag. Stange hatte ich gebeten, in mein Büro zu kommen. Wir stiegen beide in meinen Privat-Pkw – einen unauffälligen Ford-Taunus – und fuhren zum S-Bahnhof Lehrter Straße. Von dort ist es nur eine Station nach Ost-Berlin. Der Zug überquert die Grenze ohne Halt. Kurz vor dem Bahnhofsgebäude verließen wir mein Auto, kauften im Bahnhof eine Fahrkarte und schritten, uns betont angeregt unterhaltend, die Treppe zum Bahnsteig hinauf. Wir taten, als wenn wir nichts um uns herum wahrnehmen würden. Da wir kein Gepäck mit uns führten, wurde das stets wache Mißtrauen der Zöllner nicht geweckt. Unbehelligt gelangten wir auf den Bahnsteig und warteten auf den einfahrenden Zug. Stange stieg ein, und in dem Moment, bevor die Tür zuging, reichte ich ihm das Päckchen mit dem Geld in das Abteil hinein. Der Zug fuhr ab.

Eines stand nun fest: Unsere Seite hatte die Zusage ebenfalls eingehalten. Das Geld war übermittelt worden. Wer es drüben in Empfang nahm oder in welche Kanäle es floß, das war nicht mehr unsere Sache. Als ich wieder in meinem Auto saß, atmete ich tief durch. Als Leiter des Ministerbüros unter Ernst Lemmer und Rainer Barzel war ich in Berlin, wie es sich zwangsläufig ergibt, mit vielen Journalisten bekannt geworden, und da ich beide Herren viel in der Stadt und auf Veranstaltungen begleitet hatte, war auch mein Gesicht diesem und jenem geläufig. In der politisch erregten Situation der damaligen Zeit hätte es schon ein »Hallo« in der Stadt gegeben, wenn der Leiter des Ministerbüros des Gesamtdeutschen Ministeriums dabei beobachtet worden wäre, wie er offenkundig die Solidarität aller Berliner mißachtete und die S-Bahn benutzte. Und wenn mich der Zoll aufgefordert hätte, mein Päckchen zu öffnen, und das große Geld entdeckt hätte, dann hätte mein Dienstausweis sicher nicht ausgereicht, die Beamten zu beruhigen. Eine Menge Ärger hätte ins Haus gestanden. Aber das Glück war der Aktion hold.

Nach und nach wurden auch die anderen Häftlinge wie vereinbart freigelassen. Noch in der Zeit, als Barzel das Amt führte, traf der letzte im Westen ein. Die Beherztheit Barzels, denn er allein hatte die politische Verantwortung getragen und hätte bei einem Scheitern die Konsequenzen auf sich nehmen müssen, hat diese Hilfe für Landsleute in bitterer Not ermöglicht. Er hat damit einen großen, zunächst nicht sichtbaren Schritt in der Deutschlandpolitik nach vorn gemacht und für die Bundesregierung eine Tür für weitere Gespräche mit der DDR aufgestoßen. Die Bereitschaft, sich neuen Gedanken zu öffnen, die Verschwiegenheit und die Vertragstreue haben einen Grundstein des Vertrauens zwischen den beiden Staaten in Deutschland gelegt, auf dem weiter aufgebaut werden konnte. Die Tatsache, daß aus politischen Gründen verurteilte Häftlinge in der DDR durch Bemühungen der Bundesregierung die Freiheit erhielten, blieb nicht ohne Auswirkungen auf die Strafjustiz und besonders auf den überaus harten Strafvollzug in der DDR. Größte Rechtslosigkeit und schlimme Willkür wichen geregelten Verfahren, wenn auch die DDR bis zum totalen Umbruch im Herbst 1989 nicht auf Verurteilungen aus politischen Gründen glaubte verzichten zu können.

Die ersten Häftlingstransporte

Am 17. Oktober 1963 wurde in Bonn eine neue Regierung gebildet. Barzel schied aus dem Kabinett aus. An seine Stelle als Minister für gesamtdeutsche Fragen trat der Vorsitzende der FDP, Erich Mende. Die Berufung Mendes löste in Teilen der CDU Unbehagen aus, ja erregte Mißfallen. Bundeskanzler Erhard wurde kritisiert. Der Unmut richtete sich nicht gegen Mende als Person, sondern gegen die Tatsache, daß das wichtige Feld der Deutschlandpolitik nun dem kleineren Koalitionspartner überlassen wurde. Ich empfand ebenso. Mir schien es an der Zeit, auch persönlich Konsequenzen zu ziehen. Ich war bislang keiner politischen Partei beigetreten. Weder Lemmer noch Barzel hatten mich in dieser Hinsicht bedrängt. Nun hielt ich es für geboten, meine politische Überzeugung zu dokumentieren, »Farbe zu bekennen«. So trat ich in die CDU ein. Es verstand sich von selbst, daß damit meine Zeit als Leiter des Ministerbüros dem Ende zuging. Wer mit dem Minister so eng zusammenarbeitet wie der Chef des Ministerbüros, muß tunlichst auch dessen parteipolitische Überzeugungen teilen.

Mende, den ich nach seiner Ankunft in Berlin von meinem Schritt unterrichtete, hat dies als ein guter Demokrat keineswegs als einen Affront gegen sich betrachtet, woran ich auch nicht gedacht hatte. Er bat mich, zunächst weiter die Geschäfte zu führen. Sein politischer Schwerpunkt lag in Bonn, wo er in seinem Persönlichen Referenten, dem späteren Staatssekretär Karl Friedrich Brodesser, einen Mitarbeiter seines vollen Vertrauens besaß. Die Zusammenarbeit mit Brodesser, mit dem ich in den kommenden Tagen viel zu tun hatte, war ausgezeichnet. Es gab keinerlei Spannungen. Ich schätzte ihn sehr.

Nach einiger Zeit wurden die Geschäfte des Leiters des Ministerbüros Berlin von dem Pressereferenten der Berliner Abteilung des Gesamtdeutschen Ministeriums, Herrn Goerke, mit übernommen. Mende betraute mich mit dem politischen Referat in Berlin, in dem auch weiterhin die besonderen humanitären Bemühungen angesiedelt sein sollten. Ich blieb also in meinem »Geschäft«, nun allerdings nicht mehr dem Minister selbst unmittelbar unterstellt, sondern wie jeder andere Referent in die übliche Ordnung im Ministerium eingegliedert. Jetzt mußte ich den Instanzenweg einhalten. Es wurde nicht einfacher dadurch. Mein Berliner Abteilungsleiter ließ sich dann auch sofort die Akte vorlegen. Nur kurze Zeit später bestellte er mich zu sich und meinte mit einem leisen Unterton von Mißtrauen in der Stimme, wenn er die Akte richtig gelesen hätte, müßten doch noch DM 23 000 übriggeblieben sein. Ich bejahte und blätterte den Betrag aus meinem Panzerschrank auf seine Aufforderung hin auf den Tisch. Der Vorgang ließ trefflich erkennen, daß eine enge Zusammenarbeit mit dem Minister nicht nur wohlwollende Gedanken im Apparat auslöst. Mir war die Nachfrage aber sehr recht, konnte ich doch auf diese Weise belegen, daß die Akte ordentlich geführt und alles mit rechten Dingen zugegangen war.

Erich Mende ließ sich bald nach seiner Ankunft von mir über die »besonderen humanitären Bemühungen« unterrichten. Er erkannte selbstverständlich sogleich die politische und menschliche Dimension dessen, was da eingeleitet worden war, und entschied sich ebenfalls, wenn sich die Möglichkeit zu einer Fortsetzung − gegebenenfalls in einem größeren Umfang − eröffnen sollte, dem Weg zu folgen.

Zunächst ließ die DDR jedoch einige Zeit verstreichen, ehe sie die Bereitschaft zu neuen Verhandlungen zu erkennen gab. Man wollte wohl, mißtrauisch und ängstlich bedacht, sich keine Blöße geben, erst einmal abwarten, welchen deutschlandpolitischen Kurs Mende einschlagen würde. Man hatte erkennbar Schwierigkeiten, sich auf den Politiker Mende, der neben seinem ministeriellen Amt auch die Funktion des Vizekanzlers bekleidete, vielleicht auch auf seinen persönlichen Stil, einzustellen. Politische Ausschläge sind in einer kleinen Partei, die ständig das politische Damoklesschwert der Fünfprozentklausel über sich schweben sieht, häufiger anzutreffen als in den großen Volksparteien CDU/CSU und SPD. Das Tagesgeschehen wird anders gewichtet, wenn die Möglichkeit eines nahen parlamentarischen »Aus« droht. Der Zwang zur Profilierung und Selbstdarstellung, dem in einer Demokratie alle Parteien und Politiker unterliegen, wird drängender empfunden. Die Öffentlichkeit wird deshalb mehr und angestrengter gesucht − für ein autoritäres Regime, das den Spielregeln der Mehrheitsentscheidungen nicht unterworfen ist, eine schwer verständliche Erscheinung. Dort wird jedes Wort auf die Goldwaage gelegt und entsprechend gewogen und beurteilt. Der freie Stil in unserer politischen Gesellschaft, die raschen Meinungsäußerungen, die manchmal nicht gerade *sub specie aeternitatis* erfolgen, haben in der DDR immer wieder zu Irritationen geführt. Das galt besonders in jenen Tagen des Kalten Krieges, in denen Angriff und Abwehr und nicht Zusammenarbeit das Denken und Handeln bestimmten.

So kamen die Dinge nur zögernd in Gang. Ein schneller Anschluß an die erste Aktion ließ sich nicht verwirklichen. Aber auch auf unserer Seite türmten sich Schwierigkeiten auf. Staatssekretär Thedieck hatte vor der Kabinettsumbildung, als Mende als Nachfolger von Barzel genannt wurde, recht deutlich zu erkennen gegeben, daß er diesen Ministerwechsel nicht glaube goutieren zu können. Folgerichtig bat er um seine Ablösung. Mende berief daraufhin einen neuen Staatssekretär. Seine Wahl fiel auf Carl Krautwig, bis dahin Ministerialdirektor im Bundeswirtschaftsministerium und − dies war sicher mit ausschlaggebend − mit dem Interzonenhandel, das heißt den wirtschaftlichen Verflechtungen zwischen der Bundesrepublik Deutschland und der DDR, bestens vertraut. So hatte Mende einen der damals noch keineswegs zahlreichen Fachleute auf dem innerdeutschen Feld gewonnen.

Auch Staatssekretär Krautwig wurde von mir nach seinem Amtsantritt über die erste Aktion, die Freilassung von acht politischen Häftlingen aus der DDR, unterrichtet. Er reagierte, soweit erkennbar, weder positiv noch negativ. In keiner Weise zeigte er allerdings eine Neigung, von sich aus aktiv zu werden, auf eine Fortsetzung oder eine Anschlußaktion zu drängen. Wir sollten abwarten.

Nach Verstreichen einer geraumen Zeit meldete sich Rechtsanwalt Stange bei mir und erklärte, die andere Seite habe sich inzwischen bedacht und biete an, eine größere Aktion zu starten. Man habe durch die reibungslose Abwicklung der ersten Vereinbarung Vertrauen gefaßt, insbesondere habe man positiv vermerkt, daß die Vertraulichkeit nicht gebrochen worden sei. Damit sei eine Grundlage geschaffen, auf der aufgebaut werden könne. Ich berichtete sofort Staatssekretär Krautwig und schlug vor, daß er Stange empfangen möge, um ihn kennenzulernen und sich auch unmittelbar ins Bild setzen zu lassen.

Krautwig reagierte zunächst abwartend. Erst als Mende von der neuen östlichen Offerte Kenntnis erhielt und sich engagierte, kam das Gespräch mit Stange zustande.

Krautwig war es aus dem Wirtschaftsministerium gewöhnt, mit hochgeachteten, bekannten, erfahrenen, bestens qualifizierten Anwälten der Industrie zu verhandeln. Nun stand ihm in Rechtsanwalt Stange ein junger Mann gegenüber, dessen einzige greifbare Reputation in der Tatsache bestand, daß er in der ersten Aktion seriös und zuverlässig vermittelt hatte. Die Begegnung trug nicht dazu bei, in ihm die Neigung und den Eifer zu wecken, sich in den Vorgang hineinzuhängen. Im Gegenteil, er war von tiefem Mißtrauen erfüllt, ob unsere Sache auch gut vertreten sein würde. Er hätte gern einen anderen Anwalt hinzugezogen, doch gab ich zu bedenken, daß ein renommierter Wirtschaftsanwalt mit einer großen, weitgespannten Praxis sich sicher nicht der Mühe unterziehen würde, in ein solches Mandat einzusteigen, in einen Auftrag, der es mit sich brachte, häufig zwischen West- und Ost-Berlin pendeln zu müssen, und der vor allem mit der Lösung eines Rechtsfalles oder einer rechtlichen Beratung im eigentlichen Sinn nichts zu tun hatte, dazu politisch heikel und hinsichtlich seines ethischen Gehalts unterschiedlicher Beurteilung ausgesetzt war. Hierfür eine der bekannten Sozietäten zu gewinnen, hielt ich angesichts dieser Gegebenheiten für aussichtslos.

Die Maschinerie sprang nicht so recht an. Bedenken über Bedenken wurden erörtert und abgewogen. Die Freilassung der ersten acht Häftlinge war noch eine Art Kabinettstück gewesen. Nun aber ein Verfahren für hundert oder gar tausend Gefangene zu finden, konnte wahrlich Kopfzerbrechen bereiten. Wer suchte die Häftlinge aus? Wie stellten wir uns, wenn die DDR sich einigen oder gar ganzen Gruppen von Häftlingen, die von unserer Seite angefordert wurden, verweigerte? Wie sollte man die Übergabe organisieren? Zu Hunderten über die S-Bahn in Berlin wie die ersten acht? Dagegen sprachen schon Gründe der Geheimhaltung. Es wäre im Westen bekannt geworden. Also an welchem anderen Ort? Und wie? In einem geschlossenen Transport? Per Bahn, Flugzeug oder Bus? Über einen dritten Staat? Wer nimmt die Häftlinge wo in Empfang? Wie kann man die Betreuung im Westen regeln, ohne daß sensationelle Meldungen und Berichte erscheinen? Fragen über Fragen!

40

Viel Beschwer bereitete der Komplex der wirtschaftlichen Gegenleistungen. Wie sollte das Entgelt bestimmt werden? Welche Höhe konnte akzeptiert werden? Und wie stellte man den wirtschaftlichen Gegenwert der DDR zur Verfügung? Eine Zahlung in bar, wie gehabt, konnte nicht zu einer Dauereinrichtung werden. Bei den Millionen-Summen, die zu erwarten waren, konnte nicht jemand abgestellt werden, der mit einem Koffer voll Geld über die Grenze pendelte. Hier tat sich auch ein Politikum auf. Mit D-Mark in bar konnte die DDR nach Gutdünken auf dem Weltmarkt alle Waren – vielleicht auch strategisch wichtige Güter – einkaufen. Konnte, ja durfte die Bundesrepublik dazu die Hand reichen, weil es um die Freilassung politischer Häftlinge, also unschuldiger Menschen ging? Durfte man der DDR gegebenenfalls so weit entgegenkommen? Was würde die öffentliche Meinung sagen? Was unsere Verbündeten denken? Mit Recht war also ein behutsames und wohlüberlegtes Vorgehen angebracht. Eine Absprache mit der DDR ließ sich nicht einfach in wenigen Tagen aus dem Ärmel schütteln.

Rechtsanwalt Stange äußerte die Befürchtung, daß die DDR »abspringen« könnte, wenn unsere Seite das Angebot nicht schnell ergreifen würde. Drüben gäbe es gewichtige Stimmen, so meinte er herausgehört zu haben, die dem Ganzen höchst skeptisch gegenüberständen und einen Nachteil für die DDR befürchteten. Stanges Drängen war verständlich. Aber hier stellten sich Probleme, die in den hohen politischen und staatlichen Bereich fielen. Sie konnten und durften nicht übers Knie gebrochen werden. Man mußte Schritt für Schritt vorgehen und über jeden Punkt völlige Klarheit erzielen. Gerade bei einer so ungewöhnlichen, aus jedem Rahmen fallenden Vereinbarung galt es, um Mißverständnisse zu vermeiden und damit Mißtrauen auszuschließen, ganz genau zu sein. Aus den Rückäußerungen, die Stange von »drüben« mitbrachte, war schließlich auch zu erkennen, daß Rechtsanwalt Vogel und seine Auftraggeber im Grunde in gleicher Weise dachten. Auch sie wollten jedes mögliche Risiko vermeiden. So kamen wir zwar langsam, aber doch Schritt für Schritt einer Lösung näher.

Um diese Zeit, Anfang 1964, trafen Vogel und ich uns zum ersten Mal persönlich. Wir hatten voneinander bisher lediglich über Mittelsmänner, vor allem über Stange, gehört. Es lag nur zu nahe, daß wir beide den Wunsch hatten, uns auch persönlich kennenzulernen. In einer so schwerwiegenden Verhandlung allein über eine dritte Person zu verkehren, reichte nicht aus. Vogel war der Repräsentant der anderen Seite, er hatte das Mandat der DDR. Darum wollte ich gern aus seinem eigenen Mund hören, wie die Dinge standen. Die Verhandlungsposition des Gegenüber läßt sich besser im direkten Gespräch einschätzen. Auch eine noch so gute Wiedergabe durch einen Dritten kann den persönlichen Eindruck aus der unmittelbaren Fühlungnahme nicht ersetzen.

Die Politik hatte bislang verhindert, daß Vogel und ich persönlich aufeinander zugehen konnten. In meiner Person stellte sich schließlich die Bundesrepublik Deutschland dar, mit der zu dieser Zeit Kontakte nicht gesucht, vielmehr abgelehnt wurden. Das Feindbild war noch völlig ungetrübt. Auch auf unserer Seite wurden alle offiziellen Beziehungen zur DDR in Beachtung der Hallstein-Doktrin vermieden. Die DDR durfte kein Gesprächspartner sein. Hier half nun Vogels Status als Rechtsanwalt weiter. Er gehörte keinem der von staatlicher Seite besonders geförderten Rechtsanwaltskollegien in der DDR an. Besonders aber paßte seine Zulassung als Anwalt auch in West-Berlin in die politische Landschaft. Formal traf ich da einen Westberliner Anwalt. Daß er im Auftrag der Regierung der DDR tätig war, änderte nichts an seinem Status. Rechtlich konnten aus dieser Begegnung keine offiziellen Beziehungen zwischen der Bundesrepublik und der DDR abgeleitet werden.

Die über Anwälte geführten Verhandlungen erfüllten aber noch einen weiteren, für beide Parteien höchst erwünschten und vorteilhaften Zweck. Ein Anwalt unterliegt in seinem Mandat der strikten Schweigepflicht. So brauchten von dieser wichtigen Seite her keine Befürchtungen gehegt zu werden. Ein Anwalt ist ebenfalls in dem Rahmen, den das Recht und die Standesvorschriften zulassen, an die Aufträge seines Mandatgebers gebunden. Seinem eigenen Gestaltungswillen sind Grenzen gesetzt. Dieser Umstand ließ die Steuerung der Aktion durch die Regierungen zu, ohne daß sie selbst in Erscheinung treten mußten. Die Regierungen konnten ihre Ansichten und Entscheidungen leichter ändern, sich neuen Gegebenheiten oder Einsichten besser anpassen, ohne das Gesicht zu verlieren, da sie nicht selbst mit am Tische saßen. Und noch etwas spielte hinein: Der von vielen doch als dubios angesehene Charakter des »Geschäfts« verlor ein wenig an Schärfe, trat nicht so nackt in Erscheinung, wenn Anwälte und nicht der Staat unmittelbar auftraten. Ich wage die Behauptung, daß ohne das anwaltliche Instrument, ohne die Möglichkeit, sich der Anwälte bedienen zu können, es zumindest in der damaligen Zeit nicht zu dem sogenannten »Häftlingsfreikauf« gekommen wäre.

Die Begegnung mit Vogel fand in Stanges Büro in West-Berlin statt. Daß Vogel in meine Diensträume kommen konnte, gestatteten die Zeitläufe noch nicht. Dieser Schritt wurde erst einige Jahre später zur Selbstverständlichkeit. Mein erster Eindruck von diesem Nachmittag, ich erinnere mich noch recht gut, war der einer gewissen Verblüffung. Vogel bewegte sich in Stanges Kanzlei wie in der Dependance seines eigenen Büros. Man duzte sich ringsumher: Stange und Vogel, ebenso aber auch Stanges Mitarbeiter und Vogel. Es herrschte eine Atmosphäre vollständiger Vertrautheit, ja Intimität. Offenkundig arbeiteten beide Anwälte in vielen Angelegenheiten auf das engste zusammen – für mich, der ich das System in der DDR doch nur sehr reserviert zu sehen vermochte, ein wenig befremdlich. In den humanitären Bemühungen habe ich die DDR immer als einen Gegenspieler betrachtet, einen Machtapparat, dem es galt, im Interesse der Menschen ein Stück Humanität abzutrotzen und ihn dadurch, wenn möglich, zu einer Wandlung zu drängen. Diese Grundansicht hat mein Verhalten durch all die Jahre bestimmt. Die gesellschaftspolitische Entwicklung in der DDR nahm in meinen Augen auch keineswegs einen Gang, der gebot, die durch diese Sicht bedingte Distanziertheit zu überprüfen oder gar aufzugeben.

Diese Haltung schloß nun keineswegs aus, eine gute, ja nahe Zusammenarbeit herzustellen, Zuverlässigkeit und auch Entgegenkommen zu zeigen, Vertragstreue nicht nur zu fordern, sondern auch zu halten, aufgeschlossen zu sein für das Gefangensein der DDR in ihren politischen Grundvorstellungen, den sich daraus ergebenden begrenzten Handlungsspielraum anzuerkennen und ihn in Rechnung zu stellen. Doch wir, Vogel und ich, dienten verschiedenen »Herren«. Dem Journalisten Michel Meyer hat Vogel 1978 auf die Frage: »Sind Sie eigentlich Kommunist oder Idealist, Humanist?« geantwortet: »Vor allem bin ich Marxist. Der Marxismus schließt einen Glauben und eine humanistische Haltung nicht aus. Ganz im Gegenteil, er fordert sie. In Wirklichkeit versuche ich Marxist und Humanist zu sein.« Diese humanistische Gesinnung bildete die Grundlage, auf der wir uns trafen, auf der Vogel und ich uns auch menschlich nahe gekommen sind. Das gemeinsame Band, dem humanitären Geist verpflichtet zu sein, bewirkte Achtung und Respekt vor dem Gegenüber. Die oft harten Auseinandersetzungen in der Sache taten dem keinen Abbruch.

Rechtsanwalt Vogel hat seine Seite stets energisch und entschieden vertreten. Die Moral des »Häftlingsfreikaufs« holte er sich aber wohl mehr aus dem marxistischen Gedankengut. In einem Interview hat er einmal gesagt: »Bei uns wird das Delikt nach dem Schaden beurteilt, der dem sozialen System und der Gesamtheit zugefügt worden ist. Die grundlegende Auffassung, daß diese Delikte auch materiell wiedergutzumachen sind, ist in Wirklichkeit der einzige und wahre Hintergrund dieser Austauschverfahren.«* Ich versage mir hier, dagegen zu polemisieren. Der Leser mag selbst urteilen. Vogel und ich haben über diese Frage auch nie gestritten, wir haben das Thema nicht berührt. Wie wir auch sonst nicht kontrovers politisch philosophiert haben. Unausgesprochen hielten wir es beide für ratsam, diese Themen nicht anzuschneiden. In unserer Zusammenarbeit ging es schließlich nicht darum, den anderen beeinflussen oder zu einer anderen Weltanschauung bekehren zu sollen, sondern konkret ganz bestimmten einzelnen Menschen zu helfen. Die Art unseres Umgangs und die persönliche Wertschätzung, die wir füreinander hegten, verboten ebenfalls, kritische Bemerkungen über Entscheidungen führender Politiker der jeweils anderen Seite zu machen. Wir hätten es beide als taktlos empfunden, denn unabhängig von der eigenen persönlichen Beurteilung im Einzelfall hätten wir als Vertreter unserer Regierungen Kritik nicht hinnehmen dürfen. Zu fruchtlosen Gesprächen verspürten wir wahrlich niemals eine Neigung. Auf das, was konkret auf dem Tisch lag, den Blick zu richten und die Dinge teleologisch anzugehen, diese Maxime schien uns beiden die beste Haltung zu sein, um voranzukommen.

Wir haben auch nicht über die Folgen gesprochen, die die besondere Art der Freilassung politischer Häftlinge haben könnte. Die Aus-

---

* Jens Schmidthammer, *Rechtsanwalt Wolfgang Vogel. Mittler zwischen Ost und West*, Hamburg 1987, S. 87.

44

wirkungen auf das Rechtswesen in der DDR zeichneten sich bald ab, denn die Aktionen sprachen sich in den Strafanstalten der DDR und damit in der gesamten Justiz mit Windeseile herum. Sie führten zur Verunsicherung des Apparates und übten Druck auf die Regierung aus. Die Schritte zu geregelteren Verfahren und die Eindämmung der Willkür wurden durch die Aktionen sicher beschleunigt.

Jede Seite trug ihren Hintersinn und verfolgte Nebengedanken. Hierüber zu sprechen schien nicht geboten oder gar ratsam. Dazu standen sich die Systeme doch zu sehr als Gegner gegenüber. Allerdings tauschten wir schon Beurteilungen über staatliche Maßnahmen aus. Ich habe von Anfang an die Zustimmung der DDR zu den umfangreichen Ausreisen, der sogenannten Ausreisewelle im Jahr 1984 − mehr dazu später −, nicht als eine Lösung des Problems bezeichnet. Der Ausreisedruck würde dadurch nicht gemindert, eher noch ansteigen, weil die Ursachen, warum die Menschen die DDR verlassen wollten, nicht beseitigt werden. Vogel hat mir damals in dieser Auffassung nicht widersprochen. Er wurde durch den ausgedehnten Verkehr mit seinen Mandanten stets auf die Wirklichkeit gestoßen. Wer an der Basis tätig war, konnte die ideologisch bedingten Scheuklappen nicht beibehalten und sich vor der Realität nicht verschließen.

Wir haben uns von Anfang an gut verstanden. Gegenseitige Sympathie ist vielleicht das richtige Wort, um die Basis unseres Verhältnisses zu beschreiben. Wir hatten die gleiche Art zu denken und an die Probleme heranzugehen. Durch die Vielzahl unserer Gespräche kannten wir uns später so gut, daß wir nur noch wenige Worte zur Verständigung und Abstimmung benötigten. Ideologische Themen blieben ausgeklammert. Ich sah es nicht als meine Aufgabe an, ihn missionieren zu wollen. Vogel seinerseits betonte immer wieder seine Stellung als freier Advokat, der das Mandat zwar mit Überzeugung vertrat, um bedrängten Menschen zu helfen, auch um der DDR zu nutzen, der aber nicht als Funktionär in den Staatsapparat eingeordnet und dessen Zwängen wie dessen Denken unterworfen sei.

In meinen Augen ist es ein Phänomen, daß Vogel sich die ganze Zeit von Anfang 1963 bis zum Ende des Häftlingsfreikaufs durch den Umschwung der DDR im Jahre 1989 hat halten können. Er ist auch erst spät, Anfang der achtziger Jahre, in die SED eingetreten. Vermutlich auf sanften Druck von oben. Ich glaube, er hat die wechselnden

Zeitläufe überstanden, weil er im Grunde immer Anwalt geblieben ist, zwar der öffentlichen Beachtung nicht abhold, aber nicht von dem Drang beseelt, eine Karriere in einem öffentlichen Amt zu machen, eine hohe Staatsfunktion anzustreben. So blieb er, obwohl mit dem Apparat der SED eng verbunden, doch in gewisser Weise außen vor, ein Außenseiter im Gefüge, der niemandem im Weg stand, der keinen Stolperstein für andere darstellte und deshalb gelitten wurde. Vogel hatte sicher nicht nur Freunde in der DDR. Er wurde wegen seiner Freiheit und seines Lebensstils wohl auch ein wenig scheel und neidvoll angesehen, aber er bedeutete für keinen Funktionär eine Gefahr. Und, dies sollte nicht vergessen werden, durch ihn erzielte die DDR beträchtliche Einnahmen, für die, wirtschaftlich gesehen, kein Gegenwert aufgebracht werden mußte.

Das Bild wäre ohne einen Blick auf die »diplomatischen Missionen«, in denen Vogel für die DDR tätig war, unvollständig. Er hatte ganz wesentlichen Anteil an der Vorbereitung des Besuchs von Bundeskanzler Schmidt in der DDR im Dezember 1981. Klug, verschwiegen und zuverlässig hat er als Verbindungsmann zwischen Schmidt und Honecker gedient, wobei seine Tätigkeit keineswegs darauf beschränkt blieb, Botschaften zu überbringen.

Vogel muß damit leben, daß das Urteil über ihn unterschiedlich ausfällt. Wie kann es bei seiner Funktion auch anders sein. Bei der Bundesregierung genoß er durch die Jahre hindurch hohes Ansehen, Menschenrechtsorganisationen, wie zum Beispiel die Internationale Gesellschaft für Menschenrechte, standen ihm dagegen kraß ablehnend gegenüber. Für sie verkörperte er einen Teil des Unrechtssystems der DDR. Sie sahen in ihm nur ein Vollzugsorgan der Regierung der DDR. Diese Meinung hielt jedoch Mitglieder der Organisation keineswegs davon ab, Vogels Dienste in ihren persönlichen Anliegen gern anzunehmen. Vielen Menschen hat Vogel geholfen. Die Dankschreiben füllen Leitzordner bei ihm. Andere hingegen kritisieren, daß er zu sehr in die Politik der DDR verstrickt gewesen sei und sich in einzelnen Fällen persönlich nicht genügend eingesetzt habe − kein Wunder bei der Fülle von Verfahren. Die bekannte Theaterregisseurin Freya Klier, die gegen ihren Willen aus der DDR ausgebürgert wurde, sagte über Vogel: »Der ist doch bloß ein Staatsorgan.« Besonders entschiedene und boshafte Gegner bezichtigten ihn sogar, ein Mitarbeiter des verhaßten Staatssicherheitsdienstes gewesen zu sein. Vogel hat sich gegen diesen Vorwurf vor Gericht energisch und mit Erfolg gewehrt.

1984 fand jemand heraus, daß ein Wolfgang Vogel mit dem gleichen Geburtsdatum im Krieg an der italienischen Front gefallen sei und auch dort auf einem deutschen Soldatenfriedhof begraben liege. Sofort wurde, sensationell aufgemacht, der Verdacht geäußert, Vogel sei gar nicht die Person, als die er auftrete. Ein schmutziger Argwohn wurde in die Welt gesetzt. Ich empfinde noch heute Genugtuung darüber, daß ich damals Vogel schnell helfen konnte. Über die Wehrmachtsauskunftstelle in West-Berlin ließ sich der Sachverhalt rasch aufklären. Es lag eine Verwechslung vor.

Als wir uns im Büro von Rechtsanwalt Stange gegenübersaßen und die ersten Worte wechselten, begann sehr schnell ein mit der Zeit immer stärker werdendes Vertrauen zwischen uns zu wachsen. Obwohl in verschiedenen Lagern stehend, hatten wir keine Schwierigkeit, ohne jede politisch bedingte Verkrampfung miteinander sprechen und uns begegnen zu können. Der Umgang verlor sehr schnell den Charakter des Außergewöhnlichen. Wenn ich zurückblicke und mich nach den wichtigsten Kennzeichen unserer Beziehung frage, so fallen mir spontan zwei Kriterien ein: Vogel und ich stimmten darin überein, daß den Menschen in Deutschland, die aus politischen Gründen Mißbilden ausgesetzt waren oder sich in einer Notlage befanden, geholfen werden mußte. Dabei scheuten wir beide vor unorthodoxen Wegen und Methoden nicht zurück. Und zum weiteren waren wir uns einig, daß auf eine einmal gegebene Zusage, auch wenn sie später gelegentlich »weh« tat, stets Verlaß sein mußte. Bei Verhandlungen, in denen die Politik unsichtbar mit am Tisch sitzt – eine kontroverse, zu manchen Zeiten sich feindlich gegenüberstehende Politik –, kommt es entscheidend darauf an, im Gegenüber eine Person zu wissen, die den Rahmen, den Handlungsspielraum genau abzuschätzen weiß und die fest zu den einmal getroffenen Abreden steht. Alle Vereinbarungen, die wir in den Jahren abgeschlossen haben, trugen schließlich einen extraordinären Charakter, und kein Gerichtsvollzieher stand hinter der Tür bereit, der notfalls zur Durchsetzung des Anspruchs hätte gebeten werden können.

Unsere Treffen fanden in der Folgezeit weiterhin zumeist im Büro von Rechtsanwalt Stange statt. Wir nahmen beide Rücksicht auf die politische Situation. Keine Seite wollte die andere überfordern. Erst 1969 schwanden die Hemmnisse, und die persönliche Begegnung wurde so normal und selbstverständlich, wie es gemeinhin üblich ist. Ein gewisser Schlußstein unter die Entwicklung wurde dadurch gesetzt, daß Vogel eine Vollmacht – wohlweislich im Bundeskanzleramt und nicht im innerdeutschen Ministerium, mit dem er doch verhandelte – hinterlegte. Sie war vom Generalstaatsanwalt der DDR, Streit, ausgestellt worden und lautete:

> Vollmacht für Herrn RA Wolfgang Vogel, 1136 Berlin, Reiler Str. 4. Die Regierung der Deutschen Demokratischen Republik bestellt Sie mit sofortiger Wirkung bis auf schriftlichen Widerruf als ständigen Rechtsberater und in besonderen Fällen als Rechtsvertreter.
> Diese Bestellung erstreckt sich insbesondere auf die Wahrnehmung der Interessen der Deutschen Demokratischen Republik gegenüber der Bundesrepublik Deutschland, der besonderen politischen Einheit West-Berlin und gegenüber anderen Staaten.
> Berlin, den 1. 8. 1969,
> Dr. Streit

In den Gesprächen mit Vogel zeichnete sich nun klar und deutlich ab, daß die DDR bereit und entschlossen war, die Aktion in größerem Umfang fortzusetzen. Bevor die Größenordnung festgelegt wurde und man an die Auswahl der Häftlinge gehen konnte, galt es, das Problem der wirtschaftlichen Gegenleistungen zu lösen. Bei einer neuen Aktion von beträchtlicherem Ausmaß, die sich jetzt spruchreif anbot, kam eine Zahlung in bar schon von der zu erwartenden Größenordnung her nicht mehr in Frage. Auch mußte das Argument aus dem politischen Raum bedacht werden, daß die DDR auf diesem Weg nun nicht in die Lage versetzt werden durfte, strategisch wichtige Güter frei einkaufen zu können. Guter Rat war gefragt.

Ich habe oben berichtet, daß die Kirchen sich seit Jahren in den humanitären Angelegenheiten stark engagiert hatten. Vogel stand in engem Kontakt mit ihnen. Für die katholische Kirche führte Prälat Zinke als Bevollmächtigter der Fuldaer Bischofskonferenz die Gespräche. Auf evangelischer Seite hatte sich vor allem Bischof Scharf engagiert. Scharf hatte in Rechtsanwalt v. Wedel, der früher als sein Referent in der Kirchenverwaltung tätig gewesen war, eine tatkräftige Unterstützung. Vogel und v. Wedel waren ebenfalls seit langem miteinander bekannt, ja befreundet. Sie arbeiteten in vielen Rechtssachen zusammen. Den Kirchen war deshalb die erste Aktion nicht verborgen geblieben.

Die Kirchen bemühten sich gerade in jenen Tagen, als die Trennungslinie in Deutschland von der DDR immer undurchlässiger gemacht wurde, aus ihrem religiösen Auftrag heraus über die Grenze hinweg Verbindung zu halten und sich gegenseitig zu helfen und zu stützen. Viele kirchliche Einrichtungen in der DDR – Krankenhäuser, Kindergärten etc. – litten Mangel. Ich habe noch vor Augen, wie Prälat Zinke, ein wenn es sein mußte streitbarer Gottesmann, stets eine weite Soutane anzog, wenn er nach Ost-Berlin fuhr. Verschmitzt lächelnd gestand er mir eines Tages, daß er unter diesem Habitus am geschicktesten Medikamente, die im Osten dringend gebraucht wurden, verbergen und mitnehmen könnte. Er spekulierte – mit Recht – darauf, daß die Grenzorgane der DDR einen so sichtbar als Priester ausgewiesenen Passanten nicht einer Leibeskontrolle unterziehen würden. Es waren wahrlich keine großen Mengen, die er unter Verstoß gegen die Gesetze der DDR mit hinüber »schmuggelte«. Es hat ihn mit Glück erfüllt, dergestalt unmittelbar dienen zu können. Dafür nahm er das Risiko, möglicherweise verhaftet zu werden, in Kauf. Was er nicht wußte war, daß dem Staatssicherheitsdienst in der DDR dieser kleine Schwindel sehr wohl aufgefallen war. Auch Männer der Kirche wurden sorgfältig beobachtet. Man hatte seine vielen Besuche in Ost-Berlin selbstverständlich registriert und verfolgt. So tauchte bald ein Verdacht auf, vielleicht allein von der Tatsache herrührend, daß der Hochwürdige Herr bei seiner Rückkehr aus Ost-Berlin häufig um vieles schlanker erschien als auf dem Hinweg. Wie dem auch sei. Einige Hände hatten ein Netz geknüpft, er wäre nicht abgestürzt.

Durch diese Zusammenhänge und Querverbindungen erfuhren die Kirchen bald, daß es in »Bonn« ein wenig hakte, nicht so recht voranging. Das Mißtrauen gegenüber der DDR saß tief, und das »Geschäft« schien so ungewöhnlich, daß man noch immer eher geneigt war, den Bedenken das Ohr zu leihen als frisch und wagemutig voranzugehen.

In dieser sehr entscheidenden Phase war es Bischof Hermann Kunst, damals Bevollmächtigter des Rates der evangelischen Kirche in Deutschland in der Bundeshauptstadt, der durch eine Initiative bei Staatssekretär Krautwig ein wichtiges Problem aus der Welt schaffte. Er war von seinen Amtsbrüdern in Berlin eingeweiht und um Unterstützung bei der Bundesregierung gebeten worden. Er stellte sich sofort hinter die Aktion und setzte sich mit der ihm eigenen Tatkraft, Energie und Umsicht ein. Bischof Kunst verfügte in Bonn über beachtlichen Einfluß. Sein Rat wurde allseits geschätzt. Er selbst genoß nicht nur wegen seines Amtes eine hohe Achtung und Respekt. Ihm ist es zu verdanken, daß die Frage, wie die wirtschaftlichen Gegenleistungen erbracht werden könnten, eine befriedigende Antwort fand.

Ich habe oben ausgeführt, daß die Kirchen in West und Ost trotz der Teilung Deutschlands weiter eng zusammenstanden. Das Band des gemeinsamen Glaubens hielt sie fest umschlungen. Insbesondere bemühte sich die evangelische Kirche in der Bundesrepublik, den Glaubensbrüdern und -schwestern in der DDR auch materiell Hilfe zukommen zu lassen. Eine Unterstützung mußte sich im Rahmen der bestehenden Devisengesetze in der Bundesrepublik Deutschland, aber auch der DDR bewegen. Deshalb hatte man ein besonderes Verfahren erfunden. Das Diakonische Werk in Stuttgart bestellte bei Firmen in der Bundesrepublik Waren verschiedenster Art − selbstverständlich keine Güter von der Cocom, der Vorbehaltsliste − und ließ sie über die staatliche Handelsgesellschaft der DDR Intrac in die DDR liefern. Dort wurden der Kirche in der DDR entsprechende Werte gutgebracht, so daß die Zuwendung aus der Bundesrepublik, wenn auch auf Umwegen und in anderer Gestalt, die Glaubensgemeinschaft in der DDR erreichte. Das Verfahren hatte sich eingespielt und gut bewährt.

Bischof Kunst regte nun an, in bezug auf die von der Bundesregierung zu erbringenden wirtschaftlichen Gegenleistungen an eine ähnliche Regelung zu denken. Ein naheliegender, ja bestechender Gedanke. Der Bundesregierung waren die kirchlichen Transaktionen selbstverständlich schon durch das Genehmigungsverfahren bekannt. Sie hatte diesen Weg der Unterstützung stets gutgeheißen und begrüßt. Die Lösung hatte den Vorteil, daß der DDR keine frei konvertierbare Währung, sondern Waren, über die jeweils verhandelt werden konnte, zur Verfügung gestellt wurden. Ich achtete später sehr darauf, daß Güter aus westdeutscher Produktion geliefert wurden, damit wenigstens ein Teil dieser Mittel – schließlich handelte es sich um Steuergelder – wirtschaftlich Firmen in der Bundesrepublik Deutschland zugute kamen.

Doch tauchte sofort die Schwierigkeit auf, daß das Ministerium unmöglich als Handelspartner von Firmen auftreten konnte. Hierzu fehlte der Fachverstand. Auch läßt sich behördliches Rechnungswesen nicht mit kaufmännischer Buchführung vereinbaren. Man mußte also eine Firma eigens zu diesem Zweck gründen. Juristisch keine Schwierigkeit, aber wer sollte sie führen? Ein Kaufmann war gefragt, absolut zuverlässig wegen der gebotenen Geheimhaltung und nicht auf einen Eigenverdienst aus, denn ein Gewinnstreben würde der Hintergrund des »Geschäfts« nicht zulassen können. Zudem war das Ganze mit dem hohen Unsicherheitsfaktor behaftet, daß die Firma von heute auf morgen wieder geschlossen werden könnte. Mir fiel ein alter Freund meiner Familie ein, ein Wirtschaftsprüfer, der nach dem Krieg im Ost-West-Geschäft erfolgreich tätig gewesen war und nun als Pensionär im süddeutschen Raum lebte. Er brachte alle Voraussetzungen mit.

Der Komplex wurde im Ministerium und mit Bischof Kunst vielfach erörtert und hin und her gewendet. Staatssekretär Krautwig konnte sich jedoch nicht entschließen, einer Firmengründung näherzutreten. Schließlich bot Bischof Kunst an, daß das Diakonische Werk auch die »Geschäfte« der Bundesregierung mit erledigen könnte. Die Kirche sei angesichts des Zweckes der Maßnahmen im Interesse der Menschen bereit, einzuspringen. Damit war der Knoten gelöst. Die Einschaltung einer von der Kirche abhängigen Organisation unterstrich den humanitären Charakter des Vorgangs und drängte damit die Politik ein wenig in den Hintergrund. Das Diakonische Werk hatte reichhaltige Erfahrungen. Auch haushaltsmäßig konnte die Regelung nicht auf Bedenken stoßen, da die Wirtschaftsführung des Diakonischen Werks laufend von unabhängiger Seite geprüft wurde. Im übrigen entstanden der Bundesregierung keine Extra- oder andere Nebenkosten. Das Diakonische Werk übernahm diese zusätzliche Arbeit kostenlos. Eine wertvolle und hoch anzurechnende Hilfe. Staatssekretär Krautwig stimmte zu. Ein Riesenschritt war getan. Die damals gefundene Regelung hat sich die ganzen Jahre über bewährt und erhalten. Es hat niemals eine Beanstandung gegeben. Die Abwicklung erfolgte über fünfundzwanzig Jahre hindurch korrekt, zuverlässig, geräuschlos und verschwiegen. Ein bemerkenswerter Vorgang im geteilten Deutschland.

Die benötigten Summen aus dem Bundeshaushalt zu beschaffen, hat zu keiner Zeit Schwierigkeiten bereitet. Die Finanzminister aller Regierungen, sonst auf jeden Pfennig erpicht, haben in dieser Sache in keinem Jahr gezögert, den Anforderungen des Ministeriums zu entsprechen. Sie wurden darin von den Abgeordneten des Deutschen Bundestages, die in die Sache eingeweiht waren, stets voll unterstützt. Für diese besondere humanitäre Hilfe hat es im politischen Bereich einen breiten Konsens gegeben.

Nachdem diese unerläßliche Voraussetzung für die Aktion geschaffen war, konnten die anderen Probleme angepackt werden. Jetzt konnte vor allem mit der DDR verhandelt werden. Die Häftlinge mußten ausgewählt, die Überstellung, der Transport und die Betreuung geklärt werden. Rechtsanwalt Vogel hatte verlauten lassen, daß die DDR bereit sei, an eine Größenordnung von rund achthundert Häftlingen zu denken. Ich hatte ja noch meine alten Listen vom letzten Jahr zur Hand. Auf diesen Daten konnte aufgebaut werden. Die Auswahl schuf nicht mehr die argen Beklemmungen wie beim ersten Mal vor einigen Monaten, als die Ungewißheit unvergleichlich größer war und ein absolutes Neuland betreten wurde. Nun konnte man sich schon eher an Kategorien halten und nach objektiv greifbaren Merkmalen die Einordnung vornehmen. Selbstverständlich wurde zunächst an die vielen besonders schweren »Fälle« gedacht, an Häftlinge, die schon lange Jahre einsaßen und bei denen die menschliche Not am größten schien.

Ich stellte eine Liste von etwas über neunhundert politischen Häftlingen zusammen. Rechtsanwalt Stange überbrachte sie nach Ost-Berlin. Voller Spannung und auch Sorge wartete ich auf die Reaktion der DDR. Daß man unsere Wünsche einfach übernehmen, billigen und sich auf sie einlassen würde, hielt ich für höchst unwahrscheinlich. Aus ihrer Sicht mußte die DDR sich schwer tun, gleich zu Beginn der großen Aktion fast ausschließlich Häftlinge mit langen Haftstrafen freilassen zu sollen. Handelte es sich doch nach der Staatsauffassung und nach der kommunistischen Ideologie gerade um die Personen, die sich besonders schwerer Vergehen schuldig gemacht hatten. Auch die ideologischen und psychologischen Auswirkungen auf den Justizapparat und den Staatssicherheitsdienst würden sicher mit abgewogen werden. Die SED mußte die Maßnahmen intern rechtfertigen, ideologisch einordnen und eine Sprachregelung finden. Bei einer so großen Zahl von Häftlingen genügte es nicht, nur einige wenige, politisch besonders zuverlässige und vertraute Genossen einzuweihen. Die Aktionen sollten ja auch fortgesetzt werden, so daß die Zahl der Mitwisser ständig wachsen würde. In den Strafanstalten würden sich die plötzlichen Entlassungen ohne eine Amnestie, ohne einen erkennbaren Grund, blitzartig herumsprechen, Fragen auslösen und zu Forderungen führen.

Es ist das Ziel jedes Strafvollzuges, in den Haftanstalten auf der Grundlage eines für alle geltenden Reglements ein Gleichmaß des Ablaufs, des Geschehens einzurichten. Nun werden offenkundig einige Häftlinge bevorzugt. Der übliche Gang: Verurteilung, Strafverbüßung und Entlassung nach dem Ende der Strafzeit oder durch einen Gnadenerweis, der sich nach einem allen Häftlingen bekannten Verfahren regelt, wird durchbrochen, gilt nicht mehr. Eine starke Unruhe ist die unausbleibliche Folge. Jeder fragt, wann bin ich dran, und jeder, der nicht zur Entlassung kommt, revoltiert zumindest innerlich und ballt die Fäuste. Man wird das Wachpersonal um Auskunft bestürmen und lauthals sich über die Ungerechtigkeit und Rechtlosigkeit auslassen. Viele der höchst selbstbewußten politischen Häftlinge werden sich gegenüber dem Aufsichtspersonal in Anspielungen ergehen, daß man nach einer nun doch offensichtlich kurz bevorstehenden Entlassung über die Haftbedingungen und über das Verhalten einzelner Beamter im Westen berichten werde. Kritische und besorgte Fragen der Bediensteten an ihre Oberen würden nicht ausbleiben, Verunsicherung um sich greifen. Bei der Betrachtung darf nicht vergessen werden, daß wir das Jahr 1964 schrieben. Eine Zeit, erfüllt vom Denken des »Kalten Krieges«, mit Toten an der Mauer und dem unversöhnlichen Gegensatz, dem Kampf der Systeme.

Ob Generalstaatsanwalt Josef Streit, der Verantwortliche für die Aktion, mit seinen engsten Mitarbeitern das Szenarium in dieser Weise eingeschätzt und diese Fragen und Probleme durchgespielt hat, entzieht sich meiner Kenntnis. Ich vermute allerdings, daß er es nicht getan hat. Das kommunistische Weltsystem fühlte sich damals zunehmend stark und überlegen. Man glaubte im Besitze der absoluten Wahrheit zu sein, den naturgesetzlich bestimmten Ablauf der Geschichte zu kennen und die Zukunft für sich zu haben. Das Selbstbewußtsein war entsprechend ausgeprägt. Der Zusammenbruch des Systems, wie er 1989 für jedermann sichtbar wurde, zeichnete sich noch in keiner Weise am Horizont ab. Aus diesem hohen Selbstwertgefühl glaubte man sicher, die Probleme leicht in den Griff zu bekommen. Vordergründig ist dies auch gelungen. Es gab keinen Aufruhr in den Strafanstalten, und die Genossen im Justizapparat haben geschluckt, daß die Aktion zur Stärkung des Sozialismus beitragen würde. Was die SED jedoch übersehen, wegen der ideologischen Scheuklappen nicht in ihr Gesichtsfeld gelassen hat, war, daß dieser Handel, politisch unliebsame Bürger gegen Geld des Klassenfeindes ohne Rechtsgrund aus der Haft zu entlassen, das moralische Ansehen der Partei und des Staates DDR zutiefst verletzte und beschädigte. Tausende, später nahezu die ganze DDR, hatten Kenntnis von diesen Praktiken. In unzähligen Familien wurde das Thema diskutiert, weil zeitweise der Weg über das Gefängnis und den »Freikauf« sich als die einzige Möglichkeit darbot, die DDR verlassen zu können. Ein Staat, der sich diesen Methoden öffnete, kann nicht Achtung und Zustimmung gewinnen. Die Aktion nagte an dem Fundament, auf dem ein Gemeinwesen, das von seinen Bürgern bejaht werden will, steht.

Rechtsanwalt Stange erschien denn bald mit der ersten Reaktion der Gegenseite auf unsere Häftlingsliste. Meine Besorgnisse bewahrheiteten sich. Die DDR hatte eine Fülle von Namen von der Liste gestrichen. Gerade viele der Häftlinge, an denen unserer Seite zuallererst gelegen war, sollten zurückstehen. Stange beschwor mich nahezu, daß wir auf diese Gegenvorstellungen eingehen müßten, anderenfalls die Aktion nicht zustande käme. Die DDR sei nicht bereit, weiter entgegenzukommen. Die »Zugeständnisse« seien das äußerste, wozu man sich bereitfinden würde. Mehr wäre nicht drin. Nach meinem Dafürhalten standen unsere Karten nicht so schlecht. Die DDR hatte sich einmal auf das Geschäft eingelassen, und der für sie zu erwartende materielle Gewinn stellte doch eine beträchtliche Verlockung dar. Im übrigen hielt ich eine Häftlingsaktion, in der überwiegend nur zu geringeren Strafen Verurteilte einbezogen würden, aus politischen und moralischen Gründen nicht für vertretbar. Entweder stand grundsätzlich jeder politische Häftling in der DDR zur Disposition, konnte über ihn verhandelt werden, oder man mußte besser die Hand davon lassen. Die DDR mußte sich zu mehr Entgegenkommen bequemen. Selbstverständlich konnte auch auf unserer Seite die Position des Alles oder Nichts nicht eingenommen werden. Man mußte kompromißbereit sein. Doch dieses erste Gegengebot hielt ich für unannehmbar. So bat ich Stange, unsere Position der anderen Seite mit großem Ernst und Nachdruck klarzumachen. Ich ginge davon aus, daß über jeden Häftling gesprochen werden könne und daß die »schweren« Fälle mit einbezogen würden. Ich wolle zwar nicht darauf beharren, daß alle diese Häftlinge schon im ersten »Zug« zur Entlassung kommen müßten, aber eine sehr bedeutende Zahl müßte unter ihnen sein.

Auf dieser Basis wurde über die Liste dann lange Wochen verhandelt. Stange pendelte zwischen West- und Ost-Berlin hin und her. Ein Tauziehen fand statt, höchst unerquicklich und unerfreulich. Mehr als einmal schien der Punkt erreicht, an dem es nicht mehr weiterging, an dem die Dinge auf des Messers Schneide standen, weil wir uns über die Einbeziehung dieses oder jenes Häftlings nicht einigen konnten.

Die Zeit ist mir noch lebhaft vor Augen. Ich hatte eine unangenehme Knieverletzung und lag zeitweise, in der Bewegungsmöglichkeit stark eingeschränkt, zu Hause. Stange mußte deshalb zu mir in die Wohnung kommen. Hunderte von Akten mit den Lebensläufen und Schicksalen der einzelnen Häftlinge bedeckten die Tische und den Boden, um aus ihnen für unsere Forderungen Argumente herauszuziehen. Die Liste wurde immer wieder neu gefaßt. Um jeden einzelnen Häftling wurde gerungen. Am Ende stand ein erträglicher Kompromiß. Unsere Seite hatte erreicht, daß ein großer Teil der »Langstrafler« eingeschlossen wurde. Umgekehrt hatten wir hinnehmen müssen, daß nicht alle unsere Forderungen erfüllt wurden. Über einige Häftlinge war zu diesem Zeitpunkt keine Einigung zu erzielen. Sie mußten noch zurückstehen. Für sie konnte erst später die Freilassung durchgesetzt werden. Als erkennbar wurde, daß sich über die Häftlinge eine Übereinstimmung abzeichnete, wurde auch das Thema der materiellen Gegenleistungen konkret aufgenommen. Schnell fanden sich beide Seiten zusammen, den von der evangelischen Kirche gebotenen Weg zu gehen und die Gegenleistungen in Form von Warenlieferungen vorzusehen. Nun galt es »nur« noch, die Summe konkret auszuhandeln.

In den verschiedensten Veröffentlichungen im Westen ist immer wieder die Behauptung aufgestellt worden, daß mit der DDR eine Art Preiskatalog vereinbart worden sei, mit Kopfpreisen, die je nach Beruf oder gesellschaftlicher Stellung des Häftlings variierten. Wer dies in die Welt gesetzt hat, ist mir nicht bekannt, doch derlei Vermutungen entsprachen nicht der Wirklichkeit. Ein gestaffelter »Preis« ist nicht abgesprochen worden.

Ich hatte schon gesagt, daß Rechtsanwalt Vogel und ich uns bereits bei der ersten Aktion darüber klargeworden waren, bei einer Fortsetzung gar in größerem Umfang nicht mehr für jeden einzelnen Häftling den materiellen Gegenwert zu verabreden. Das wäre unerträglich gewesen. Den »Wert« jedes einzelnen Häftlings in Münze umzurechnen, soweit konnte und durfte man sich nicht einlassen. Alles hat seine Grenze! Gewiß, man hätte Kriterien festlegen können, nach denen sich das Entgelt richtete. Um sich jedoch nicht dauernd in Streitigkeiten über die Einordnung zu verheddern, hätte der Katalog bei der Vielgestaltigkeit der Lebensläufe des Menschen einen Umfang haben müssen, der ihn hätte unhandlich werden lassen müssen. So wurde denn ein einheitlicher Betrag von 40 000 DM pro Häftling*, unabhängig von Strafmaß, Alter, Ausbildung, Beruf, gesellschaftlicher Stellung oder sonstigen persönlichen Lebensverhältnissen vereinbart. Die Summe ergab sich aus der Teilung des Betrages, der für die ersten acht Häftlinge im Schnitt gezahlt worden war. Mit der Festlegung auf einen »Einheitspreis« und der Abwicklung über Warenlieferungen war ein höchst praktikables Verfahren gefunden worden. Es hat sich bewährt. Alle »besonderen Bemühungen der Bundesregierung im humanitären Bereich« wurden von 1964 bis zu ihrem Ende 1989 nach diesem Grundmuster abgewickelt.

Erich Mende hatte sich von Staatssekretär Krautwig wie auch von mir über den Fortgang laufend berichten lassen. Ihn interessierte bald auch selbst, Vogel kennenzulernen, mit ihm zu sprechen und einen persönlichen Eindruck zu gewinnen. Die Begegnung fand am 12. Mai 1964 im Ministerbüro Berlin an der Uhlandstraße/Ecke Kur-

---

* Siehe Erich Mende, *Von Wende zu Wende*, München 1986, S. 14.

fürstendamm statt. Die Herren unterhielten sich unter vier Augen. Vogel sagte anschließend zu mir, daß sie vornehmlich über alte Uhren – ein Hobby Vogels – gesprochen hätten. Auch hätte Mende ihm ein Bild von sich geschenkt. Über die Aktion selbst sollte er, Vogel, weiter wie bisher mit mir sprechen.

Langsam näherte sich der Tag, an dem begonnen werden mußte, über die »Technik« der Übergabe nachzudenken. Soviel stand fest, daß diese zweite Aktion mehrere hundert Häftlinge umfassen würde. Daß die Entlassung nach dem Westen erfolgen sollte, darüber bestand inzwischen Einvernehmen. Sollte ein Häftling, aus welchen Gründen auch immer, nach der Begnadigung in der DDR verbleiben wollen, so sollte ihm diese Entscheidung selbstverständlich freistehen. Damit nun die Gefahr ausgeschlossen würde, daß ein Häftling – befangen in seiner bedrückenden Umgebung – in seinem Entschluß vielleicht unziemlich beeinflußt werden könnte, wurde verabredet, daß sich Stange persönlich durch ein Gespräch davon überzeugen konnte, daß der Entschluß des Häftlings, nach der Entlassung in der DDR verbleiben zu wollen, aus freien Stücken erfolgt sei.

Bei der großen Zahl kam eine Einzelentlassung ebenfalls nicht in Frage. Die Abwicklung hätte einfach zu lange gedauert. Sie hätte sich auch erheblich kompliziert. Der Nachweis, wer wann aus der Strafanstalt entlassen worden sei, hätte einen beträchtlichen Verwaltungsaufwand nach sich gezogen. Als Transportmittel konnte man an Bahn, Flugzeug oder Bus denken. Das Flugzeug schied schon wegen der hohen Kosten bald aus. Außerdem gab es zu dieser Zeit – 1964 – noch keine Luftverbindung DDR–Bundesrepublik Deutschland. Bei der Bahn wäre die Öffentlichkeit nicht zu vermeiden gewesen. Ein Extrawaggon, an einen fahrplanmäßigen Zug gehängt, hätte Aufsehen erregt und die Zahl der Mitwisser erheblich erhöht. So fiel die Wahl auf den Omnibus, der beweglich und ortsungebunden überall hinbeordert werden konnte. Der Ort der Übergabe war schnell gefunden. Die Häftlinge mußten nach der Überstellung in die Bundesrepublik von unserer Seite sofort betreut werden. Sie mußten Hilfe und Unterstützung erfahren, wie alle anderen Übersiedler oder Flüchtlinge aus der DDR auch, wenn sie in der Bundesrepublik eingetroffen waren. Für die Aufnahme der Landsleute aus der DDR war das Notaufnahmelager Gießen eingerichtet worden. Dort standen erfahrenes Personal und die erforderliche Unterkunft für die ersten Tage zur Verfügung. Auf unserer Seite wurde deshalb festgelegt, daß die Häftlinge unmittelbar nach der Übergabe durch die DDR nach Gießen transportiert werden sollten. Das Lager Gießen war von der Autobahn Wartha—Herleshausen gut zu erreichen.

So schien es zweckmäßig, die Transporte über den Grenzübergang Herleshausen vorzusehen. Da es zu auffällig gewesen wäre, einen Omnibus der DDR über die Grenze, vielleicht sogar direkt bis zum Lager Gießen zu schicken — die DDR hätte eine derartige Vorstellung sicher auch abgelehnt —, einigten wir uns darauf, die Übergabe vor der Grenze noch auf DDR-Gebiet durchzuführen. Als Ort wurde der Parkplatz zwischen Hermsdorfer Kreuz und Jena/Lobeda auf der Autobahn zum Grenzübergang Herleshausen abgesprochen. Von unserer Seite wurde ein kleines Busunternehmen aus dem Zonenrandgebiet verpflichtet. Die DDR übernahm es, die Häftlinge aus den einzelnen Strafanstalten zusammenzuziehen und zu dem Parkplatz zu bringen. Dort sollten sie in den Westbus umsteigen, der sie ohne weiteren Aufenthalt nach Gießen zu bringen hatte. Die Grenzkontrollstellen hüben wie drüben würden entsprechend verständigt werden, die Lagerleitung in Gießen ebenfalls, so daß von organisatorischer Seite keine Probleme zu befürchten wären.

Endlich war es soweit. Wir hatten in allen Punkten eine Einigung erreicht. Die Häftlingsliste stand, die wirtschaftlichen Gegenleistungen waren bestimmt und das Übergabeverfahren geklärt. Am 14. August 1964 sollte der erste Transport erfolgen. Fünfzig Häftlinge waren ausersehen. Der Busunternehmer wurde verständigt. Er versprach, pünktlich mit einem modernen Reisebus an Ort und Stelle zu sein. Stange sollte in die DDR fahren und zusammen mit Vogel die Häftlinge in Empfang nehmen. Würde auch wirklich alles klappen? Schließlich konnte alles mögliche dazwischenkommen.

Die DDR konnte noch in letzter Minute sich anders bedenken, denn die vereinbarten wirtschaftlichen Gegenleistungen waren selbstverständlich nicht im voraus erbracht worden, Transport- oder Gesundheitsprobleme bei den überwiegend seit vielen Jahren einsitzenden Häftlingen konnten auftreten, ein Autounfall passieren, ein Aufmerken der Presse zurückzucken lassen. Inzwischen waren schon aus organisatorischen Gründen eine ganze Reihe von Personen zumindest über Teile der Aktion unterrichtet worden. Vieles ließ sich denken, was die Durchführung hätte be- oder gar verhindern können. Die Spannung stieg von Tag zu Tag. Was würden die Häftlinge sagen, wenn sie im Westen eingetroffen wären? Ihre Freude lauthals bekunden? Sofort Interviews geben? Ihre Erlebnisse verkaufen? Viele Unwägbarkeiten. Sie mußten einfach in Kauf genommen werden. Beruhigend war zu wissen, daß auf unserer Seite über alle Modalitäten nur ganz wenige Personen eingeweiht waren. Sie würden schweigen. Was andere möglicherweise erzählen und bekunden konnten, mußte notwendigerweise Stückwerk bleiben und war deshalb zu verkraften.

Am Vorabend des 14. August, dem Termin der Übergabe, rief mich Stange unerwartet noch einmal an. Er befand sich schon bei Vogel in Ost-Berlin. Seine Mitteilung war nur kurz. Wir brauchten unbedingt noch einen weiteren Omnibus. Meine Frage, ob denn mehr Häftlinge als verabredet freigelassen würden und der Platz deshalb nicht ausreiche, verneinte er und bat mich, ihn über das Telefon nicht weiter nach dem Grund zu fragen. Ich verstand: Etwas Unvorhergesehenes mußte sich ereignet haben. Nun, ich bestellte einen zweiten Bus und regelte die »Technik«. Die Grenzkontrollstelle mußte unterrichtet werden, die DDR brauchte das Kennzeichen und den Namen des Fahrers und einiges andere mehr.

Die nächste Nachricht erhielt ich dann am 14. August nachmittags von der Grenzkontrollstelle in der Bundesrepublik. Ich hatte gebeten, mich sofort zu verständigen, wenn die Busse die Grenze passiert hätten. Es hatte alles wie verabredet geklappt. Die beiden Busse waren auf dem Weg zum Lager Gießen. Dort waren für den Empfang die notwendigen Vorbereitungen getroffen worden. Da von jedem Häftling die Personalien und auch sein Lebenslauf vorlagen, konnten die Aufnahmeformalitäten im Notaufnahmelager rasch und ohne Verzögerung erledigt werden. Mir lag im Interesse der ehemaligen Häftlinge, aber auch aus Gründen der Geheimhaltung daran, daß sie möglichst schnell das Lager verlassen und zu ihrem endgültigen Aufenthaltsort in der Bundesrepublik weiterreisen konnten.

Nach seiner Rückkehr berichtete mir Stange über den Ablauf. Vor allem war ich gespannt, wozu der zweite Bus benötigt worden war. Was hatte sich ereignet? Woran hatten wir nicht gedacht?

Es folgte eine nahezu unglaubliche Geschichte, typisch deutsch, wie mir schien. Oben hatte ich berichtet, daß in die Liste viele sogenannte Langstrafler aufgenommen worden waren, politische Häftlinge, die schon Jahre in den Vollzugsanstalten verbracht hatten. Ihnen hatten wir uns besonders verpflichtet gefühlt. Und so befanden sich auch in der Gruppe, die mit dem ersten Schub entlassen wurde, in der Mehrzahl Häftlinge, die bereits Jahre eingesessen hatten. Sie waren aus den einzelnen Strafvollzugsanstalten zusammengezogen und nach Ost-Berlin in die Zentrale des Staatssicherheitsdienstes in die Magdalenenstraße gebracht worden. Von hier sollten sie dann zu der Übergabestelle auf der Autobahn transportiert werden. Als die Häftlinge im Gebäude des Staatssicherheitsdienstes versammelt waren, tauchte plötzlich ein Problem auf, das niemand vorhergesehen hatte und das dem Staatssicherheitsdienst erhebliche Kopfschmerzen bereitet haben muß.

Die Häftlinge hatten in den Strafanstalten, wie es Vorschrift ist, gearbeitet. Hierfür war ihnen das vorgesehene Entgelt gutgeschrieben worden. Da viele von ihnen sich schon Jahre im Strafvollzug befanden, hatten sich bei einigen von ihnen nennenswerte Summen angesammelt – Mark der DDR natürlich. Was sollte mit diesem Guthaben geschehen? Die Beträge standen auf Heller und Pfennig fest. Sie an die Häftlinge, die ja auf direktem Weg die DDR verlassen sollten, auszuzahlen, hätte gegen die Gesetze verstoßen, denn DDR-Bürger durften keine Mark der DDR ausführen. Eine nachträgliche Überweisung in die Bundesrepublik kam aus den gleichen Gründen nicht in Frage. Was also tun? Das Geld den Häftlingen unterschlagen, einfach so tun, als habe man die Sache verschwitzt? Nein, dies wäre nicht korrekt gewesen und hätte der sozialistischen Gesetzlichkeit widersprochen. Man würde sich keinen Vorwurf einhandeln wollen, nicht streng nach der Ordnung alle Dinge abgewickelt zu haben. Also mußte ein anderer Weg gefunden werden, und zwar schnell, denn die Zeit drängte. Man fand ihn auch: Beauftragte des Staatssicherheitsdienstes schwärmten in das nächste staatliche »HO Kaufhaus« aus und beschafften von dort alle möglichen Waren des allgemeinen Lebensbedarfs. Nun wurde jedem Häftling sein Guthaben ausgezahlt, und er konnte im Gebäude der Staatssicherheit wie auf einem Basar sich Waren aussuchen und kaufen. Was muß den Stasi-Mitarbeitern wohl durch den Kopf gegangen sein? In ihren Augen standen vor ihnen Verbrecher, die sich besonders schwer gegen die sozialistische Staatsmacht vergangen hatten. Sie wurden aufgrund irgendwelcher undurchschaubarer Geheimabreden mit dem »Feind«, ohne eine endgültige Strafverbüßung, nicht nur freigelassen, man transportierte sie auch noch kostenlos in Richtung Westen. Und als »Krönung« des Ganzen konnten die Häftlinge sich mit Waren eindecken, die in der DDR keineswegs im Überfluß vorhanden waren! Der Glaube an das eigene System, an die Oberen, denen man in besonderer Weise diente, konnte schon ein wenig ins Wanken geraten. Hier lag die Erklärung, warum der zweite Bus angefordert worden war. Er wurde für das Gepäck benötigt. Wahrlich, auf diesen Gedanken war niemand gekommen.

Stange schilderte mir, daß er mit Vogel auf dem Parkplatz zu den Häftlingen gestoßen sei. Sie hätten diese begrüßt und sie verständigt, daß es nun direkt in den Westen ginge. Die Freude sei unbeschreiblich gewesen, doch habe die Spannung so richtig erst nachgelassen, als der Bus die Grenze in Herleshausen passiert hatte und die Häftlinge Gewißheit hatten, nun tatsächlich im Westen in Freiheit zu sein.

Beide Anwälte gaben den Freigelassenen mit auf den Weg, über die Vorgänge zu schweigen. Man bemühe sich auch um ihre Kameraden, die in den Anstalten noch darbten. Aber alles liefe nur, wenn sie den Mund hielten und die Aktion sich im stillen vollziehen könnte. Die DDR würde sofort jedes Gespräch abbrechen, wenn morgen Sensationsberichte erschienen. Sie hätten es mit in der Hand, ob für ihre Kameraden etwas getan werden könnte. Zur Ehre der ehemaligen politischen Häftlinge kann ich hier festhalten, daß sie die Mahnung beherzigt haben. Die bitteren Erlebnisse, die jeder hatte durchstehen müssen, wirkten als eine starke Verpflichtung, alles zu unterlassen, was ihren Kameraden hätte schaden können.

Die Presse hatte von den Vorgängen zumindest bruchstückhaft doch bald »Wind« bekommen. Allein die Tatsache, daß plötzlich aus heiterem Himmel eine größere Zahl ehemaliger politischer Häftlinge aus der DDR im Lager Gießen eintraf, ließ aufmerken und rief Vermutungen wach. Dies konnte niemand verhindern. Ich hatte der anderen Seite auch immer wieder deutlich erklärt, daß eine Geheimhaltung nicht zugesichert werden könne. Die Bundesregierung habe keinen Einfluß auf die Medien, könne sie, anders als in der DDR, nicht steuern. Unsere Seite könne deshalb nur zusagen, daß die Bundesregierung sich nicht offiziell äußern und keine Stellungnahme abgeben werde. Wir könnten auch den Häftlingen nicht den Mund verbieten. Das seien nun einmal die Gegebenheiten, die DDR müßte sich damit zufrieden geben.

Zwölf Tage nach dem ersten Transport nach Gießen, am 27. August 1964, erschien denn auch, wie zu befürchten gewesen war, eine Meldung: »Zonenbehörden lassen zahlreiche politische Häftlinge frei« *(Die Welt)*. In dem Artikel wurde beschrieben, was die Häftlinge erlebt hatten. Dazu wurde ein wenig spekuliert, ob der Vorgang in einem größeren Zusammenhang zu sehen sei. Mehr nicht. Die DDR konnte sich nicht beklagen. Die Nachricht löste aber selbstverständlich weitere Nachfragen aus.

Am 28. August gab Bundesminister Mende eine Pressekonferenz, in der es um das Thema ging, ob die Kompetenzen innerhalb der Bundesregierung in bezug auf Verhandlungen mit der DDR sachgerecht verteilt seien. Er erwähnte dabei die Anwaltskontakte und »deutete damit die Verhandlungen über die laufende Freilassung politischer Häftlinge in der Zone an«, wie die *Welt* am Folgetag schrieb. Am 14. Oktober 1964 brachte der *Spiegel* schließlich einen ausführlichen Bericht »Häftlings-Auslösung« mit dem Untertitel »Gegen Südfrüchte«. Der Bericht verriet zum Teil Insider-Wissen. Die DDR war erbost, schluckte schwer und zog sich zurück. Die Zeichen standen auf »Halt«. Daß die Krise überwunden werden konnte, ist schließlich einem stillschweigenden Konsens der Medien zu verdanken. Inzwischen waren die Chefredakteure über die Vorgänge unterrichtet worden. Sie sahen die Tragweite und verbannten die »Akte«, um die Hilfe für diese besonders in Not befindlichen Landsleute nicht zu verschütten, in den Keller. Der Verleger Axel Springer hat diese Entscheidung in seinem Konzern persönlich ganz entscheidend mitbestimmt.

Zeitlich gekoppelt mit den Entlassungen der Häftlinge wurden die wirtschaftlichen Gegenleistungen erbracht. Sie umfaßten Waren des täglichen Bedarfs wie Butter, Rohkaffee, Getreide, Südfrüchte, Düngemittel, zeitweise später auch Erdöl, Kupfer und andere Rohstoffe. Jeder Vertrag ist stets vom Bundeswirtschaftsministerium genehmigt worden, Waren, die auf Vorbehaltslisten standen, wurden nicht geliefert, sind von der DDR auch nicht begehrt worden. Die Verträge stellten einzigartige Dokumente dar. Ein Stück weißes Papier ohne jeden Kopf, auf dem lediglich die Warenarten und -mengen verzeichnet waren, darunter zwei Unterschriften – die des Direktors des Diakonischen Werks und die des zuständigen Abteilungsleiters im DDR-Außenhandelsministerium, Seidel, als Bestätigung, dazu das Datum, das war alles. Auf unserer Seite stand, wie ich berichtet habe, als Vertragspartner das Diakonische Werk. Dessen Direktor wurde von mir über die Höhe der Verpflichtung unterrichtet. Er setzte sich dann mit dem Verhandlungsführer in Ost-Berlin zusammen, um entsprechend der finanziellen Vorgabe zu besprechen, was geliefert werden sollte, und den Vertrag abzuschließen. Nach Vertragsabschluß wurde die Genehmigung des Bundeswirtschaftsministers eingeholt, dann erteilte der Direktor des Diakonischen Werks den in Frage kommenden Firmen die entsprechenden Aufträge.

Die DDR wäre gern selbst bei den Firmen im Westen als Auftraggeber, als Besteller aufgetreten, um sich als potenter Käufer einzuführen. Aber ein »Handel«, um gewissermaßen einen doppelten Gewinn herauszuschlagen, das schien mir denn doch zu weit zu gehen. Ich lehnte dieses Ansinnen deshalb ab. Zwischen dem Direktor des Diakonischen Werks und mir wurden die Liefertermine jeweils sorgfältig abgesprochen. Ich wollte für unsere Seite sichergehen, daß die Waren zeitgleich mit den Entlassungen der Häftlinge oder hinterher, aber keinesfalls im voraus ausgeliefert wurden. Bei der Eigenart unserer Verabredungen schien mir die größte Vorsicht gerade recht. Bei einem plötzlichen, unvorhersehbaren Stopp, der jederzeit einkalkuliert werden mußte, durfte unsere Seite nicht mit offenen Forderungen an die DDR hängenbleiben.

Wie nützlich eine derartige, genau abgestimmte und sorgfältig bedachte Abwicklung des »Geschäfts« war, erwies sich sehr deutlich an einem Beispiel. Bei den Verhandlungen über die Häftlingslisten hatte es in bezug auf einen Häftling, Harry Seidel, heftige, ja nahezu erbitterte Auseinandersetzungen gegeben. Seidel war Anfang der sechziger Jahre ein in der DDR weithin bekannter Radrennfahrer gewesen. Die kommunistische Presse hatte ihn gefeiert und als Vorbild hingestellt. Er wandte sich jedoch ab, kehrte dem System den Rücken und floh am 13. August 1962 nach West-Berlin. Zusammen mit Gleichgesinnten half er mit, Fluchtwillige, die die DDR aus politischen Gründen verlassen wollten, bei der Überwindung der Grenzsperren zu unterstützen. Am 14. November 1962 versuchte er zusammen mit anderen Helfern, eine Gruppe von Flüchtlingen durch einen Tunnel im Grenzgebiet zwischen dem Westberliner Ortsteil Düppel und dem DDR-Ort Kleinmachnow auszuschleusen. Das Unternehmen war jedoch offenbar verraten worden. Der Staatssicherheitsdienst stand mit gezogener Waffe bereit und fing die Gruppe ab. Seidel wurde vor Gericht gestellt und am 29. Dezember 1962 wegen »staatsgefährdender Gewaltakte« und »friedensgefährdender Aggression« zu lebenslänglicher Freiheitsstrafe verurteilt.

Wegen dieser Umstände sträubte sich die DDR hartnäckig, ihn freizugeben. Ich bestand aber darauf, daß Seidel von der Aktion nicht ausgeklammert werden dürfte. Schließlich gab die DDR nach und sagte seine Entlassung zum 13. September 1966 verbindlich zu. Wenige Tage vor dem festgelegten Überstellungstermin teilte mir Rechtsanwalt Vogel aber dann mit, seine Seite sehe sich wegen der zu erwartenden öffentlichen Aufmerksamkeit nun doch außerstande, Seidel vorzeitig aus der Haft zu entlassen. Bei mir schrillten die Alarmglocken. Denn unabhängig von der Person Seidels schien mir ein Punkt von fundamentaler Bedeutung berührt. Wenn man jetzt, nach einer festen Verabredung, in einer laufenden Aktion hinnahm, daß die DDR nachträglich einen der Häftlinge von der Liste wieder streichen konnte, waren Tür und Tor geöffnet, daß sie auch in Zukunft zu diesem Mittel greifen würde, um sich aus für sie unangenehmen Zusagen herauszuwinden.

So hielt ich es für geboten, hart zu bleiben. Ich fuhr unser gröbstes Geschütz auf und sagte Vogel, wenn Seidel zu dem festgelegten Termin nicht erscheinen werde, würde ich »ein Schiff anhalten«. Im Zuge der vereinbarten wirtschaftlichen Gegenleistungen war in diesen Tagen gerade ein Frachter mit einer Ladung Mais für die DDR unterwegs. Er sollte in Rostock löschen. Die massive Drohung verfehlte ihre Wirkung nicht. Seidel kam wie abgesprochen frei. Es blieb bei diesem einen Versuch der DDR, Verabredungen nachträglich zu ihren Gunsten wenden zu wollen.

Viele Häftlinge, die auf diesem Weg wieder die Freiheit erblickten, hatten ein Schicksal erlitten und erduldet, das in seiner Schwere, ja manchmal tragischen Verstrickung kaum zu beschreiben war. Nicht selten waren es Menschen, die wegen ihrer Weltanschauung schon von den Nazis eingesperrt worden waren und dann fast ohne Übergang erneut inhaftiert wurden, nur weil sie sich auch den neuen Ideologen nicht beugen wollten. Mir fällt als Beispiel der Häftling »A« ein. Er bekannte sich zu den Zeugen Jehovas. In der Hitlerzeit war er wegen seiner Überzeugung bereits in ein Konzentrationslager geworfen worden. Nach 1945 geriet er mit der atheistischen Regierung in gleiche Konflikte. Wieder wurde er verurteilt und hinter Gitter gesteckt. Als er jetzt herauskam, war er ein alter Mann geworden. In seinem Glauben ungebrochen, doch körperlich gezeichnet. Er starb ein knappes halbes Jahr nach der Entlassung.

Immer wieder hat es auch Häftlinge gegeben, über die eine Einigung nicht zu erreichen war, bei denen die DDR sich hartnäckig sträubte, nachzugeben, weil unter ihrem ideologischen Gesichtspunkt die Tat zu schwer wog, um einer Entlassung zuzustimmen. Die Gespräche über diese Anliegen wurden mit besonderem Eifer, ja leidenschaftlich und gelegentlich auch erbittert geführt. Beide Seiten standen sich häufig kraß gegensätzlich gegenüber.

Zum Bericht über die Verhandlungen gehört ebenfalls, daß die DDR für die Freilassung einzelner Häftlinge Forderungen in einer Höhe stellte, die nur noch als eine böse Willkür zu charakterisieren war. Ich denke an das Schicksal des jungen Benedikt Graf von und zu Hoensbroech. Er hatte sich als Student nach dem Mauerbau als Fluchthelfer betätigt und Kommilitonen, die die DDR aus politischen Gründen verlassen wollten, zur Flucht in den Westen mittels eines umgebauten Möbelwagens verholfen — für die DDR ein besonders schweres Verbrechen, denn Graf Hoensbroech hatte aus Idealismus gehandelt. Der »Fall« erregte großes Aufsehen. Königin Fabiola von Belgien, eine entfernte Verwandte des Grafen, wie auch der französische Botschafter, François Seydoux, setzten sich für ihn ein. Er hatte zehn Jahre Zuchthaus erhalten.

Die DDR war nicht bereit, Graf Hoensbroech in die Aktion mit einzubeziehen. Alle Mühe und alles Insistieren blieben zwecklos. Der Vater von Graf Hoensbroech hatte den zu der damaligen Zeit weithin bekannten Ostberliner Anwalt Friedrich Kaul eingeschaltet. Kaul, selbst SED-Mitglied, verfügte über hervorragende Beziehungen zur DDR-Spitze. Er übermittelte den Eltern, daß die DDR wegen der

Schwere der Tat zwei Millionen DM für die Freilassung verlangte. Eine horrende Summe. Erich Mende schreibt, daß Graf Hoensbroech angeboten hatte, eine Million DM selber aufzubringen, wenn die Bundesregierung die andere Million übernehmen würde.

Und weiter Mende: »Ich ließ mich sofort telefonisch mit Rechtsanwalt Stange in Berlin verbinden. ›Bitte fragen Sie Ihren Kollegen Vogel in Ost-Berlin, ob ein Graf im Arbeiter- und Bauernstaat der DDR fünfzigmal wertvoller ist als ein Arbeiter. Es wäre mir später ein Vergnügen, nach Abschluß unserer Aktion dieses auf einer Pressekonferenz in Berlin mitteilen zu können.‹ Die Antwort kam nach einigen Stunden. Kaul wurde aller Verteidigungspflichten sofort entbunden und nach Ost-Berlin zurückgerufen. Der junge Hoensbroech aber kehrte mit dem nächsten Transport über Herleshausen in seine rheinische Heimat zurück — zum ›Normaltarif‹ von 40 000,— DM!«

Soweit Erich Mende. Leider zwingt die Historie zu einer Berichtigung. Die Bundesregierung hat zwar »nur« den Gegenwert von 40 000,— DM für den Grafen wie für die anderen Häftlinge aufgebracht, doch hatte die DDR keineswegs ihre Forderung auf diese Summe ermäßigt. Sie beharrte am Ende auf insgesamt 450 000,— DM. Um seinem Sohn zehn Jahre Zuchthaus zu ersparen, griff der Vater deshalb zusätzlich in die eigene Tasche und brachte den Rest von 410 000,— DM auf. Der Betrag wurde vom Vater auf ein Konto der DDR in der Schweiz überwiesen.

Ich habe mich von Anfang an gegen Sondervereinbarungen dieser Art, unmittelbar mit den Familien selbst, ausgesprochen und versucht, einen Riegel davor zu schieben. Denn im Grunde bedeuteten derartige aus dem Rahmen fallende Abreden, daß der Wohlhabende, der erhebliche Mittel aufbringen kann, bevorzugt würde. Dagegen steht der Gleichheitsgrundsatz, den jede staatliche Gewalt nach Recht und Moral hochhalten muß. Die Bundesregierung konnte und durfte nicht ihre Hand dazu bieten, daß einzelne Bürger ohne Grund in den Genuß von Vorteilen vor anderen kommen. Und noch ein weiteres Argument sprach dagegen. Die DDR konnte hierin eine schöne neue Einnahmequelle entdecken, mit der Folge, daß die große Mehrheit der anderen politischen Häftlinge das Nachsehen hätte. Ich traute der

---

* Erich Mende, *Von Wende zu Wende,* a. a. O., S. 142.

Begehrlichkeit der DDR viel zu. Man könnte die »schweren Fälle« von den Listen streichen und für Sondergeschäfte bündeln. Bei aller Flexibilität, die in diesem Metier gefordert war, hier schienen mir Schranken geboten.

Familienzusammenführung

Durch den Bau der Mauer und die Errichtung der Sperranlagen an der Grenze zwischen dem Bundesgebiet und der DDR wurden die Menschen in Deutschland jäh auseinandergerissen. Von heute auf morgen konnten die Deutschen nicht mehr zueinander, waren getrennt. Die DDR schloß sich hermetisch ab. Dieses Ereignis hatte tiefgreifende Folgen für viele Familien. Bis zu diesem Datum war es nicht unüblich gewesen, wenn eine Familie sich mit der Absicht trug, die DDR zu verlassen, daß zunächst nur der Ehemann oder die Ehefrau sich in die Bundesrepublik Deutschland absetzte, um dort Arbeit und Wohnung zu finden, damit der nachfolgenden Familie die Unbilden des Anfangs in der neuen Umgebung so weit wie möglich erspart blieben. In vielen Familien ließen Eltern ihre Kinder in der DDR bei den Großeltern oder anderen Verwandten zurück, um sie später nachzuholen. Der 13. August 1961 zerstörte diese Pläne und machte das Nachkommen der Familie unmöglich. So entstand das Problemfeld der Familienzusammenführung. Die DDR zeigte sich hart und unnachgiebig. Sie forderte die abgewanderten ehemaligen DDR-Bewohner auf, zu ihren Familien zurückzukehren. Der Nachzug der in der DDR verbliebenen Familienangehörigen wurde nicht gestattet. Für viele Familien brach eine Zeit großer Kümmernisse an. Man mußte damit rechnen, auf lange, nicht absehbare Zeit getrennt zu sein. Von der Möglichkeit, in die DDR zurückzukehren, machten nur wenige Gebrauch. Die dortigen Verhältnisse erschienen ihnen zu trostlos und ohne Aussicht auf grundlegende Besserung.

Eltern, die auf diese Weise von ihren Kindern getrennt worden waren, hatten sich in der Bundesrepublik Deutschland selbstverständlich an alle möglichen Stellen gewandt und um Unterstützung bei der Zusammenführung mit ihren Kindern gebeten. Das Deutsche Rote Kreuz der Bundesrepublik hatte sich in die Anliegen eingeschaltet und bemüht, bei den DDR-Behörden die Ausreisegenehmigung für die Kinder zu erreichen. Aber alle Vorstellungen waren bisher vergeblich gewesen. Mir war die Problematik wohl bekannt, denn von meinem Referat im Ministerium wurde der Suchdienst des Deutschen Roten Kreuzes – hier liefen die Akten zusammen – mitbetreut. Der Suchdienst hatte inzwischen über zweitausend Kinder registriert, auf die Eltern in der Bundesrepublik ungeduldig und sehnsüchtig warteten. Welche Belastung diese zum Teil schon jahrelange Trennung für Eltern und Kinder bedeutete, brauche ich nicht zu schildern. Jeder, der selbst Kinder hat und sich in die Situation hineinversetzt, kann die Unruhe und Sorge der Eltern damals nachempfinden.

Nachdem nun die erste große Häftlingsaktion 1964 zügig und frei von Beanstandungen abgewickelt worden war, kam mir der Gedanke, auch dieses Kinderproblem bei der DDR über den Kontakt mit Rechtsanwalt Vogel zur Sprache zu bringen. Bei einem unserer nächsten Treffen unterrichtete ich deshalb Vogel über die Fakten. Über drei Jahre seien nun seit dem Bau der Mauer vergangen und Kinder von ihren Eltern getrennt. Ein unhaltbarer Zustand, der dem humanitären Geist und moralischen Denken widerspreche. Die DDR müsse sehen, daß ihr Ansehen durch die Weigerung, die Kinder zu ihren Eltern ausreisen zu lassen, weltweit Schaden nehme. Minderjährige Kinder gehörten zu ihren Eltern. Zu diesem Grundsatz bekannten sich alle Völker und Staaten in der UNO. Wenn die DDR bei ihrer Weigerung bliebe, müsse sie damit rechnen, daß dieses innerdeutsche Problem hochgespielt werde. Man werde sich nicht scheuen, die DDR international auf die Anklagebank zu setzen. Kinder gewissermaßen als Mittel der Erpressung zu benutzen, um die Eltern zur Rückkehr zwingen zu wollen, sei in höchstem Maße schimpflich und verwerflich. Die DDR stehe in der Gefahr, geächtet oder an den Pranger gestellt zu werden. Auf lange Sicht gesehen werde man doch nachgeben müssen, denn Kinder könne man nun einmal nicht von ihren Eltern künstlich trennen. So müßte es schließlich im wohlverstandenen Interesse der DDR selbst liegen, das Problem schnell zu bereinigen und die Kinder zu ihren Eltern ziehen zu lassen.

Vogel zeigte sich sofort bereit, den Gedanken aufzugreifen und sich in der Sache zu verwenden. Ich habe auch später immer wieder erfahren, daß er sich in besonderer Weise engagiert und eingesetzt hat, wenn Kinder, bedingt durch den Ost-West-Gegensatz mit seinen Wirren, Schaden erlitten hatten. Ich kann leider nicht über die Diskussion berichten, die nun innerhalb der DDR-Spitze geführt wurde. Ich habe keine Kenntnis, wer vielleicht für eine Lösung gesprochen hat oder wer meinte, daß die DDR aus grundsätzlichen Erwägungen oder zur Abschreckung hart zu bleiben habe. Da alle bisherigen Bemühungen gescheitert waren, kann man wohl davon ausgehen, daß der Fragenkomplex sehr eingehend erörtert worden ist. Festzuhalten ist, daß Vogel schon nach einer relativ kurzen Zeit mir eine positive Entscheidung der DDR überbrachte. Das Deutsche Rote Kreuz wurde verständigt, und in wenigen Monaten konnten alle in der DDR zurückgebliebenen Kinder — über zweitausend an der Zahl —, bei denen klare Sorgerechtsverhältnisse gegeben waren, in die Bundesrepublik zu ihren Eltern ausreisen. Und, dieser Satz ist anzufügen: Für die Zustimmung der DDR wurden von der Bundesregierung weder ein politisches Entgegenkommen noch wirtschaftliche Gegenleistungen verlangt. Ein schöner Erfolg.

Einige Besorgnis bereiteten allerdings »Fälle«, in denen das Sorgerecht nicht einwandfrei geklärt war. Doch entwickelte sich bald eine sehr sachliche Zusammenarbeit zwischen den Jugendämtern in der Bundesrepublik und den »Referaten für Jugendhilfe und Heimerziehung«, den entsprechenden Stellen in der DDR. Man traf sich in der Grundüberzeugung, daß das Wohl des Kindes als Richtschnur für die Entscheidung zu gelten habe.

Vereinzelt traten ganz verzwickte, ja vertrackte Begebenheiten an das Tageslicht. Menschen lassen sich nicht in Schablonen pressen. Sie sind eigene Persönlichkeiten. Und auch Minderjährige haben ausgeprägte Vorstellungen von ihrem Leben und folgen Neigungen, die manchmal nicht mit den Wünschen der Eltern übereinstimmen. Ich erinnere mich an »Daniela«. Eines Tages wurde mir in meinem Büro ein Besuch gemeldet. Eine Dame trat herein. Sie schilderte, daß sie und ihr Mann die DDR kurz vor dem Bau der Mauer verlassen hätten, um sich im Westen eine neue Existenz aufzubauen. Alles sei auch gut von der Hand gegangen. Sie hätten eine jetzt kurz vor der Volljährigkeit stehende Tochter Daniela. Diese hätten sie, wie so viele gleich ihnen, bei der Großmutter in der DDR zurückgelassen, um sie später nachzuholen. Nun bemühten sich ihr Mann und sie, für die Tochter die Ausreisegenehmigung zu erhalten. Alle Mühen seien bisher jedoch vergebens gewesen. Die Ausreise werde ohne Angabe von

Gründen strikt verweigert. Meine Nachfrage, ob es vielleicht doch Probleme mit dem Sorgerecht gebe, ob die Großmutter sich vielleicht weigere, das Kind ziehen zu lassen, wurde verneint. Sie wüßten wirklich keinen Grund zu nennen, der das ablehnende Verhalten der Organe in der DDR rechtfertigen könnte. Die Mutter war sehr bekümmert und schien langsam der Verzweiflung nahe. Ich versuchte sie zu trösten und versprach, mich für das Kind einzusetzen.

Die Daten gab ich an Vogel weiter und bat ihn, sich der Sache anzunehmen. Der Fall liege doch klar. Die Ablehnung des zuständigen Rates in der DDR schiene unverständlich, sei vermutlich eine Panne im Apparat. Zu meinem Erstaunen äußerte sich Vogel länger als sonst in vergleichbaren Fällen nicht. Ich fragte immer wieder nach, doch er blieb mir eine Antwort schuldig. Er sei in der Sache tätig. Mehr nicht! Die Mutter suchte mich in der Zwischenzeit noch mehrfach auf und bat mich in sehr bewegenden Worten, nichts unversucht zu lassen, daß Daniela wieder mit den Eltern vereint werde. Sie befürchtete mit wachsender Angst, daß die DDR-Behörden die Entscheidung so lange hinausziehen wollten, bis Daniela volljährig geworden sei, um dann den Antrag schon aus ganz formalen Gründen — wie alle anderen Ausreisewünsche in der damaligen Zeit — ablehnen zu können. Ich bedrängte Vogel von neuem und wies ihn auch auf diesen Verdacht hin.

Inzwischen war aus einem Routine-Anliegen ein exzeptioneller Fall geworden. Ich war nicht gewillt, mich ohne eine ordentliche Beantwortung abspeisen zu lassen. Die DDR mußte sich äußern. Ich hob die Sache auf die Ebene des Prestiges und machte das Anliegen zu einer Frage von grundsätzlicher Bedeutung. Irgend etwas stimmte nicht. Die Verweigerung, sich klar zu äußern — bei einem an sich einfachen Sachverhalt —, war völlig ungewöhnlich. Warum sollte die DDR sich hier verweigern, nachdem sie in tausend anderen gleichgelagerten Fällen ja gesagt hatte? Vogel wußte, daß ich nicht lockerlassen würde. Es mußte bald zu einer Entscheidung kommen. Wegen dieses Vorgangs durfte das Ganze doch nicht ins Stocken geraten. Und eines Tages war es dann auch soweit. Vogel teilte mir mit, Daniela könne zu ihren Eltern ausreisen. Ich freute mich sehr. Wieder konnte eine Akte geschlossen werden. Aber worin hatten die Hemmnisse bestanden? Was hatte vorgelegen? Wer hatte hier und aus welchen Gründen sich quer gelegt?

Nach und nach erfuhr ich die Geschichte. Sie war nicht so ungewöhnlich − ein menschliches Wirrsal. Daniela hatte in ihrer Heimat bei der Großmutter einen höheren SED-Funktionär kennengelernt und sich mit jungmädchenhafter Leidenschaft auf ein heftiges Verhältnis mit ihm eingelassen. Er, obwohl verheiratet und wesentlich älter als sie, wollte die Beziehung nicht aufgeben und hatte kraft seines Einflusses verhindert, daß die Genehmigung zur Ausreise erteilt wurde. Das war es dann.

Kurze Zeit später erschien die Mutter mit Daniela in meinem Büro, um ein Danke zu sagen. Ich hatte den Eindruck, daß auch Daniela nun mit dem Lauf der Dinge zufrieden war. Abgehakt, erledigt. Doch mitnichten, denn knapp ein halbes Jahr darauf sprach die Mutter mit verzweifelten Augen erneut bei mir vor. Was war geschehen? Daniela war den Eltern gefolgt, hatte sich auch schnell in die neue Umgebung hineingefunden. Die Eltern waren mit ihr ins Ausland verreist, um sie abzulenken und den Übergang in das so andere Leben zu erleichtern. Sie hatten ihr viele Anreize und eine neue Perspektive geboten, damit die Vergangenheit schnell verblassen könnte. Doch das Herz geht eigene Wege. Daniela hatte den Mann nicht vergessen können und war eines Tages heimlich in die DDR zurückgekehrt.

Innerlich hob ich resignierend die Schulter. Denn Daniela war inzwischen zu alt geworden, als daß sie gegen ihren Willen hätte wieder überstellt werden können. Ich konnte da nichts mehr unternehmen. Doch Danielas Mutter berichtigte meine Gedanken. Daniela war voll Liebe, Hoffnung und Erwartung in die DDR zurückgefahren, doch nun, mit dem Abstand einiger Monate und einem anderen Lebensgefühl, das sie im Westen gewonnen hatte, begann sie schon nach kurzer Zeit, die Beziehung in einem anderen Licht zu sehen. Das Gefühl erkaltete und starb. Sie hatte sich getäuscht. Die Verwirrung war groß. Daniela saß in der DDR und rang die Hände − und die Mutter flehte mich an, noch einmal zu helfen. Eine Begebenheit, wie sie nicht so außergewöhnlich ist, doch die, durch die politischen Verhältnisse in Deutschland bedingt, die Merkmale einer echten Tragik anzunehmen drohte. Vogel gelang es, seine Seite zu überzeugen, noch einmal ja zu sagen. Die Politik sollte neben der Verwirrung der Gefühle das junge Leben nicht zusätzlich belasten.

Mit diesen Kinderfällen begann der Komplex »Familienzusammenführung«. Es lag nahe, nachdem sich die DDR bei dem Nachzug der Kinder auf ein Gespräch eingelassen hatte, nun die anderen zahlreichen Fälle von Familienzusammenführung aufzugreifen und zu versuchen, über Vogel zu einer Übereinkunft zu gelangen. Ich komme darauf im einzelnen noch zurück.

Die humanitären Bemühungen unter
Herbert Wehner und Egon Franke

Am 1. Dezember 1966 wurde in Bonn die große Koalition, das Regierungsbündnis zwischen CDU/CSU und SPD, begründet. Auf Erich Mende folgte Herbert Wehner als Bundesminister für gesamtdeutsche Fragen. Wehner, schon damals eine der herausragenden Persönlichkeiten in der deutschen Politik der Nachkriegszeit, widmete sich mit besonderem Engagement den humanitären Problemen, die aus der Spaltung Deutschlands herrührten. Daß sein Herz für die politischen Häftlinge und für die Menschen, die sich aus politisch bedingten Gründen in Not befanden, schlug, war allseits bekannt und durch seinen Lebensweg gewissermaßen vorgezeichnet. Als langjähriger Vorsitzender des gesamtdeutschen Ausschusses des Deutschen Bundestages war er auch mit den deutschlandpolitischen Gegebenheiten wie kaum ein anderer Politiker vertraut.

Die DDR empfing ihn auf dem humanitären Feld damit, daß sie die »Preise« für die Häftlinge ordentlich anhob. Ich war entrüstet und versuchte gegenzuhalten. Nach meiner Meinung sollte über den Punkt hart und entschieden verhandelt werden. Gewiß befand sich unsere Seite in der Situation, daß sie von der DDR ziemlich schamlos erpreßt werden konnte. Denn wenn man bereit ist, aus humanitären Gründen 40 000,– DM pro Kopf zu bezahlen, was wir getan hatten, kann man vor einer Erhöhung grundsätzlich nicht kneifen. Wenn die Forderung nicht ins Irreale hineingesteigert würde, mußten wir am Ende wohl oder übel, wenn auch mit Zähneknirschen, nachgeben. So ist es denn auch die ganzen Jahre hindurch gewesen. Wer es mit der Moral ernst meint, muß gelegentlich tief schlucken. Die Geschichte, auch in Deutschland, lehrt allerdings, daß sich diese Haltung letztendlich doch auszahlt. Die großzügige Hand der Bundesrepublik Deutschland der DDR gegenüber hat sicher mit dazu beigetragen, daß die SED Ende 1989 ihr Debakel erleben mußte. Die wirtschaftlichen Leistungen der Bundesregierung an die DDR wirkten in höchst subtiler, aber sehr wirksamer Weise auf das innere Gefüge der DDR ein, zwangen sie, sich zu öffnen, und legten das Versagen des sogenannten real existierenden Sozialismus vor aller Augen bloß.

Wehner, dem ich meine Meinung selbstverständlich unterbreitet hatte, bestellte mich zu sich. Ich erlebte nun einen der in Bonn sattsam bekannten typisch Wehnerschen Ausbrüche. Lautstark und mit dem Ausdruck, fuchsteufelswild zu sein, fuhr er mich an, ob ich ihm seine Politik kaputtmachen, ob ich die Freilassung politischer Häftlinge in der DDR und die Familienzusammenführung gerade unter seinem Zepter als Minister sabotieren wollte? Es ging sehr lebhaft zu. Zunächst war ich über die Unterstellung konsterniert. Diesen Verdacht gerade mir anhängen zu wollen, der ich doch wohl unter Beweis gestellt hatte — er brauchte nur die Akten nachzulesen —, daß mir das Schicksal unserer Landsleute alles andere als gleichgültig war! So gab ich denn, innerlich empört, recht deutlich zurück; ich sähe sehr wohl, daß wir erpreßbar seien, aber man werde ja wohl noch verhandeln dürfen. Jede Forderung von drüben einfach zu schlucken, hielte ich allerdings nicht für die richtige Politik. Wir könnten Begehrlichkeiten wecken und dadurch irgendwann ins Schwimmen geraten. Je eher man sich sträube, desto weniger weit werde sich die andere Seite hervortrauen und sich der Illusion hingeben, daß von der Bundesrepublik alles zu haben sei, daß man sie lustvoll geruhsam knebeln könne.

Der Ausbruch endete so abrupt, wie er elementar begonnen hatte. Der Pulverdampf verzog sich schnell. Es wurde ein langes, ausführliches und sehr in die Tiefe gehendes Gespräch. In der Sache fanden wir schnell zusammen, denn Wehner war ein Politiker, der sich nicht schnell überfahren ließ, der hart, zäh und konsequent verhandelte und seine Politik unbeirrt verfolgte. Seinem Ausbruch mir gegenüber lag wohl eher ein Mißtrauen gegenüber dem CDU-Mann Rehlinger zugrunde. Vielleicht hatte ich mich auch in meinen Vorlagen an ihn nicht klar genug ausgedrückt. Er bat mich jedenfalls, weiter auf dem humanitären Feld tätig zu sein.

Wie Wehner die Dinge einschätzte, geht vielleicht am deutlichsten aus einem Brief vom 7. August 1969 hervor, den er mir nach meinem Wechsel in das Amt des Präsidenten der Bundesanstalt für gesamtdeutsche Aufgaben schrieb: »An einer besonders heiklen Stelle des innerdeutschen Verhältnisses ist es durch Beharrlichkeit und Sachlichkeit gelungen, Menschen zu helfen, die es sehr schwer haben, und bei allen Schärfen der Gegensätze einen Ansatz zu schaffen und zu halten, der wahrscheinlich zu gegebener Zeit hilfreich sein wird, für weitere sachliche Regelungen zwischen beiden Teilen Deutschlands.« Wie recht er hatte!

Es entsprach dem Denken und dem Stil Wehners, daß er sich nicht nur aus den Akten und Vorträgen seiner Mitarbeiter ein Bild machte, sondern mit dem Gegenüber selbst den Kontakt suchte, um für sich alle Informationen zur Einschätzung der Lage zu gewinnen. Er war mit dem langjährigen schwedischen Generalkonsul in West-Berlin, Sven Backlund, gut bekannt. Vogel seinerseits war seit Jahren als Vertrauensanwalt der schwedischen Botschaft in Ost-Berlin tätig und hatte aufgrund seiner anwaltlichen Zulassung in West-Berlin auch dem schwedischen Konsulat in West-Berlin zur Seite gestanden. Die schwedische Kirche hatte nach dem Krieg auf humanitärem Gebiet eine große und segensreiche Aktivität entfaltet. Viele Deutsche verdankten ihr oft entscheidende Hilfe. An der Spitze dieser Arbeit stand als Beauftragter der schwedischen Kirche Carl-Gustav Swingel. Er unterhielt ein Büro in Berlin-Grunewald in der Winklerstraße. Dieses Geflecht an Verbindungen nutzte Wehner, um sich mit Vogel gewissermaßen auf neutralem Boden zu treffen. Die erste Begegnung der beiden fand im Büro von Swingel statt.

Sie haben dann durch all die Jahre miteinander Kontakt gehalten. Es entwickelte sich eine Beziehung, die bis zum Tode Wehners Bestand hatte. Vogel verband ein Gefühl der Verehrung mit Wehner, wie er sich mir gegenüber mehrfach wörtlich ausdrückte. Er hegte eine große Zuneigung zu seiner Persönlichkeit. Zwischen den beiden Männern sind im Laufe der Jahre viele Dinge besprochen worden, die in ihren Auswirkungen nicht geringen Einfluß auf das innerdeutsche Verhältnis gehabt haben. Vogel wuchs immer mehr in eine Vertrauensstellung bei dem ersten Mann der DDR, Erich Honecker, hinein, so daß die Gespräche mit ihm zunehmend über den humanitären Rahmen hinaus an Gewicht gewannen. Das gute persönliche Einvernehmen zwischen Wehner und Vogel hat in einer schwierigen Phase der humanitären Bemühungen wesentlich dazu beigetragen, die Probleme überwinden zu helfen.

Nach dem Inkrafttreten des Grundlagenvertrages zwischen der Bundesrepublik Deutschland und der DDR am 21. Juni 1973 wurde in der damaligen von der SPD geführten Bundesregierung die Meinung vertreten, daß nun auch der Charakter der humanitären Beziehungen mit der DDR dem neuen Geist der Zusammenarbeit angepaßt werden müßte. Waren als Gegenleistung für die Freilassung politischer Häftlinge, das schien nicht mehr in die Zeit zu gehören. Unsere Seite wurde deshalb bei der DDR in der Absicht vorstellig, sie zu bewegen, zukünftig auf finanzielle Gegenleistungen für die Freilassung von Häftlingen oder die Genehmigung in Ausreiseverfahren zu verzichten. Die DDR reagierte strikt ablehnend. Sie empfand die Forderung offenbar als ein unziemliches Ansinnen. Sie weigerte sich aber nicht nur, den Gedanken aufzugreifen, sondern fuhr sogleich das schwerste Geschütz aus ihrem Arsenal auf: Sie brach die Verhandlungen über humanitäre Angelegenheiten ab. Auf ihre Einnahmen aus dem »Geschäft« wollte sie nicht verzichten. Der Vorgang wirft wiederum ein bezeichnendes Licht auf die moralischen Vorstellungen der SED-Führung der damaligen Tage.

Wehner, damals schon nicht mehr Mitglied der Bundesregierung, war es, der den abgerissenen Faden über Vogel wieder neu zu knüpfen verstand. Am 30. und 31. Mai 1973 trafen auf Einladung der SED-Fraktion der DDR-Volkskammer Herbert Wehner als Vorsitzender der SPD-Bundestagsfraktion und der Vorsitzende der FDP-Bundestagsfraktion, Wolfgang Mischnick, in Ost-Berlin mit Vertretern der SED-Volkskammerfraktion zu politischen Gesprächen zusammen. Über Vogel war im stillen vorbereitet worden, daß bei diesem Besuch auch eine längere Unterredung der beiden Politiker mit dem Generalsekretär der SED und Vorsitzenden des Staatsrats, Erich Honecker, eingeplant wurde. In diesem sehr ausführlichen Meinungsaustausch im Privathaus Honeckers am Wandlitzsee sprach Wehner das Thema der humanitären Beziehungen an. Er konnte dabei Honecker bewegen, seine starre Haltung aufzugeben. Die Verhandlungen über die besonderen humanitären Bemühungen konnten danach wiederaufgenommen werden. Der Anschluß an die früheren Aktionen wurde bald erreicht, die Busse mit politischen Häftlingen aus der DDR begannen erneut in Richtung Westen zu rollen − gegen die hohen wirtschaftlichen Gegenleistungen wie früher versteht sich, denn eine Minderung seiner Einnahmen war Honecker nicht bereit hinzunehmen.

Dieser Krise war noch zu Wehners Zeiten als Bundesminister für gesamtdeutsche Fragen eine andere Erpressung der DDR vorausgegangen. Schon bald nach Beginn der größeren Aktionen 1964 zeigte die DDR Interesse, über die Schiene Vogel–Bundesregierung auch etwas für ihre im Westen verlorengegangenen »Kundschafter« tun zu wollen. Sie bot den Austausch von Mitarbeitern westlicher Nachrichtendienste an, die bei ihrem Metier aufgeflogen waren und nun langjährige Freiheitsstrafen verbüßten. Alle Nachrichtendienste der Welt haben ein hohes Interesse daran, ihre ertappten und nun in den Haftanstalten des Gegners dahinkümmernden Mitarbeiter so schnell wie möglich wieder auszulösen. Einmal motiviert selbstverständlich die Fürsorgepflicht dem Menschen gegenüber zu jeder Anstrengung, zum anderen aber werden diese Bemühungen auch von dem Gesichtspunkt der Zweckmäßigkeit diktiert. Die Anwerbung eines künftigen Mitarbeiters gestaltet sich natürlich wesentlich leichter, wenn man diesem vor seinem Einsatz versichern kann, daß er, sollte er trotz aller Sicherungsmaßnahmen doch eines Tages enttarnt und verurteilt werden, bald wieder das Licht der Freiheit sehen werde, weil man die Möglichkeit habe, ihn herauszuholen.

Einer der damaligen Top-Agenten des Ostens, der in der Bundesrepublik seine Strafe absaß, war Heinz Felfe. Nachdem er schon im letzten Krieg im nachrichtendienstlichen Einsatz für das Reichssicherheitshauptamt gewesen war, gelang es dem sowjetischen Geheimdienst KGB, ihn nach 1945 in die »Organisation Gehlen«, den Vorläufer des Bundesnachrichtendienstes, einzuschleusen. Felfe stieg dort bis zum Leiter des Referats »Gegenspionage Sowjetunion« auf. Über Jahre hindurch übermittelte er eine Fülle von Nachrichten und Dokumenten an den sowjetischen Geheimdienst. Er hat der Bundesrepublik Deutschland schweren Schaden zugefügt. Felfe wurde enttarnt, als der damalige Präsident des Bundesnachrichtendienstes, Gehlen, das Sicherheitskonzept grundlegend änderte. Der Bundesgerichtshof verurteilte Felfe im Juli 1963 zu vierzehn Jahren Haft wegen Landesverrats.

Vogel bekundete nun das Interesse des Ostens an einer baldigen Freilassung von Felfe. Unsere Seite verweigerte sich jedoch hartnäckig. Schließlich wurde Vogel Ende 1968 bei Wehner, zu der Zeit noch Chef des gesamtdeutschen Ministeriums, mit der Botschaft vor-

78

stellig, die DDR sei bereit, zahlreiche »Agenten« westlicher Nachrichtendienste gegen Heinz Felfe freizugeben. Wenn unsere Seite sich auf dieses Angebot allerdings nicht einlassen würde, müsse er Konsequenzen für die humanitären Bemühungen insgesamt anmelden. Mit anderen Worten, wenn sich die Bundesregierung nicht in Sachen Felfe bewege, würde die DDR auch die Verhandlungen über die politischen Häftlinge und die Familienzusammenführung abbrechen. Eine höchst infame Erpressung. Offenbar stand die DDR unter einem starken Druck der Sowjetunion. In den zahlreichen Gesprächen, die daraufhin folgten, wurde deutlich, daß die DDR es tatsächlich ernst meinte. Wehner ließ sich deshalb im Interesse der vielen anderen tausend Häftlinge in der DDR erweichen und gab die Bereitschaft zu erkennen, Felfe in ein größeres Paket mit einzubeziehen. Nun aber pokerte unsere Seite hoch. Die Auseinandersetzungen mit Vogel sind mir noch in lebhafter Erinnerung. Zum Schluß mußte die DDR für Felfe einen hohen Preis zahlen. Gewiß mußte es den Bundesnachrichtendienst ungemein schmerzen, daß der Verräter aus den eigenen Reihen von dannen ziehen konnte, aber wenn ich daran denke, wie viele Mitarbeiter westlicher Dienste im Gegenzug dafür die Freiheit erhielten, so hat unsere Seite unter dem Strich mehr dabei gewonnen. Die grundsätzlichen rechtspolitischen Überlegungen, die gegen jeden Austausch sprechen, lasse ich dabei einmal außer acht.

Am 14. Februar 1969 fand dann der Austausch statt. Als ich in der Baracke des Bundesgrenzschutzes am Grenzübergang Herleshausen am späten Nachmittag Heinz Felfe die Begnadigungsurkunde aushändigte, um ihn anschließend Vogel zu übergeben, wurde der bittere Geschmack bei dieser Handlung mir doch wesentlich durch die Tatsache genommen, daß der Osten für ihn eine stattliche Zahl von Mitarbeitern unserer Dienste hatte aus seinen Händen entlassen müssen. Sie waren kurz vorher mit einem Bus über die Grenze gebracht worden. Ihre befreiten Gesichter und ihr frohes Lachen standen mir noch vor Augen.

Herbert Wehner hat auch nach seiner Zeit als Minister sich der humanitären Anliegen weiter intensiv angenommen. Sein Büro wurde zu einer vielgesuchten Anlaufstelle für Menschen, die sich durch die politischen Verhältnisse bedingt in Not befanden und Hilfe benötigten. Er hat sich, ohne je Aufhebens davon zu machen, um die Menschen gekümmert, bis er aus gesundheitlichen Gründen seine Arbeit einstellen mußte.

Im Juli 1969 schied ich aus dem Ministerium aus und wechselte in das Amt des Präsidenten des Gesamtdeutschen Instituts – Bundesanstalt für gesamtdeutsche Aufgaben. Damit endete bis Oktober 1982 meine unmittelbare Berührung mit dem Komplex der humanitären Bemühungen der Bundesregierung.

Am 22. Oktober 1969 wurde in Bonn die sozial-liberale Koalition aus SPD und FDP gebildet. Wehner übernahm den Vorsitz der SPD-Bundestagsfraktion. An seine Stelle als Minister rückte Egon Franke (SPD). Er übertrug das Aufgabengebiet der »besonderen Bemühungen« seinem Vertrauten, dem späteren Ministerialdirektor Edgar Hirt. Hirt fand schnell mit Rechtsanwalt Stange und Rechtsanwalt Vogel Kontakt. Die Beziehungen zwischen den drei Herren wurde mit den Jahren sehr eng. Vogel gewann in dem Geflecht zunehmend an Gewicht und Bedeutung. In dem Bemühen, den bedrängten Deutschen zu helfen, war Franke zu großem Entgegenkommen gegenüber der DDR bereit.

Bei der Auswahl der Häftlinge hatte es von Fall zu Fall immer schon Schwierigkeiten gegeben, den politischen vom kriminellen Häftling zu trennen. Hirt verließ jetzt langsam die bisher sehr konsequent vertretene Linie, bei dem Vorliegen von kriminellen Anzeichen die Einbeziehung in die Aktion abzulehnen. Es wurden nun auch einzelne Häftlinge in die »besonderen Bemühungen« eingeschlossen, die aktuell zwar wegen eines politisch zu beurteilenden Vergehens in Haft einsaßen, in ihrem Vorleben aber schon einmal, mitunter auch mehrfach, wegen eindeutig krimineller Delikte vorbestraft worden waren. Für diesen Kreis handelte Hirt zwar finanzielle »Sonderkonditionen« aus. Dieses Entgegenkommen führte aber dazu, daß das Ansehen der »besonderen Bemühungen« zu leiden begann, ja Schaden nahm. Bei den Dienststellen in der Bundesrepublik Deutschland, die die entlassenen Häftlinge zu betreuen hatten, fiel natürlich schnell auf, daß sich neuerdings unter den Freigekauften Personen befanden, die eine höchst unschöne Vergangenheit aufwiesen. Diese Tatsache erregte beträchtliches Mißfallen. 1983, nach der Wende in Bonn, bedurfte es erheblicher Anstrengung, um in heiklen, mühevollen und mißlichen Verhandlungen mit Vogel das Rad wieder zurückzudrehen. Die DDR war verständlicherweise von der Einschränkung keineswegs erbaut. Das Hirtsche Auswahlverfahren hatte ihr mehr behagt.

Weiter wurden in jenen Jahren sogenannte »Weihnachtsaktionen« eingeführt. Die DDR erklärte sich bereit, zu Weihnachten, einem Fest, an dem jedermann sich dem in Not befindlichen Mitbürger in besonderer Weise verpflichtet fühlt, zusätzlich weitere politische Häftlinge, unter ihnen auch länger bestrafte, freizulassen. Allerdings ließ sie sich dieses »Entgegenkommen« durch Sonderzahlungen in exorbitanter Höhe vergolden.

Von Hirt wurden im Zuge der »besonderen Bemühungen« auch wieder, wie bei den allerersten acht Häftlingen, Beträge in beachtlicher Höhe in bar durch die Rechtsanwälte Stange und Vogel der DDR übermittelt — ein gefährlicher Kurs, nachdem die Verbindung über das Diakonische Werk doch schon so lange Jahre bestand.

In diese Zeit fielen ebenfalls ansehnliche »Preissteigerungen«. Gegenüber dem anfänglichen »Normaltarif« von 40 000 DM, wie Erich Mende es genannt hatte, handelte die DDR die wirtschaftlichen Gegenleistungen für die Freilassung politischer Häftlinge ab 1977 auf über das Doppelte — auf 95 847 DM pro Kopf — herauf. Sie nahmen damit zusammen mit den Beträgen, die für die Familienzusammenführung erbracht werden mußten, eine Größenordnung an, die langsam auch unter volkswirtschaftlichem Gesichtspunkt für die DDR ein beachtliches Gewicht erhielt.

Weiter wurde der Austausch von Agenten zu einem feststehenden Bestandteil der »humanitären Bemühungen«. Nach der Regierungsumbildung im Oktober 1982, als ich mich wieder, nun als Staatssekretär, dieses Bereichs annahm, überraschte mich Rechtsanwalt Vogel mit der Erklärung, daß mit Hirt jährlich zumindest ein Austauschvorhaben als ständige Übung verabredet worden sei.

Die Abwicklung im technischen Bereich vollzog sich weiter nach dem oben beschriebenen Muster. Bei der Übergabe der Häftlinge wurde allerdings eine Änderung eingeführt. Das Umsteigen auf dem Parkplatz zwischen dem Hermsdorfer Kreuz und der Abfahrt Jena/Lobeda von dem Ostbus, der die Häftlinge aus der Verwahrung des Staatssicherheitsdienstes in Ost-Berlin und später aus der Justizvollzugsanstalt in Karl-Marx-Stadt brachte, in den Westbus wurde langsam zu auffällig. Tausende von Häftlingen hatten schließlich auf diesem Umschlagsplatz zum Westen schon die Busse gewechselt. Der Ort war bekannt geworden, was den Staatssicherheitsdienst veranlaßt hatte, die Absperrmaßnahmen zu verstärken. Man wich auf ein Wäldchen an der alten Transitstrecke rechts an der Werra-Brücke aus. Der Platz erhielt bald den Namen »Wäldchen der Freiheit«. Später, als die Transporte und die Aktionen in Ost wie in West zur Routine geworden waren, bediente man sich der einfachsten Möglichkeit: Der West-Bus durfte direkt nach Karl-Marx-Stadt fahren und die Häftlinge vor Ort, im Hof der Vollzugsanstalt, abholen — für alle Beteiligten eine wesentliche Erleichterung: Die Häftlinge mußten nicht mehr umsteigen, wurden aus der Strafanstalt unmittelbar auf »westliches Territorium« verfrachtet — psychologisch ein großer Vorteil —, der Staatssicherheitsdienst mußte keine umfangreichen Sicherungsmaßnahmen mehr vorbereiten, die Abschirmung vor einer neugierigen Öffentlichkeit war gewährleistet und die Anwälte Vogel und Stange, die die Übergabe weiterhin betreuten, konnten sich umständliche Wege ersparen.

Der einzige Schwachpunkt stellte die Tatsache dar, daß es auffallen konnte, ja mußte, wenn ein westlicher Reisebus mit einem polizeilichen Kennzeichen aus der Bundesrepublik Deutschland in Karl-Marx-Stadt in die Strafvollzugseinrichtung einfuhr. Man fand aber auch hier eine elegante, nahezu ideale Lösung. Der westliche Bus wurde mit einer Installation versehen, die es ermöglichte, ohne daß es von außen zu erkennen war, die polizeilichen Nummernschilder zu wechseln. Auf Knopfdruck konnte der Fahrer nach Belieben je ein Nummernschild der DDR oder der Bundesrepublik in Erscheinung treten lassen. Der Bus reiste also ganz vorschriftsmäßig mit seinem regulären Kennzeichen bis zum westlichen Grenzkontrollpunkt Herleshausen an, und hinter der Grenze, auf DDR-Gebiet, wurde aus dem West-Bus per Knopfdruck ein DDR-Fahrzeug. Auf dem Rückweg erfolgte die umgekehrte Prozedur. Der Fahrer mußte nur achtgeben, daß das Rotieren der Nummernschilder nicht beobachtet und einer dann sicher sehr verdutzten Polizeidienststelle gemeldet wurde. Aber alles ging durch die Jahre hindurch gut.

Die Tarnung erübrigte sich erst, als Vogel und ich Ende 1987 uns auf eine neue Form des Ablaufs einigten, durch die der Bustransport überflüssig wurde. Die Häftlinge wurden von nun an einzeln in die

DDR an ihren früheren Wohnort entlassen. Sie erhielten dort, wenn sie es wollten, kurzfristig die Ausreisegenehmigung – und zwar nicht nur für sich, sondern zugleich für die ganze Familie. Auf diese Art wurde vermieden, daß die Häftlinge manchmal Monate nach ihrer Entlassung in den Westen allein standen und auf ihre Familie warten mußten. Das Verfahren brachte für meine Mitarbeiter gewisse »buchhalterische« Schwierigkeiten mit sich, denn schließlich mußte genau verfolgt werden, welcher Häftling wann entlassen worden war – im Bus hatte man sie beieinander –, aber für die Häftlinge selbst bedeutete es eine große Erleichterung, waren sie doch nach der Entlassung wieder mit ihren Familien vereint.

Nach der Wende in Bonn.
Oktober 1982 bis März 1983

Im Oktober 1982 löste Helmut Kohl Helmut Schmidt als Bundeskanzler ab. Auf die sozialliberale Regierung folgte in Bonn eine Koalition aus CDU/CSU und FDP.

Rainer Barzel hatte sich, nachdem er 1973 den Vorsitz der CDU niedergelegt hatte, nicht zurückgezogen, vielmehr sich aktiv auch weiterhin in der Politik engagiert. Er gehörte zum führenden Kreis in der Christlich Demokratischen Union in allen Fragen der Deutschlandpolitik. Deshalb war es keine Überraschung, daß Bundeskanzler Kohl ihn bat, in das neue Kabinett als Bundesminister für innerdeutsche Beziehungen einzutreten.

Ich hatte 1975 die kaufmännische Geschäftsführung eines international verflochtenen Pipeline-Unternehmens übernommen. Eine Aufgabe, die mir viel Freude bereitete. Die Verbindung zwischen Barzel und mir war in der Zwischenzeit nicht eingeschlafen. Im Gegenteil: Wir begegneten uns häufig und pflegten einen freundschaftlichen Verkehr miteinander. So traf es mich nicht aus heiterem Himmel, als Barzel nach seiner erneuten Berufung zum Bundesminister anrief und mich bat, ihm als Staatssekretär zur Seite zu stehen. Sehr gern bin ich dem Ruf nicht gefolgt. Das Unternehmen, dem ich vorstand, expandierte erfreulich, und ich fühlte mich dort, wie in der freien Wirtschaft überhaupt, ausgesprochen wohl. Aber auch mich hatte die Deutschlandpolitik wegen ihrer unmittelbaren Auswirkung auf die Menschen in dem geteilten Land nicht losgelassen. So wollte ich mich nicht verweigern und kehrte, wenn auch nicht freudig erregt, sondern eher mit etwas bangem Gefühl, was die Zukunft an Bedrängnissen auf dem Feld der Deutschlandpolitik bringen würde, in mein »altes« Ministerium zurück.

Mein Vorgänger, Staatssekretär Spangenberg, hatte für mich in bester demokratischer Gesinnung und preußisch zu nennender Pflichtauffassung bei der Amtsübergabe zu den Problemfeldern der Deutschlandpolitik Sachstandsvermerke ausarbeiten lassen und mir übergeben. Ich konnte mich deshalb schnell wieder hineinfinden. Zu meinem Erstaunen fand ich unter den Papieren jedoch keine Ausarbeitung zu dem Komplex der »besonderen Bemühungen der Bundesregierung im humanitären Bereich«. Daß Egon Franke, der 1969 auf Herbert Wehner als Bundesminister für innerdeutsche Beziehungen gefolgt war und dem Haus bis 1982, also dreizehn Jahre vorgestanden hatte, sich gerade dieses Feldes besonders angenommen hatte, war schließlich allseits bekannt. Franke hatte immer wieder den hohen Rang dieser Aufgabe unter politischen und menschlichen Gesichtspunkten in der Öffentlichkeit unterstrichen.

Auf meine Nachfrage bei Spangenberg erklärte mir dieser, daß er durch eine Weisung des Ministers von Anfang seiner Amtszeit als Staatssekretär an aus diesem Komplex ausgeschlossen worden sei. Der Minister habe den Vorgang an sich gezogen und die Geschäftsführung seinem Vertrauten, dem Leiter des Ministerbüros Ministerialdirektor Edgar Hirt, übertragen. Ich müßte mich an diesen wenden; er selbst wüßte nicht Bescheid. Meine Verblüffung war riesengroß.

Dem beamteten Staatssekretär obliegt nach der Geschäftsordnung der Bundesregierung die Führung der Geschäfte des Ministeriums. Er ist der Vertreter des Ministers. Ihn aus einem Bereich des Ministeriums, noch dazu dem vielleicht wichtigsten Gebiet, auf dem auch über bedeutende Summen entschieden wurde, auszuschalten, schien mir einfach undenkbar. Diese Handhabung widersprach der Geschäftsordnung der Bundesregierung. Sie minimierte den Staatssekretär persönlich und politisch auf das Peinlichste. Vor jedermann im Hause wurde dokumentiert, daß er nicht das Vertrauen des Ministers hatte. Eine unmögliche Situation. Bundeskanzler Schmidt kannte diese Querelen im Ministerium, sorgte jedoch nicht für eine Abhilfe, weil er Franke als Chef der damals sehr einflußreichen Gruppe von Abgeordneten der SPD, der »Kanalarbeiter«, dringend benötigte, um die auseinanderstrebenden Kräfte in seiner Fraktion zusammenzuhalten.

Franke hat später für diesen Fehler bitter bezahlen müssen. Hätte er, wie es die Regeln aus gutem Grund vorschreiben, seinen Staatssekretär in der ihm zustehenden Position als Vorgesetzten von Ministerialdirektor Hirt belassen und diesen nicht völlig frei schalten und walten lassen, wäre es mit Sicherheit nicht zu dem Strafprozeß gekommen, über den noch zu berichten sein wird.

Wenige Tage nach dem neuen Anfang im Ministerium fuhr ich nach Berlin. Ich wollte den Mitarbeitern des dortigen Geschäftsbereichs ebenfalls »guten Tag« sagen; vor allem aber wollte ich mich mit Rechtsanwalt Vogel wiedertreffen.

Vor der Begegnung hatte ich mich in der Berliner Abteilung, die die Vorgänge im humanitären Bereich bearbeitete, so weit es ging sachkundig gemacht. Selbstverständlich hatte sich in den dreizehn Jahren, in denen ich mit dieser Aufgabe nicht mehr befaßt war, vieles geändert. Die Komplexe mit ihren Problemen sowie die Art und Weise, in der die wirtschaftlichen Gegenleistungen der Bundesregierung erbracht wurden, waren im Grunde jedoch gleichgeblieben. Es gab immer noch Häftlinge in der DDR, die allein aus politischen Gründen verurteilt worden waren. Die DDR konnte auf dieses Mittel der Disziplinierung einfach nicht verzichten, und die fortbestehende Teilung Deutschlands brachte es mit sich, daß auch das Problem der Zusammenführung von getrennten Familien weiterhin existierte. In diesen Bereich fielen auch zunehmend Wünsche, die im strengen Sinn unter Familienzusammenführung nicht mehr einzuordnen waren. Es handelte sich schlicht um Ausreisebegehren, ohne daß ein verwandtschaftlicher Hintergrund vorhanden war. Und schließlich bestand fürderhin ein beiderseitiges Interesse in Ost und West, gelegentlich Mitarbeiter von Nachrichtendiensten im Wege des Austauschs wieder in die Freiheit zu entlassen.

Die wirtschaftlichen Gegenleistungen wurden immer noch auf dem bewährten Kanal mit Hilfe des Diakonischen Werks abgewickelt. Auch Rechtsanwalt Stange war noch mit eingeschaltet. Zwischen ihm und Hirt hatte sich eine enge Bindung entwickelt. Vieles wurde von den beiden ohne Hinzuziehung oder Unterrichtung des zuständigen Unterabteilungsleiters in Berlin mit Vogel verhandelt. Dieser Abteilungsleiter konnte mir deshalb auf manche Frage keine Antwort geben und mußte mich an Hirt beziehungsweise Stange verweisen. Die Geheimniskrämerei, die im Grunde einen Mangel an Vertrauen beinhaltete oder mit der manches im verborgenen gehalten werden sollte, trug nicht gerade zu einem guten Arbeitsklima bei. Der Unterabteilungsleiter war ein sehr gewissenhafter Beamter, der peinlich genau darauf achtete, daß die Abreden mit der DDR strikt eingehalten wurden. Der Komplex hatte inzwischen einen Umfang angenommen, der eine sehr sorgfältige Verfolgung aller Vorgänge unerläßlich machte. Es gab rund fünftausend politische Häftlinge in der DDR, und die Anliegen in »F«-Sachen (Familienzusammenführung) näherten sich der Zahl von fünfzigtausend. Angesichts der bedeutenden wirtschaftlichen Gegenleistungen, die von unserer Seite erbracht wurden, war der Unterabteilungsleiter sehr darauf bedacht, daß das »do ut des« ausgeglichen gehalten wurde. Er sorgte mit seinen Mitarbeitern durch eminente Sorgfalt dafür, daß die »Organe« der DDR nicht von den Vereinbarungen abweichen konnten und daß eine exakte Buchführung gewährleistet war.

Der Chef und die Mitarbeiter seiner Abteilung verfügten über die genaueste Sachkenntnis; sie spürten sofort jede Nuance, wenn sich in ihrem Aufgabenfeld Veränderungen anzeigten. Aus den Sprechstunden mit den Petenten hatten sie den täglichen unmittelbaren Kontakt mit den Menschen und ihren Anliegen. Sie hatten nicht nur eine Fülle von Arbeit zu bewältigen, sondern mußten oft seelisch sehr bedrückende Gespräche führen, wenn sich ein Erfolg der Bemühungen immer noch nicht einstellte, wenn etwa dringende Ausreiseanträge weiterhin von der DDR abgelehnt wurden oder einem politischen Häftling nicht zur Freiheit verholfen werden konnte. Ihr Einfühlungsvermögen, ihr Takt, ihr guter Wille wurden immer wieder gefordert. Sie leisteten Außerordentliches.

In meinem Büro im Bundeshaus Berlin traf ich dann Rechtsanwalt Vogel wieder. Ich hatte auch Stange mit zu der Begegnung gebeten. Nahezu dreizehn Jahre hatten wir uns nicht gesehen. Doch als wir uns die Hände schüttelten und die ersten Worte wechselten, schien es, als wenn wir uns gestern verabschiedet hätten. Die Jahre unseres intensiven Zusammenwirkens, besonders in der heiklen und kritischen Anfangszeit 1963/1964, hatten eine Grundlage des gegenseitigen Vertrauens geschaffen und ein Band geknüpft, das es uns beiden ermöglichte, den Faden wieder ohne Umschweife aufzunehmen. Ich bestellte Vogel auch Grüße von Bundesminister Barzel und richtete ihm aus, daß er ihn bald einmal wieder begrüßen wolle. Die Begegnung zwischen beiden kam dann auch schnell zustande.

Die Lage war jedoch nicht einfach. Die DDR hatte den Regierungswechsel in Bonn mit tiefer Abneigung verfolgt. Sie fürchtete, daß die neue CDU/CSU-FDP-Regierung sie mit einer neuen, anderen Politik konfrontieren würde. Hinzu kam, daß in nur knapp sechs Monaten Neuwahlen in der Bundesrepublik anstanden. Die DDR reagierte deshalb mit höchstem Mißtrauen gegenüber jeder Äußerung aus Bonn und schwankte noch, ob sie sich der neuen Regierung nicht zunächst verweigern sollte. Starke Kräfte in der SED-Führung hatten offenkundig im Sinne, die innerdeutschen Beziehungen bis zur Neuwahl einzufrieren. Die neue Bundesregierung wäre dadurch in eine unerfreuliche Situation geraten. Ein Teil des Wahlkampfes wäre sicher mit dem Argument bestritten worden, eine von der CDU/CSU-FDP geführte Regierung »könne« eben nicht mit der DDR. Bei dem Gewicht, das die innerdeutschen Beziehungen in der Meinung der Bevölkerung hatten, hätte die Regierung ein solches Argument nicht auf die leichte Schulter nehmen dürfen. Diese Überlegungen galten im besonderen für das Gebiet der Zusammenarbeit im humanitären Bereich. Viele Menschen in Deutschland wurden von einem Erfolg oder Mißerfolg unmittelbar betroffen. Hier zu scheitern, nicht in gleichem Maß wie die Vorgängerregierung den Menschen, die unter der Teilung in besonderer Weise litten, helfen zu können, hätte weithin Beachtung gefunden und wäre der Regierung schlecht angekreidet worden.

Vogel eröffnete denn auch das Sachgespräch sehr zurückhaltend, fast mit einem ablehnenden Unterton. Seine Seite sei keineswegs darauf erpicht, auf diesem Feld weiter zusammenzuarbeiten. Finanzielle Überlegungen fielen nicht ins Gewicht. Die DDR wolle zwar von sich aus die Beziehungen nicht abbrechen, sei aber in keiner Weise bereit, über die mit dem SPD-Minister getroffenen Vereinbarungen hinauszugehen oder gar Veränderungen zu akzeptieren. Im Klartext: Entweder wir steigen in die Abreden mit der Vorgängerregierung ohne jedes Wenn und Aber ein, oder die DDR würde die Beziehungen zumindest aussetzen. Vogel verwies darauf, daß die DDR schon einmal − 1973 − Verhandlungen im humanitären Bereich gestoppt habe. Unsere Seite sollte dieses Wort deshalb sehr ernst nehmen. Dies sei das Minimum, was von seiten der DDR erwartet werde. Ausdrücklich, so mußte Vogel weiter verstanden werden, mache die DDR den Fortgang unserer Gespräche zusätzlich von der künftigen politischen Entwicklung im Verhältnis DDR− Bundesrepublik Deutschland insgesamt abhängig.

In meiner Erwiderung zitierte ich Bundeskanzler Kohl, der den alten Grundsatz »Pacta sunt servanda« bekräftigt hatte. Ich erklärte, dies gelte selbstverständlich auch für die Vereinbarungen im humanitären Bereich. Die neue Regierung würde hier auf Punkt und Komma alles das erfüllen, was die Vorgängerregierung vertraglich zugesagt hatte. Das Eis schien mir damit gebrochen. Die andere Seite hatte mit dieser Erklärung keinen Grund mehr, »den Saal zu verlassen«. Sie mußte anderenfalls damit rechnen, daß unsere Seite die Öffentlichkeit unterrichtete und es für jedermann deutlich würde, daß die DDR sich ohne Grund verweigerte, nur um der CDU/CSU-FDP-Regierung zu schaden. Das konnte nicht in ihrem Interesse liegen, denn die DDR war zu dieser Zeit ungemein bemüht, ihr Ansehen im westlichen Ausland zu mehren, dort Boden zu gewinnen und sich als Vertragspartner, der sich an die üblichen Spielregeln hält, anzubieten. Eine derartige Kränkung der Bundesregierung hätte aber unweigerlich hochgezogene Augenbrauen auch in den Kanzleien der Regierungen im Westen hervorgerufen. Die DDR hätte die Folgen bald zu spüren bekommen, denn auch die Bundesregierung hätte schließlich ihren Einfluß genutzt. Hinzu kam, daß die DDR die wirtschaftlichen Gegenleistungen sicher schmerzlich vermissen würde. Die erheblichen Beträge wurden bitter benötigt und waren vermutlich, planwirtschaftlichem Denken entsprechend, im Haushalt längst einkalkuliert.

Allerdings durfte man wirtschaftliche Gesichtspunkte in bezug auf die DDR nicht überbewerten. Die Politik hatte stets den Vorrang, und um eines politischen Zieles willen würde die DDR auch größere finanzielle Einbußen in Kauf nehmen. Aber eine solche Situation schien nicht gegeben. Die DDR würde auch daran denken, daß den humanitären Beziehungen mit der Bundesregierung eine gewisse Ventilwirkung zukam. Die Freilassung politischer Häftlinge und die Familienzusammenführung halfen zur damaligen Zeit noch mit, den innenpolitischen Druck zu mindern. Von daher waren die Karten doch gut verteilt. Aber alle diese Überlegungen waren schließlich nur Gedankenspiele. Wer wußte in diesen Tagen, Mitte Oktober 1982, welchen Weg die DDR endgültig einschlagen würde?

Auch in Gesprächen in den folgenden Wochen unterstrich Vogel immer wieder die Botschaft der DDR; ich wies ein ums andere Mal auf unsere Bereitschaft hin, Verträge einzuhalten. Die humanitären Bemühungen nahmen auf dieser Basis dann ihren Fortgang. Die andere Seite sah bald, daß den Worten Taten folgten, so daß sich das Klima, wenn auch zögerlich, aber doch merkbar verbesserte. Mir war bei dieser Übereinkunft nicht so recht wohl. Aus den Berichten, die ich gehört, und den Unterlagen, die ich inzwischen eingesehen hatte, waren mir doch zu einigen Punkten der Vereinbarung erhebliche Bedenken gekommen. (Ich habe darüber im letzten Kapitel berichtet.) Aber so, wie die Dinge nun einmal lagen, mußte das überlieferte Paket übernommen werden. Das Jahr war ja bald zu Ende. Für 1983 mußte frisch verhandelt werden. Dann konnte man neue Gedanken einbringen und Untragbares hoffentlich korrigieren.

Der »Franke-Hirt-Prozeß«

Bei meinem ersten Berlin-Besuch als neuer Staatssekretär traf ich noch einmal mit Rechtsanwalt Stange zusammen. Ich hatte wegen eines besonderen Komplexes mit ihm zu sprechen. Es gab da einige Fragen. Die Haushaltsabteilung des Ministeriums hatte mich darauf hingewiesen, daß der Bundesrechnungshof Abrechnungen Stanges bemängelt habe. Der Rechnungshof ist ein selbständiges, an Weisungen der Regierung nicht gebundenes Organ mit der Aufgabe, im Auftrag des Parlaments die Verwendung der vom Deutschen Bundestag im Haushaltsgesetz bewilligten Mittel zu kontrollieren und zu überwachen. Die Verwaltung hat Beanstandungen dieser Behörde sofort aufzugreifen, zu ihnen Stellung zu nehmen und, wenn begründet, für Abhilfe zu sorgen. Dieses System der Kontrolle bildet einen Pfeiler der Demokratie, ohne den sie nicht bestehen kann.

Stange hatte in den letzten Jahren beim Ministerium Erstattungen für ihm entstandene Aufwendungen im Zusammenhang mit seinem Mandat für die Bundesregierung angefordert. Als Beleg hatte er lediglich eine Versicherung eingereicht, daß ihm Ausgaben in einer bestimmten Höhe erwachsen seien. Eine nähere Begründung, das heißt eine Zuordnung zu einem bestimmten Vorgang, war nicht angeführt; ebenfalls gab es keine Belege oder andere Zahlungsnachweise. Der Bundesrechnungshof hatte diese Art der Abrechnung beanstandet; sie verstoße gegen die Haushaltsordnung. Daraufhin hatte es mit dem Bundesrechnungshof eine ausführliche Erörterung gegeben, in der von Rechtsanwalt Stange gemeinsam mit Ministerialdirektor Hirt die Gründe für Sonderausgaben dargelegt worden waren. Der Rechnungshof akzeptierte schließlich einen bestimmten kleineren Betrag für den Zeitraum eines Jahres, ohne daß eine weitere Einzelbegründung sowie Belege für diese Zahlungen vorgelegt werden müßten. Er sah als erwiesen an, daß für Stange bei seinen vielzähligen Terminen in der DDR, die er im Rahmen seines Mandats für die Bundesregierung in den »humanitären Bemühungen« wahrzunehmen hatte, besondere Aufwendungen kleineren Umfangs anfielen, die nur schwer oder gar nicht – wie sonst üblich und vorgeschrieben – belegartig abgerechnet werden konnten.

Schon im darauffolgenden Jahr waren aber von Stange in der gleichen Weise höhere Beträge abgerechnet worden, als sie vom Bundesrechnungshof gestattet worden waren. In den Jahren danach waren diese Anforderungen dann stets steil nach oben gestiegen und hatten, als ich im Oktober 1982 das Amt übernahm, eine Höhe erreicht, die allein von der Größenordnung her ausschloß, daß es sich noch um die Erstattung von aus der besonderen Art des Mandats bedingten Aufwendungen handeln konnte. Gründe für diesen klaren Verstoß gegen die Bestimmungen der Bundeshaushaltsordnung waren in den Akten nicht aufgezeichnet, die Mitarbeiter der Haushaltsabteilung konnten mir ebenfalls keine Auskunft geben.

Da alle Zahlungen mit einem Schreiben von Stange persönlich angefordert worden waren und er darin schriftlich betont hatte, er komme hier nur um den Ersatz von ihm verauslagter Gelder ein, lag es nahe, Stange selbst zu fragen, wofür er die beträchtlichen Summen ausgegeben habe. Die Beträge hatten inzwischen im übrigen eine derart stattliche Summe erreicht, daß schlicht auszuschließen war, daß sie von Stange aus seinen privaten Mitteln als Auslagen hätten aufgebracht werden können. Deshalb also hatte ich Stange um ein weiteres Gespräch gebeten. Die Unterredung dauerte nicht lange. Ihm stand die Besonderheit des Vorgangs vor Augen. Er war schließlich bei dem Gespräch mit dem Bundesrechnungshof dabeigewesen. Als Anwalt konnte er sich denken, daß Nachfragen und Konsequenzen nicht ausbleiben würden.

Stange erklärte mir dennoch nur, daß alle Anforderungen mit Ministerialdirektor Hirt abgestimmt worden seien. Dieser habe ihn angewiesen, in der beschriebenen Art beim Ministerium abzurechnen. Selbstverständlich habe er derartig hohe Beträge nicht verauslagen können. Hirt habe jedoch darauf bestanden, daß er seine Anforderungen so formulieren sollte. Auf meine Frage nach den hohen Summen schon im laufenden Jahr 1982 erwiderte Stange nur, es handele sich um einige kleinere Beträge, deren Verwendung er aus seinen Unterlagen heraussuchen könnte; den weitaus größten Teil der von ihm 1982 angeforderten und vom Ministerium an ihn überwiesenen Mittel habe er jedoch an Hirt zurückgegeben. Auf meine Frage, auf welche Weise er das Geld an Hirt übermittelt habe, ob er eine Quittung habe und für welchen Zweck Hirt die Gelder verwandt habe, antwortete Stange, er habe die Gelder Hirt persönlich in Bonn ausgehändigt; eine Quittung habe er sich nicht ausstellen lassen, und wofür Hirt die Summen benötigt habe, wisse er nicht. Im übrigen berief er sich auf ein Schweigegebot von Bundesminister Franke und Hirt. Meinen Hinweis, daß diese Schweigepflicht mir gegenüber nicht gelten könne, denn ich vertrete jetzt seinen Auftraggeber — die Bundesregierung —, und er sei daher verpflichtet, mir über alle Vorkommnisse im Rahmen des Mandats Auskunft zu geben, ließ er unbeachtet. Mehr war von ihm an dem Tag zu diesem Komplex nicht zu erfahren.

Auf meinem Programm in Berlin stand ebenfalls ein Gespräch mit dem Direktor des Caritasverbandes in Berlin, Thiel. Wir kannten uns aus früheren Jahren recht gut. Ich hatte die vielfältige karitative Arbeit des Verbandes immer sehr geschätzt. Thiel war mir als ein zupackender, umsichtiger, kenntnisreicher und voll vertrauenswürdiger Herr in Erinnerung. Die Zusammenarbeit mit ihm und dem Verband war immer ausgezeichnet gewesen. Aus den Unterlagen hatte ich ersehen, daß der Caritasverband, wie die anderen Verbände mit gleicher oder ähnlicher Aufgabenstellung, für einen bestimmten Teil ihrer karitativen Arbeit eine Förderung durch das Ministerium erhielten. Über Art und Umfang dieser Förderung, was genau mit den Mitteln gemacht wurde, wo die Schwerpunkte der Hilfsarbeit lagen, darüber wollte ich mir von Thiel berichten lassen und mit ihm sprechen. Er gab mir in seiner erfrischenden Art sehr schnell einen genauen Überblick und fragte, was nur zu nahe lag, ob sich die neue Leitung des Ministeriums schon ein Bild gemacht habe, ob und wie es mit einer Unterstützung der Arbeit weitergehen solle.

Dabei fragte er mich dann auch, ob Bundesminister Barzel und ich an der bisherigen Handhabung festhalten würden, daß Beträge, die der Caritasverband vom Bundesministerium für innerdeutsche Beziehungen erhalten hätte, von ihm, dem Verband, wieder in bar an das Haus zurückgegeben werden sollten? Ich verstand zunächst den Sinn seiner Worte nicht. Alles in mir sträubte sich gegen den Gedanken, der hinter seinen Sätzen stehen konnte. So fragte ich tief erschrocken zurück, ob er damit wirklich meine, daß er, Thiel, Gelder, die das Ministerium für karitative Zwecke dem Verband zur Verfügung gestellt habe, in bar wieder zurückübermittelt habe? Thiel bejahte meine Frage und zeigte sich nun seinerseits bestürzt und beunruhigt darüber, daß ich offenbar von dem Vorgang keine Kenntnis hatte, was nur bedeuten konnte, daß in den Akten keine Notiz verzeichnet war, also hier möglicherweise sich etwas Ungeheuerliches abgespielt hatte. Thiel schilderte mir präzise, daß Hirt unter Berufung auf eine Weisung von Franke bei ihm angerufen habe und um Rückgabe eines Teiles der Gelder, die das Ministerium dem Caritasverband zur Verfügung gestellt hatte, gebeten habe.

Einen Grund habe Hirt nicht angegeben. Bei dem hohen Ansehen, das Bundesminister Franke genoß, und dem allseits bekannten Vertrauensverhältnis zwischen Franke und Hirt habe er keinen Zweifel daran gehabt, daß alles mit rechten Dingen zugehe, und der Bitte entsprochen. So seien von ihm im Laufe der Zeit, jeweils auf Anrufe von Rechtsanwalt Stange hin, Hirt benötige wieder Mittel, Summen aus dem ministeriellen Zuschuß wieder zur Verfügung gestellt worden. Stange, manchmal auch dessen Bürovorsteher, habe die Gelder in bar bei ihm in Empfang genommen. Insgesamt handelte es sich inzwischen um Beträge von einigen Millionen DM. Was mit den Geldern weiter geschehen sei, darüber habe er keine Kenntnis. Er habe sich jeweils Quittungen geben lassen. Damit sei für ihn die Sache erledigt gewesen, denn es habe sich ja ursprünglich um Mittel des Ministeriums gehandelt.

Ich ließ mir von Thiel die entsprechenden Quittungen geben, durch die der Vorgang, so wie er ihn mir geschildert hatte, bestätigt wurde. Anschließend sprach ich sofort Stange noch einmal an. Er erklärte ohne jedes Zögern, mit der Schilderung von Thiel habe es seine Richtigkeit. Die Gelder seien jeweils aufgrund einer Anforderung Hirts von ihm, manchmal auch von seinem Bürovorsteher, bei Thiel abgeholt worden. Er habe dann das Geld nach Bonn gebracht und Hirt persönlich ausgehändigt. Eine Quittung habe er sich seinerseits allerdings nicht geben lassen. Das hätte er wegen des engen Vertrauensverhältnisses zu Hirt nicht für notwendig erachtet. Was Hirt mit dem Geld gemacht habe, darüber könne er nichts sagen, er habe auch nicht gefragt, denn es sei ihn nichts angegangen. Mehr war von Stange nicht zu erfahren. Auf meinen Vorhalt, er als Anwalt und mit langjährigen

Beziehungen zu Behörden müsse doch erkannt haben, daß es sich bei diesem Bar-Transfer um einen wirklich außergewöhnlichen Vorgang gehandelt habe, und er habe doch Fragen stellen oder sich zumindest durch Quittungen absichern müssen, erwiderte er nur, er sei wegen des engen Vertrauensverhältnisses zwischen Franke und Hirt davon ausgegangen, daß alles seine Richtigkeit habe.

Nach Bonn zurückgekehrt, unterrichtete ich sofort Barzel. Auch er wurde »blaß« über das, was sich hier möglicherweise abzeichnete. Selbstverständlich mußte den Dingen weiter nachgegangen werden. Das verlangte die Ordnung in einem Rechtsstaat. Darüber gab es keine Diskussion. Doch auch die möglichen Konsequenzen waren vorauszusehen. Wenn nicht rasch eine befriedigende Antwort auf die Frage gefunden werden würde, für welchen Zweck die von Hirt unter Umgehung elementarer Haushaltsvorschriften erhaltenen Gelder ausgegeben worden waren, mußte dies hochnotpeinliche Untersuchungen nach sich ziehen. Das Beamtenrecht wie die Strafgesetze gaben hier eine unerbittliche Weisung. Bei allen Bemühungen um eine Geheimhaltung würde nach aller Erfahrung von den Untersuchungen doch dieses und jenes durchsickern. Dazu waren zu viele Personen mit einzuschalten. Es würde ein Geraune im Haus geben, und bald würde der erste Journalist mit einer Frage vor der Tür stehen. Eine unvermeidbare Folge.

So wie die Dinge lagen, würden auch Fragen an Bundesminister Franke zu richten sein. Dieser hatte dreizehn Jahre lang sein Amt als Minister versehen, genoß ein hohes politisches Ansehen und erfreute sich vor allem auch wegen seines tapferen Widerstandes in der Nazi-Zeit großer Achtung. Böse Probleme taten sich möglicherweise auf. Die nächste Bundestagswahl stand vor der Tür. Wie leicht konnte das Ganze den Stempel aufgedrückt bekommen, hier werde aus parteipolitischen Erwägungen versucht, einem verdienstvollen Politiker etwas anzuhängen, um sein »Wahlsüppchen« zu kochen. Die Verpflichtung gegenüber den betroffenen Personen, auf ihren Ruf zu achten, forderte deshalb ein äußerst sorgsames Vorgehen.

Der nächste Schritt mußte selbstverständlich sein, Ministerialdirektor Hirt unverzüglich zu hören. Vielleicht konnte er die benötigte Aufklärung geben. Noch bestand die Hoffnung, daß lediglich ein Verstoß gegen Haushaltsführungsvorschriften übrig blieb, über den mit dem

Bundesrechnungshof bei Vorliegen besonderer Umstände sicher geredet werden könnte.

Das Gespräch mit Hirt wurde schnell verabredet. Von mir wurde der zuständige Abteilungsleiter des Hauses hinzugezogen. Ohne Umschweife eröffnete ich Hirt, was ich erfahren hatte, und bat um seine Erklärung. Mein Vorbringen traf ihn offenkundig nicht unvorbereitet. Er bestätigte ohne jede Einschränkung, daß Stange ihm die von Caritas-Direktor Thiel ausgehändigten Mittel übergeben habe. Die von mir vorgelegten Quittungen, die Stange oder sein Bürovorsteher unterzeichnet hatten, erkannte er als richtig an. Auf die Frage, was mit den Geldern geschehen sei, erklärte er allerdings nur, sie seien für humanitäre Zwecke ausgegeben worden. Bundesminister Franke wisse Bescheid; ihm sei jeder einzelne Fall vorgetragen worden, er habe daraufhin über die Zahlung entschieden und angeordnet, daß alle Unterlagen zu vernichten seien. Auf mein bohrendes Nachfragen, er möge doch bitte konkrete Komplexe oder einzelne Vorgänge nennen, verweigerte Hirt die Antwort. Zu den Erstattungen für Auslagen, die Stange beim Ministerium angefordert hatte, widersprach er den Aussagen Stanges, daß dieser ihm 1982 größere Beträge wieder zurückgegeben habe. Stange müsse sich geirrt haben.

Ich rief daraufhin – noch während des Gesprächs – Stange an und schilderte ihm, was Hirt soeben gesagt habe. Stange bestätigte daraufhin zu meinem nicht geringen Erstaunen, daß seine Erklärung vom vergangenen Tag mir gegenüber nicht den Tatsachen entsprochen habe; er habe dieses Geld doch nicht Hirt zurückgegeben.

Zwei sich kraß widersprechende Aussagen über den Verbleib einer Summe von immerhin einigen hunderttausend D-Mark. Was sollte man davon denken? Über die erwiesenen Tatsachen sowie über die Erklärungen Hirts und Stanges wurden sehr sorgfältige Vermerke angelegt. Ich erstattete erneut Minister Barzel Bericht.

Wie sollte es weitergehen? Daß die pauschale Erklärung von Hirt, die Mittel seien für humanitäre Zwecke verwandt worden, nicht ausreiche, lag auf der Hand. Da sich Hirt bei allen seinen Aussagen auf Bundesminister Franke berufen hatte, wurde es unabweisbar, auch mit ihm zu sprechen. Die Akte konnte also nicht geschlossen werden. Im Gegenteil: Der Vorgang weitete sich aus. Auch die Besorgnis über das, was folgen könnte, wenn die Dinge bekannt würden, gewann an

Boden. Wenn nicht rasch eine volle Aufklärung zu erreichen wäre, könnte der ganze humanitäre Bereich in Mitleidenschaft gezogen werden. Vermutungen und Spekulationen, wohin die Gelder geflossen seien, würden auftauchen und ins Kraut schießen. Die Beziehungen zur DDR könnten Schaden nehmen; denn sicher würde auch erwogen werden, daß die Beträge in die DDR, etwa für die Bestechung von Funktionären, geflossen seien.

Das Parlament hatte zu der damaligen Zeit zur Kontrolle der Mittel, die für die humanitären Aufgaben zur Verfügung standen, einen Sonderausschuß eingerichtet. Wegen der gebotenen Geheimhaltung war das Gremium auf drei Mitglieder des Deutschen Bundestages begrenzt worden. Ihm gehörten für die CDU/CSU-Fraktion die Abgeordnete Lieselotte Berger, für die FDP der Abgeordnete Günter Hoppe und für die SPD der Abgeordnete Albert Nehm an. Alle drei waren bis in jedes Detail hinein mit dem Haushalt des Ministeriums vertraut und in allen Fragen der innerdeutschen Beziehungen sachkundig. In der Erörterung über das weitere Vorgehen erhob sich deshalb auch sofort die Frage, ob dieser Ausschuß nicht von den außergewöhnlichen Vorgängen zu unterrichten sei. Er hatte von seiner Aufgabe her das Recht darauf, eingeschaltet zu werden und nicht erst aus der Presse zu erfahren, daß es in dem von ihm zu kontrollierenden Geschäftsbereich Unklarheiten gebe. Auch konnte es wegen der politischen Brisanz des Vorgangs nur tunlich sein, die weiteren Schritte mit dem Parlament abzustimmen.

Barzel entschied deshalb, den Ausschuß schnellstmöglich einzuberufen. Von mir war für die Sitzung ein Papier als Tischvorlage erstellt worden, aus dem alle Einzelheiten, besonders die Daten und Summen des Geldtransfers, ersehen werden konnten. Die Ausschußmitglieder zeigten sich von den ihnen vorgelegten Unterlagen und dem ergänzenden Bericht tief betroffen. Sie forderten das Ministerium auf, alles daranzusetzen, um die Vorgänge aufzuklären. Franke wurde nun von Barzel gebeten — da Hirt sich in allem auf ihn berufen hatte —, ein klärendes Wort zu sprechen. Im Auftrag Barzels habe ich Franke auch persönlich aufgesucht, um im Gespräch Licht in das Dunkel zu bringen. Weiter wurde der Präsident des Bundesrechnungshofes eingeschaltet. Ihm wurden alle Unterlagen zugänglich gemacht, um es ihm zu ermöglichen, für den erwähnten sogenannten »Dreier-Ausschuß« des Parlaments ein Gutachten zu erstellen.

Gegen Hirt wurde entsprechend den beamtenrechtlichen Vorschriften eine förmliche disziplinäre Voruntersuchung durch einen hohen Beamten eines anderen Hauses eingeleitet und durchgeführt. Auch in dieser Untersuchung konnte keine Klarheit gewonnen werden, wofür die Barmittel, die Hirt unstreitig erhalten hatte, ausgegeben worden waren.

Der »Dreier-Ausschuß« trat noch mehrfach zusammen, um den jeweiligen neuesten Stand der Erkenntnisse zu erörtern und über den Fortgang des Verfahrens zu beraten. Am Ende beschloß er, Franke und Hirt selbst zu hören. Sie erhielten die Gelegenheit, sich vor dem Ausschuß ausführlich zu äußern. Klarheit brachte aber auch diese Anhörung, wie alle vorangegangenen Gespräche mit den beiden, die vom Bundesrechnungshof, vom Beauftragten für das Disziplinarverfahren und von mir geführt worden waren, nicht.

Der »Dreier-Ausschuß« beendete seine Tätigkeit am 11. Februar 1983 mit folgender Erklärung:

Nach Abschluß seiner Beratungen teilt der Dreier-Ausschuß mit: Die behauptete Verwendung von Haushaltsmitteln, die durch grobe Haushaltsverstöße verfügbar gemacht und der Kontrolle durch das Parlament entzogen worden waren, ist weiterhin unklar geblieben. Soweit für die Ausgabe der Mittel Angaben gemacht wurden, sind sie für die Ausschußmitglieder nicht zureichend glaubhaft gemacht worden.

Da es für die in Rede stehenden Geldbewegungen keinerlei Aufzeichnungen und Belege gibt, sieht sich der Ausschuß gehindert, den Sachverhalt aufzuklären. Er empfiehlt deshalb, den Bundesdisziplinaranwalt und die Staatsanwaltschaft über den Tatbestand zu unterrichten. Mögliche – aus den Haushaltsverstößen resultierende – Schadenersatzansprüche sind geltend zu machen. Die Vorgänge, mit denen sich der Ausschuß zu befassen hatte, haben sich nicht auf die besonderen Bemühungen der Bundesregierung im humanitären Bereich mit der DDR bezogen.

Frau Lieselotte Berger, MdB
Albert Nehm, MdB
Hans-Günther Hoppe, MdB

Noch am gleichen Tag bat ich die zuständigen Beamten der Staatsanwaltschaft in Bonn zu mir und übergab ihnen entsprechend der Empfehlung des Ausschusses alle Akten und Unterlagen des Ministeriums, die in dieser Sache angelegt worden waren.

Inzwischen hatte sich um den Vorgang eine erhebliche öffentliche Aufmerksamkeit entwickelt. Sie war von allen Beteiligten befürchtet worden, ließ sich jedoch nicht vermeiden. Die Geschichte, um die es ging, enthielt schließlich alle klassischen Merkmale, um höchstes Interesse zu wecken: Da war viel Geld im Spiel, die Materie war von Geheimnissen umgeben, außergewöhnliche menschliche Schicksale wurden berührt und ein weithin bekannter, angesehener, hoher Politiker war mit betroffen.

Nach der abschließenden Sitzung des »Dreier-Ausschusses« wurde Franke von der Presse um eine Stellungnahme bedrängt. Er äußerte sich wie folgt:

Ich übernehme die volle politische Verantwortung für alle Handlungen, die während meiner Amtszeit im Rahmen der humanitären Hilfe für in Bedrängnis geratene Menschen getätigt worden sind. Das bezieht sich nicht nur auf in Gewahrsam genommene oder im Bereich der DDR lebende Menschen, sondern auch auf deutsche Bürger, die in osteuropäischen Ländern in Konfliktsituationen geraten waren. Die Einhaltung der in anderen Bereichen üblichen Haushaltsregeln war auf diesem Gebiet angesichts der zu überwindenden Schwierigkeiten und der unverzichtbaren Geheimhaltungspflicht durchweg nicht möglich. Es ist gerade das typische Kennzeichen solcher Bemühungen, daß sie außerhalb jeglicher offizieller Regularien liegen und ohne jegliche Formalität, besonders ohne jedes Schriftstück, abgewickelt werden müssen. Oberstes Prinzip meines Handelns war im Konfliktfall mit bürokratischen Vorschriften stets das Gebot der Menschlichkeit.
Jeder Zweifel daran, daß die zur Diskussion stehenden Mittel für andere als die aufgeführten humanitären Probleme verwandt worden sind, wird von mir mit Entschiedenheit zurückgewiesen.
Die Motivation und die persönliche Integrität der beteiligten

Personen spiegeln sich in den Ergebnissen des langjährigen Bemühens wider: während der Zeit meiner politischen Verantwortung als Bundesminister für innerdeutsche Beziehungen wurden 16 786 Häftlinge vorzeitig aus den Haftanstalten der DDR in die Bundesrepublik entlassen, darunter 60 Lebenslängliche. Im Rahmen des Agentenaustausches wurden von westlicher Seite 98 DDR-Agenten gegen 190 in der DDR inhaftierte Bundesbürger freigegeben. Darüber hinaus wurde 46 199 Personen die Übersiedlung aus der DDR in die Bundesrepublik ermöglicht sowie einer größeren Zahl von Deutschen in osteuropäischen Staaten geholfen.

Zur Bekanntgabe dieser Zahlen sehe ich mich nunmehr durch den Ablauf bei den Bemühungen zur Aufhellung der schlimmen Verdächtigungen leider gezwungen. Angesichts der vielen Menschen, die noch unserer Hilfe bedürfen und denen niemand anders helfen kann, ist es bedrückend, daß diese erfolgreiche Arbeit jetzt im Wahlkampf ins Gerede gebracht worden ist und ihre Fortsetzung für die Zukunft gefährdet wird.

Auch in weiteren Interviews erweckte Egon Franke immer wieder den Eindruck, als wenn die verschwundenen Millionen im Rahmen der humanitären Bemühungen mit der DDR ausgegeben worden seien. Dies war jedoch nicht der Fall. Alle wirtschaftlichen Gegenleistungen, die an die DDR in den Jahren im Zusammenhang mit den humanitären Bemühungen der Bundesregierung geflossen waren, waren exakt belegt. Über jeden Vorgang existierte eine Akte, in der für jede Zahlung eine eindeutige, nachprüfbare Begründung festgehalten worden war. Leistungen wie Gegenleistungen stimmten buchhalterisch genau überein.

Die Reaktion Frankes war menschlich sehr verständlich. Schließlich waren sein Ansehen und seine persönliche Integrität durch den Ausschußbeschluß in der Öffentlichkeit ins Zwielicht geraten. Er wollte das, was er als sein größtes Werk als Minister ansah, verteidigen. Doch alle, die die Akten kannten, schüttelten den Kopf und machten sich Sorgen, daß dieser für die Menschen so wichtige Bereich der humanitären Beziehungen Schaden nehmen könnte. Noch niemals seit Beginn der besonderen humanitären Bemühungen 1962 hatten ein Bundesminister oder die Bundesregierung sich öffentlich in diesem Ausmaß zu diesen Vorgängen geäußert. Die Vertraulichkeit war die Grundlage dafür, daß man in der nun einmal in Deutschland gegebenen Situation den Menschen, die sich in einer politisch bedingten besonders bedrängten Lage befanden, helfen konnte. Jeder Bundespolitiker wußte um die Vorgänge, und jede Chefredaktion einer Zeitung, einer Illustrierten oder eines Senders war im Grunde im Bilde, doch alle schwiegen, um eine mögliche Hilfe für den Nächsten nicht zu gefährden.

Die Notwendigkeit zur Bewahrung der Vertraulichkeit sowie die Sorge, den Schaden begrenzt zu halten, zwang die Bundesregierung dazu, sich in der Öffentlichkeit gegenüber den Äußerungen Frankes zurückzuhalten. In vielen Gesprächen konnte immer nur klargemacht werden, daß es sich um total verschiedene Komplexe handelte. Es gab bis zur Stunde eben keinen Beleg, daß die verschwundenen Mittel für humanitäre Zwecke eingesetzt worden waren, wie hätte der »Dreier-Ausschuß« sonst einstimmig beschlossen, die Staatsanwaltschaft einzuschalten.

Im Verlauf des Verfahrens, als es immer deutlicher geworden war, daß die Geheimhaltung nicht mehr zu gewährleisten sein würde, hatte ich es für richtig gehalten, Vogel von den Tatsachen zu unterrichten. Es lag auf der Hand, daß die DDR mit betroffen sein könnte. Der Vorwurf der Bestechlichkeit oder unredlicher Vorteilnahme ist schnell erhoben. Da nach sorgfältiger Prüfung feststand, daß alle Abrechnungen mit der DDR korrekt erfolgt waren, gab es keinen Grund, ihn nicht von den Vorgängen zu verständigen. Er wie die DDR durften nicht erst aus der Zeitung von diesen Ereignissen erfahren. Es hätte sonst leicht zu falschen Schlußfolgerungen und Überreaktionen seitens der DDR kommen können. Ich hatte dazu ein Vieraugengespräch in Berlin gewählt. Wie die Botschaft auf Vogel gewirkt hat, soll mit seinen eigenen Worten wiedergegeben werden. Er sagte später auf eine entsprechende Frage einem Journalisten: »Wenn ich bei der Mitteilung von Staatssekretär Rehlinger eine Mokkatasse in der Hand gehabt hätte, wäre sie mir aus der Hand gefallen.«

Vogel sah selbstverständlich sofort die Gefahr, daß die DDR oder führende Funktionäre verdächtigt werden könnten, ja sicher auch wohl würden, sich bereichert zu haben. Ich konnte ihm nur versichern, daß sich aus den Unterlagen für eine derartige Annahme kein Anlaß ergab und daß ich bereit sei, notfalls diese Tatsache öffentlich zu bekunden. Er nahm meine Erklärung mit Befriedigung auf. Er war jedoch keineswegs beruhigt und fürchtete, daß es zu einer breiten Erörterung in der Öffentlichkeit kommen werde, die dann mit großer Wahrscheinlichkeit die humanitären Bemühungen beeinträchtigen, wenn nicht gar zu ihrem Abbruch führen würde. Nun, dies war nicht zu ändern. Diese unschöne Sache mußte ausgestanden werden. Wenn allseits Verantwortungsbewußtsein und Augenmaß bewahrt würden, müßten sich die Dinge jedoch richten lassen. Ich war da nicht so skeptisch, denn das Interesse beider Seiten, wenn auch aus ganz unterschiedlichen Gründen, an der Fortführung der Beziehungen auf diesem Feld war beachtlich. Von unserer Seite konnte nicht mehr getan werden, als – wenn es erforderlich werden sollte – eine Erklärung abzugeben, daß die gesuchten Millionen im Zuge des »Häftlingsfreikaufs« nicht in die DDR geflossen seien.

Für Vogel bedeutete meine Aufklärung aber auch eine große Enttäuschung in menschlicher Hinsicht. Er hatte jahrelang vertrauensvoll mit Ministerialdirektor Hirt zusammengearbeitet. Daß dieser nun in eine derart häßliche Angelegenheit verwickelt war, die – und Hirt mußte das genau wissen – größte Gefahr für den humanitären Bereich mit sich brachte, war für ihn kaum faßbar.

Am 14. März und 12. April 1984 erhob die Staatsanwaltschaft in Bonn die Anklage. Das Hauptverfahren gegen Bundesminister a. D. Franke und Ministerialdirektor a. D. Hirt wegen Untreue in Tateinheit mit Urkundenunterdrückung wurde vor dem Landgericht Bonn durchgeführt. Der Prozeß endete nach über hundert Verhandlungen mit einem Freispruch für Franke und einer Verurteilung von Hirt zu einer Freiheitsstrafe von drei Jahren und sechs Monaten wegen Untreue in Tateinheit mit Betrug. Der Verbleib der verschwundenen Millionen konnte bis zum heutigen Tag nicht aufgeklärt werden.

Die Freilassung politischer Häftlinge
ab März 1983

Im März 1983 fand die nächste Bundestagswahl statt. Der Wähler bestätigte die CDU/CSU-FDP-Koalition. Bundeskanzler Kohl konnte die Regierung weiterführen. Rainer Barzel wechselte vom Bundesministerium für innerdeutsche Beziehungen auf den Stuhl des Bundestagspräsidenten. Als sein Nachfolger übernahm Heinrich Windelen, ein ausgewiesener Deutschlandpolitiker, das Amt. Aus tiefem innerem Engagement für die Landsleute in der DDR heraus wandte er seine Aufmerksamkeit sofort dem humanitären Bereich zu. Er hat sich dieser Aufgabe mit aller Tatkraft angenommen.

Die humanitären Aktionen waren inzwischen auf der Basis der vorgegebenen Vereinbarungen fortgeführt worden. Politische Häftlinge waren entlassen worden, und in der Familienzusammenführung wurden, wenn auch schleppend und nach einem nicht durchschaubaren Muster, von der DDR Ausreisen in die Bundesrepublik genehmigt. Das Bild der Aktionen nach außen hin hatte sich in den Jahren nicht gewandelt. Doch der Hintergrund war ein anderer geworden.

Ich habe am Anfang dieses Berichts die Situation des Jahres 1963 beschrieben, aus welchen Gründen Menschen verurteilt worden waren, die in den Zuchthäusern der DDR einsaßen. Ich habe versucht aufzuzeigen, welches Unrecht ihnen geschehen war, und die Merkmale genannt, die sie als politische Häftlinge auswiesen und charakterisierten. Jetzt, 1983, hatte sich die Lage grundlegend verändert. Der Streiter gegen den Aufbau eines neuen totalitären Systems in der damaligen sowjetischen Besatzungszone, das verfolgte Mitglied einer Gruppe, die aus politischen Gründen zerschlagen werden sollte, der Landwirt, der freie Gewerbetreibende, der engagierte Kämpfer gegen die politische Einheitsfront, gegen den Aufbau des Sozialismus sowjetischer Prägung, gegen die Gleichschaltung der Gewerkschaften, der leidenschaftliche Christ, der um des Glaubens willen Widerstand leistete – sie alle waren inzwischen entlassen, in den Westen übergesiedelt oder hatten sich mehr oder minder in der DDR integrieren lassen.

Strafverfolgung und Strafvollstreckung spielten sich nun nach den Regeln der sogenannten sozialistischen Gesetzlichkeit ab. Der Strafvollzug mußte zwar immer noch als der härteste weit und breit bezeichnet werden, doch war er an neue Vorschriften gebunden, die der Willkür des einzelnen Schranken setzten. Es gab weiterhin viele Ausschreitungen, doch konnte man bei einer objektiven Betrachtung der Verhältnisse nicht mehr davon sprechen, daß Willkür und Mißhandlung vom System her als Mittel eingesetzt wurden, um den Häftling körperlich oder geistig zu zerbrechen.

Die Staatsgewalt der DDR hatte sich in den Jahren stetig gefestigt. Sie war zu einer berechenbaren Größe geworden, in der zumindest die Form fast pedantisch genau eingehalten wurde. Der politische Gegner des Systems war allerdings vor der Verfolgung letztlich nicht besser geschützt, denn die Straftatbestände des politischen Teils des Strafgesetzbuches waren so weit gefaßt, daß jeder politisch Andersdenkende oder Mißliebige mit der Waffe des Strafrechts belangt werden konnte. Jeder in der DDR wußte, daß die Staatsmacht die Strafjustiz als Mittel der Repression rücksichtslos einzusetzen bereit war.

1983 gab es keinen organisierten Widerstand gegen den kommunistischen Führungsanspruch in der DDR. Es gab einzelne hier und dort, die sich aus einem konkreten Anlaß heraus gegen bestimmte Maßnahmen wandten. Sie wurden zur Abschreckung verurteilt, gelegentlich auch in den Westen abgeschoben. Der Unmut der Bevölkerung über die Unterdrückung, über die ständige Gängelung und Bevormundung durch die staatlichen Organe, über die durch die Politik bedingte Uniformität des Lebens, über den Mangel, sich frei entfalten zu können, über die Beengtheit der Lebensweise, über die Reisebeschränkungen, über die für jedermann erkennbare Unmöglichkeit des sozialistischen Systems, bei aller Mühe der Bevölkerung, eine Prosperität ähnlich der in der Bundesrepublik Deutschland zu erreichen, kam in der Tatsache zum Ausdruck, daß immer mehr Menschen die DDR verlassen wollten. Widerstand im Inneren mit dem Ziel, die gesellschaftlichen Verhältnisse zu ändern, sie zu demokratisieren, war damals noch nicht möglich. Der Staatssicherheitsdienst hatte das Leben fest im Griff.

Vom Westen her war Hoffnung auf eine baldige Veränderung ebenfalls nicht zu gewinnen. Rundfunk und Fernsehen aus der Bundesrepublik brachten den DDR-Bürgern die Botschaft ins Haus, daß die

Frage eines einheitlichen Deutschland mit Verhältnissen, vergleichbar denen in der Bundesrepublik, nicht auf der Tagesordnung der Weltpolitik stünde. Später einmal – vielleicht. So lange wollten viele nicht warten.

Die Perspektiv- und Aussichtslosigkeit auf einen grundlegenden Wandel zwang entweder zur Resignation und Anpassung, zum Abtauchen in die rein private Sphäre, oder führte dazu, daß man sich abwandte und versuchte, fortzugehen. Wenn Ausreiseanträge nicht zum Erfolg führten oder die Aussichtslosigkeit, eine Genehmigung zum Verlassen der DDR zu bekommen, von vornherein feststand, dann suchten eben viele nach Fluchtmöglichkeiten; und wenn das Vorhaben scheiterte, wurden sie verurteilt und mußten hinter Gitter. Im Grunde artikulierte sich der Widerstand gegen das sozialistische System, die Ablehnung des Staates DDR, durch den Entschluß, das Land zu verlassen.

Diese Erklärung bildete den Hintergrund für die Tatsache, daß der Kreis der politischen Häftlinge in der DDR 1983 sich fast nur noch aus Deutschen zusammensetzte, die wegen versuchter Republikflucht und damit im Zusammenhang stehenden Delikten verurteilt worden waren. Das Bild des politischen Häftlings hatte sich also – verglichen mit der Zeit um 1963 – grundlegend gewandelt.

Nahezu jeder, der in der DDR lebte und mit dem Gedanken spielte, ihr den Rücken zu kehren, hatte von der Hilfe der Bundesregierung für politische Häftlinge gehört. Daß Häftlinge vom Westen freigekauft wurden, war weithin bekannt. Und so gab es nicht wenige, die, um aus der DDR herauskommen zu können, ganz bewußt eine zeitlich begrenzte Zuchthausstrafe in Kauf nahmen. Sich bei einem Fluchtversuch festnehmen und später verurteilen zu lassen, war zu einer Art ultima ratio geworden, wenn alle anderen Wege zum Verlassen der DDR versperrt und aussichtslos schienen. Man wußte durch die Mund-zu-Mund-Propaganda oder von Organisationen im Westen, daß die Strafen für einen »normalen« Fluchtversuch sich in Maßen hielten und daß nach einer Verbüßung von etwas mehr als der Hälfte der Zeit die Tore der Strafanstalt sich öffnen und ein Bus die Inhaftierten unmittelbar in den Westen bringen würde – Wirklichkeit in Deutschland!

Diese Umstände hatten zur Folge, daß es trotz aller humanitären

Bemühungen von seiten des Westens auch weiterhin politische Häftlinge gab. Am krassesten zeigte sich diese Tatsache nach der von der DDR Mitte 1987 erlassenen Amnestie. Unter den Erlaß fielen auch alle die Häftlinge, die wegen versuchter Republikflucht oder damit im Zusammenhang stehender Vergehen verurteilt worden waren. Die Zellen leerten sich also fast vollständig. Es vergingen jedoch nicht einmal zwölf Monate, und die alte Belegstärke in den Strafanstalten der DDR war wieder erreicht.

Das Fortdauern der Verurteilungen aus politischen Gründen gehörte eben als eine systembedingte Erscheinung zur DDR. Die SED hat die davon ausgehende Negativwirkung stets bewußt in Kauf genommen, weil sie anders nicht glaubte, die DDR stabil halten zu können. Durch den »Freikauf« half der Westen bei der Verwirklichung dieses Zieles sogar mit. Er tat es, weil nach unserer Moralvorstellung das Wohl des Menschen, die Hilfe für den aus politischen Gründen Verurteilten, also Unschuldigen, vor dem politischen Kalkül, vor politischen Opportunitätserwägungen zu stehen hat.

Diese grundsätzliche Bereitschaft durfte jedoch nicht dazu führen, daß die DDR jeden Mißliebigen oder jeden, der sich Gedanken über ein Verlassen der DDR machte und dazu mit Verwandten, Freunden, Organisationen oder Stellen der Bundesregierung Verbindung aufnahm, einfach einsperren durfte, um ihn dann zum »Auslösen« anzubieten. Hohe Moralvorstellungen können nicht die Konsequenz einschließen, daß alle Maßnahmen der anderen Seite hingenommen werden müssen, daß man die Urteils- und Handlungsfähigkeit zurückstellt. Als sich deshalb die Zahl der Festnahmen aus dem allgemeinen Grund, weil die Menschen in Ausreiseanliegen mit westlichen Stellen Verbindung aufgenommen hatte, häufte, gab es sehr ernste Gespräche zwischen Rechtsanwalt Vogel und mir. Vogel wurde erklärt, daß unsere Seite ein solches Verhalten nicht hinzunehmen bereit sei und daß wir an Konsequenzen denken müßten, wenn die DDR in dieser Weise fortfahren würde, sich gewissermaßen ein Polster an politischen Häftlingen für Verhandlungen zu schaffen. Denn so würde es im Westen vermerkt werden. Wenn die DDR ein Interesse an der Fortführung der humanitären Aktionen hätte, müßte sie sich auch um ihres eigenen Vorteils willen zügeln. Unser nachdrückliches und beharrliches Bestehen auf diesem Standpunkt führte erfreulicherweise dazu, daß Strafverfahren mit diesem tatbestandsmäßigen Hintergrund wesentlich zurückgingen.

Verurteilungen aus diesen Gründen ganz auszuschließen lag nicht in unserer Macht, da die SED-Führung sich einfach nicht in der Lage sah, auf den Einsatz des politischen Strafrechts zur Disziplinierung und Aufrechterhaltung ihrer Autorität zu verzichten. Die Spitze war sich auch dessen bewußt; dem Vorwurf wurde nicht widersprochen.

Bei allen unseren Bemühungen wurde selbstverständlich darauf geachtet, daß die kleine Gruppe der zu langen Freiheitsstrafen verurteilten politischen Häftlinge in den Verhandlungen, so weit es eben durchsetzbar war, mit berücksichtigt wurde. Begreiflicherweise gab es um diesen Personenkreis das härteste Ringen. Die DDR sträubte sich hartnäckig, denn diese Menschen, die ihre Ablehnung des Systems besonders deutlich bekundet hatten, sollten eben auch zur Abschreckung besonders schwere Strafen spüren, wie umgekehrt von unserer Seite gerade diese Häftlinge unsere verstärkte Zuwendung finden mußten. Ihr bitteres Schicksal zu erleichtern lag uns besonders am Herzen. Zu ihnen gehörten vornehmlich die Häftlinge, die wegen »Terrors«, »subversiver Aktivitäten« und »Hetze« gegen den sozialistischen Staat, was immer im einzelnen darunter verstanden wurde, verurteilt worden waren. Da gab es »abfällige« Äußerungen gegen das System und seine führenden Persönlichkeiten am Arbeitsplatz oder sonst in der Öffentlichkeit, »Zusammenrottungen«, auf denen das System kritisiert wurde und Gedanken über eine Demokratisierung diskutiert wurden, »Behinderung der Staatsorgane« bei unerlaubten Versammlungen − die breite Palette aller nur denkbaren Handlungen, die überall auf der Welt von einseitig ideologisch fixierten Regimen als mißliebig betrachtet werden, die sie fürchten und die von ihnen um des Machterhalts willen verfolgt werden.

Das Ergebnis der Verhandlungen über diese Häftlinge konnte deshalb von Jahr zu Jahr immer nur in einem Kompromiß, und damit in einem Abstrich an unseren Wünschen und Forderungen, enden. Unsere Seite konnte die Freilassung nur eines Teils dieser Häftlinge erreichen, die Freiheit für alle durchzusetzen war nicht möglich. Auf der anderen Seite mußte die DDR sich bereit finden, auch diejenigen Widersacher, die sich in den Augen der Führung besonders schwerer Vergehen gegen das System schuldig gemacht hatten, aus der Haft zu entlassen. Keine angenehmen Gespräche, die da immer wieder kontrovers geführt werden mußten! Sie nahmen nicht selten einen gereizten Ton an, wurden heftig und erregt. Schließlich handelte es sich um das Schicksal von Menschen, über die man nicht nach einer probaten arithmetischen Formel, nach Prozentsätzen für den Anteil dieser Gruppe an der Gesamtvereinbarung oder ähnlichen sonst bewährten Mustern und Methoden entscheiden konnte. Diese in der Sache sehr hart geführten Gespräche trugen gewiß dazu bei, daß alle, die am Tisch saßen, die ganzen Jahre hindurch nicht den Blick für die Realitäten verloren haben. So sehr stets die Form gewahrt wurde und der Eifer niemals dazu führte, das Gegenüber persönlich anzugehen – das System in seiner menschenverachtenden Auswirkung, das wie blind einer Ideologie zum Sieg zu verhelfen trachtete, stand ohne Schminke nackt und abstoßend im Raum. Doch immerhin wurden auch weiterhin für die politischen Häftlinge die Freilassung und ihre Ausreise in den Westen erwirkt. Das Verfahren hatte sich zu einem Routinevorgang entwickelt, in dem streitig nur noch darüber verhandelt wurde, welche Häftlinge in die Aktionen mit einbezogen werden konnten.

Einige Seiten zuvor habe ich beschrieben, wie sehr sich das Bild des politischen Häftlings gewandelt hatte, daß es sich in den achtziger Jahren vornehmlich um Menschen handelte, die im Zusammenhang mit einer versuchten »Republikflucht« verurteilt worden waren. Selbstverständlich war der Fluchtgrund, von Ausnahmen abgesehen, politisch zu klassifizieren, doch konnte niemand übersehen, daß sich gegenüber 1963 ein tiefgehender Wandel vollzogen hatte. Immer wieder tauchte deshalb die Überlegung auf, ob nicht diese »besonderen Bemühungen« beendet werden sollten. Paßte dieser »Handel« – Freilassung politischer Häftlinge gegen wirtschaftliche Leistungen – eigentlich noch in die Zeit?

Die DDR hatte sich als Staat etabliert; sie war Mitglied der UNO geworden; die Beschlüsse der KSZE-Nachfolgekonferenz über die Wahrung der Menschenrechte waren von ihr anerkannt worden, der Generalsekretär der SED und Staatsratsvorsitzende der DDR, Honecker, wurde vom Papst in Privataudienz empfangen, machte Staatsbesuche in zahlreichen Ländern und wurde schließlich auch in Bonn und Paris offiziell begrüßt, wie umgekehrt die Repräsentanten

einer großen Zahl von Staaten, darunter viele Verbündete der Bundesrepublik Deutschland, zu Staatsbesuchen in die DDR reisten.

In der SED-Führung sind diese Gedanken sicher erörtert und
bedacht worden. Warum sich die DDR entschloß, wie in den Jahren
seit 1963 weiterzumachen, als hätten sich die Zeitläufe nicht geändert,
darüber kann man nur spekulieren. Ich habe eine verbindliche Äußerung nicht gehört. Viele Gründe, die unter dem Gesichtspunkt der
DDR für eine Fortführung sprachen, lagen auf der Hand. Es gab das
sehr handfeste wirtschaftliche Interesse, und auch die Ventilfunktion
spielte sicher eine Rolle.

Auf der anderen Seite aber stand die schwere Rufschädigung, »Menschenhandel« zu treiben; denn die Tatsache des »Freikaufs« ist trotz
des Schweigens der Bundesregierung doch weit in die Öffentlichkeit
im In- und Ausland gedrungen. Auch war schwer zu verstehen, wie
die DDR die innenpolitischen Folgen verkraftete, wie das Geschehen
beispielsweise für die SED-Mitglieder ideologisch eingeordnet werden konnte. Vielleicht haben die, die in der Materie zu entscheiden
hatten, sich niemals ernsthaft und ohne Scheuklappen Rechenschaft
darüber abgelegt, was in Wirklichkeit vor sich ging, welche Verwirrung diese Vorgänge in den Köpfen der Staatsfunktionäre auslösten
und inwieweit sie zum Verlust der Glaubwürdigkeit beigetragen haben
und den Drang zu einer Veränderung des Systems verstärkten.

Der Staatssicherheitsdienst erhält Kenntnis von einer »staatsfeindlichen« Handlung. Er nimmt die Ermittlungen auf. Der Täter wird
gestellt und verhört. Der Bericht geht an die Staatsanwaltschaft. Diese
erhebt Anklage. Das Gericht eröffnet das Hauptverfahren. Es kommt
zur Hauptverhandlung mit Beweiserhebung und Zeugeneinvernahme.
Der Staatsanwalt vertritt seine Anklage, der Verteidiger plädiert für
den Angeklagten. Das Gericht fällt das Urteil. Vielfach noch wird die
zweite Instanz tätig. Der Angeklagte, später der Verurteilte, wird
inhaftiert und tritt irgendwann seine Strafe in einer der Strafvollzugsanstalten an. Dort wird er in den Strafvollzug eingegliedert, wobei die
verhängte Strafe zur Grundlage der Behandlung in der Strafvollstreckung gemacht wird – und alle, die jemals etwas mit diesem
widerspenstigen Bürger, der gegen die Gesetze der DDR verstoßen
hat, zu tun gehabt haben, wissen, daß das Ganze im Grunde eine
Farce ist, denn dieser Übeltäter gegenüber dem sozialistischen Staat

wird in absehbarer Zeit aufgrund des Einsatzes der Bundesregierung, also des ideologischen Gegners, freigelassen und darf in die Bundesrepublik Deutschland ausreisen.

Wie muß dieses Geschehen die Moral bei der Polizei und im Justizapparat untergraben haben? Wenn das Recht zur politischen Opportunität degradiert wird, ist es arg um das Ansehen des Staates bestellt. Spätfolgen können nicht ausbleiben. Jede Obrigkeit braucht den Respekt ihrer Bürger; der jedoch braucht die Gewißheit, daß es gerecht zugeht. Wenn dieses Gefühl zerstört wird, stürzt ein wichtiger Pfeiler, der die Autorität trägt.

Immer wieder − manchmal lauter, manchmal nur unterschwellig − wurde in der Bundesrepublik der Verdacht geäußert, daß in die besonderen humanitären Bemühungen der Bundesregierung auch kriminelle Personen mit einbezogen werden − eine Sorge, die nur zu begreiflich war; sie mußte sehr ernst genommen werden. Der Gedanke tauchte stets sofort dann auf, wenn sich in einem Strafverfahren in der Bundesrepublik herausstellte, daß der Täter aus der DDR stammte, dort schon kriminell in Erscheinung getreten und später übergesiedelt war. Schnell war die Vermutung bei der Hand. Von den Kriminellen wurde sie auch gern in die Welt gesetzt − auf jeden Fall wurde ihr nicht widersprochen −, weil sie glaubten, sich damit das Mäntelchen eines politischen Häftlings, eines »Widerstandskämpfers«, umhängen zu können. Diese Vorkommnisse hatten schon beträchtliche Verwirrung angerichtet.

Die Sachlage zu diesem Problemkreis wies einen komplizierten Hintergrund aus. Selbstverständlich kam niemand auf den Gedanken, rein kriminelle Häftlinge in die humanitären Bemühungen einzubeziehen. Das bedurfte keiner Erörterung. Die Problematik lag jedoch darin, daß die Trennungslinie zwischen dem politischen und dem kriminellen Häftling von Fall zu Fall nur schwer zu ziehen war.

Jemand startet einen Fluchtversuch. Er fälscht dazu Ausweispapiere, wird aber erwischt: Verurteilung wegen Urkundenfälschung und versuchter Republikflucht. Eine als politisch zu beurteilende Tat? Der Flüchtende wird von Sicherheitsorganen der DDR gestellt, kann sich losreißen und entwendet ein Auto, um seine Flucht fortzusetzen. Kriminell? Politisch? Ein Bürger wird wegen Steuervergehens bestraft; anschließend versucht er zu flüchten und wird ertappt.

Jemand begeht einen Diebstahl. Jahre später versucht er, sich abzusetzen, und sitzt nun wegen versuchter Republikflucht ein. Einer wurde mehrfach wegen sogenannten asozialen Verhaltens verurteilt, weil er angebotene Arbeit grundlos verweigert und sich nicht in die Gesellschaft hat eingliedern lassen. Nun wollte er in den Westen überwechseln und ist geschnappt worden. Jemand hat kleine Vorstrafen wegen Betruges verbüßt, sitzt aber jetzt eine Strafe wegen »Hetze« gegen die DDR ab. Die Beispiele lassen sich seitenweise fortsetzen. Das Leben ist vielgestaltig. Deutlich wird aus ihnen, daß es im konkreten Fall schwierig sein konnte, eine über jedem Zweifel stehende, objektive Abgrenzung zu treffen. Jeder »Fall« lag anders. Das Für und Wider mußte sorgfältig abgewogen werden. Die Entscheidung mußte auch deshalb sehr ernst genommen werden, weil jeder später entdeckte Kriminelle, der tatsächlich im Rahmen der Bemühungen der Bundesregierung entlassen worden war und in den Westen ausreisen konnte, die ganze Aktion in Mißkredit brachte – und damit den echten politischen Häftlingen schweren Schaden zufügte, eine Hilfe für sie in Zukunft möglicherweise unmöglich machte.

Das Problem war mir, als ich im Oktober 1982 die Aufgabe erneut übernahm, nicht neu. Es existierte im Grunde von Beginn der Bemühungen um politische Häftlinge an. Außerdem war ich von verschiedenen Seiten darauf angesprochen worden, daß in den Jahren zuvor angeblich ständig eine beträchtliche Zahl Krimineller mit eingeschlossen gewesen sei. Ich sah mir deshalb die Akten besonders genau an und mußte feststellen, daß Hirt der DDR in diesem Punkt weit entgegengekommen war. Ich habe oben darüber berichtet.

Als Konsequenz verfügte ich, daß jeder einzelne Vorgang, der Anlaß zu Bedenken geben könnte, mir vorzulegen sei. Über ihn habe ich dann mit meinen Mitarbeitern beraten und entschieden. Gleichzeitig legte ich fest, daß bei der Auswahl der Häftlinge, für die wir uns einsetzen wollten, ein strenger Maßstab anzulegen sei. Die Verhältnisse in der DDR hätten sich gewandelt, es habe einen stetigen Anstieg des Lebensstandards gegeben, so daß auch kleinere »Sünden« in der Vergangenheit Berücksichtigung finden müßten.

Wir haben grundsätzlich jeden Häftling, dessen Tat auch hier als ein strafbares Delikt zu werten gewesen wäre, als einen Kriminellen angesehen und über ihn entsprechend entschieden. Der politische Hintergrund eines an sich strafrechtlichen Vergehens mußte schon in besonderer Weise überwiegen, damit eine andere Entscheidung in Erwägung gezogen wurde. Dieser Grundsatz mußte dazu führen, das Problem aus der Welt zu schaffen, so dachte ich. Mitnichten jedoch! Bald kam die erste Klage von einer Behörde in der Bundesrepublik, daß ein von der Bundesregierung »freigekaufter« Krimineller aus der DDR festgenommen worden sei. Zu unserer Befriedigung stellten wir fest, daß er nicht auf unseren Listen gestanden hatte. So konnten wir den Verdacht zerstreuen. Um auch in Zukunft schnell und genau Bescheid zu wissen, haben meine Mitarbeiter sich auf meine Weisung hin mit allen in Frage kommenden Stellen in der Bundesrepublik in Verbindung gesetzt und sie gebeten, jedes Anzeichen oder jeden Verdacht, daß ein Krimineller aus der DDR Berücksichtigung gefunden haben könnte, sofort dem Bundesministerium für innerdeutsche Beziehungen zu melden. Die Sache war so wichtig, daß in jedem einzelnen Fall Klarheit gewonnen werden mußte.

Bald stellte sich heraus, wo die Dinge im argen lagen: Die DDR schob im Laufe des Jahres 1983 einfach eine beträchtliche Zahl von Kriminellen in die Bundesrepublik ab. Jeder Häftling in der DDR war über den »Freikauf« durch die Bundesregierung im Bilde; es war das ständige Gesprächsthema im Strafvollzug. So konnte es nicht verwundern, daß die Abgeschobenen, manchmal schwer kriminelle Häftlinge, bei ihrer ersten Begegnung mit einer Behörde im Westen erklärten – um sich Vergünstigungen zu verschaffen –, sie seien politische Häftlinge und von der Bundesregierung freigekauft worden. Zumeist wurde rasch festgestellt, daß es sich um einen Kriminellen handelte, und schon schien wieder einmal erwiesen, daß unwürdige Häftlinge in den »Handel« einbezogen worden seien. Die humanitäre Aktion bekam einen schlechten Beigeschmack und wurde kritisiert.

Rechtsanwalt Vogel ist von mir selbstverständlich auf diese Praxis der Organe der DDR angesprochen worden. Wiederholt habe ich ihn mit großem Nachdruck auf diese böse Mißachtung aller Anstandsregeln hingewiesen. Auch habe ich nachdrücklich gewarnt, daß das Ganze dadurch Schaden nehmen könnte. Er hat diese Worte sicher weitergegeben. Sie sind allerdings nur begrenzt auf fruchtbaren Boden gefallen. Auch weiterhin ließ die DDR, zumindest solange ich das Geschehen bis Mai 1988 überblicken konnte, ihr mißliebige, nicht in die Gesellschaft integrierbare, schwer kriminelle Häftlinge vorzeitig frei und schob sie kurzerhand, zum Beispiel über die S-Bahn in Berlin, in den Westen ab. Da es sich um Deutsche handelte, konnten die Behörden der Bundesrepublik diese unerwünschten Personen nicht zurückschicken. Das Grundgesetz der Bundesrepublik Deutschland hat dagegen unüberwindliche Schranken gesetzt. Zähneknirschend mußten unsere Behörden sich dieser mißliebigen Mitbürger annehmen und sie weiter »betreuen«. Diese Verhaltensweise charakterisierte das System in der DDR, ohne daß es weiterer Worte bedarf.

Diese zutiefst unerfreulichen Vorgänge konnten auf unserer Seite nur ein Anlaß sein, bei der Auswahl der Häftlinge noch sorgfältiger jedem, auch dem kleinsten Verdacht, der auf eine kriminelle Vergangenheit hindeuten konnte, nachzugehen und bei der Entscheidung zu berücksichtigen. Mit einer gewissen Genugtuung kann ich heute sagen, daß in der Zeit von 1983 bis zu meinem Ausscheiden aus dem Amt im Mai 1988 nicht ein einziger krimineller Häftling durchgerutscht ist. Keiner von den Deutschen, die in dieser Zeit aus der DDR in die Bundesrepublik gekommen sind und bei denen man eine kriminelle Vergangenheit feststellen mußte, ist in die humanitären Aktionen eingeschlossen gewesen. Es handelte sich ausnahmslos um ehemalige Häftlinge, die von der DDR abgeschoben worden sind. Die Sorgfalt und ein penibles Denken haben sich ausgezahlt.

Auf unserer Seite wurde der Einsatz für die politischen Häftlinge gegen wirtschaftliche Leistungen von Zeit zu Zeit kritisiert. Es blieb jedoch bei vereinzelten Stimmen. Heute, nachdem alle politischen Häftlinge entlassen sind, ist es müßig, darüber nachzusinnen, ob die Bundesregierung die Verhandlungen auf dem humanitären Sektor hätte abbrechen sollen oder überhaupt können. Auch ich war der Meinung, daß dieser Handel Humanität gegen Geld in einer Zeit der Menschenrechtsbeschlüsse auf den KSZE-Konferenzen wahrlich nicht mehr in die »Landschaft« paßte. Man hätte bei der DDR, vor allem auch auf der internationalen Ebene und mit wachsendem Druck, die Einhaltung der auch von ihr unterzeichneten Grundsätze anmahnen können und müssen – wie es ja auch in den Jahren zuvor geschehen war. Die allgemeine Mißachtung ist sehr wohl eine Waffe, die auf die Dauer schmerzhaft gespürt wird. Aber in dem Streit war ich doch der Ansicht, daß von unserer Seite die besonderen humanitären Bemühungen nicht einseitig aufgekündigt und abgebrochen werden konnten. So lange die DDR Freiheit von Unschuldigen allein gegen wirtschaftliche Leistungen bot, war die Bundesrepublik Deutschland aufgrund der in einer Demokratie geltenden Moralgesetze, aber wohl auch aus juristischen Gründen, nicht in der Lage, nein sagen zu können. Die Sorge um den Menschen steht in einer Demokratie obenan. Jeder Regierung obliegt die Pflicht, den Bürger nicht nur zu schützen, sondern ihm, wenn er in Not geraten ist, ohne eine vorwerfbare Handlung begangen zu haben, beizuspringen. Grenzen kann diese Verpflichtung nur dann finden, wenn eine übergeordnete Verpflichtung, zum Beispiel das Wohl des ganzen Volkes, mit der Fürsorge gegenüber dem einzelnen kollidiert. Dies wäre jedoch nicht der Fall gewesen. Aber auch aus dem Grundsatz der Pflicht zur Gleichbehandlung heraus konnte meines Erachtens ein Angebot nicht einfach mehr abgelehnt werden.

Wenn die Bundesregierung Jahre hindurch Deutschen in der Weise hilft, kann sie sich bei einer unveränderten Situation nicht von heute auf morgen den Deutschen, die darum bitten, in gleicher Weise Unterstützung zu erfahren, verweigern. Mit welchem Argument hätte sie ihre Ablehnung begründen können, wenn ein Angehöriger gebeten hätte, für einen in der DDR politisch Inhaftierten die gleichen Mittel aufzuwenden, die sie für Tausende in der gleichen Situation zuvor bereitgestellt hat? Hier war eine Selbstbindung für die Bundesregierung eingetreten, die nicht hätte aufgelöst werden können, ohne daß eine neue Lage entstanden wäre. Die gebotene Beendigung konnte nur durch die DDR erfolgen, indem der Grund beseitigt wurde. Die Aussage, politische Häftlinge gehören systembedingt zum Bild der DDR, mußte in der Versenkung verschwinden.

Ausreisewillige

Im Jahre 1983 lagen der Bundesregierung rund 20 000 Anliegen von Deutschen aus der DDR vor, die in die Bundesrepublik übersiedeln wollten. Sie hatten sich, sei es über Verwandte und Freunde, sei es über Organisationen, an die Bundesregierung gewandt und um Unterstützung gebeten. Von unserer Seite war, wie für den strafrechtlichen Bereich, ein Anwaltsbüro eingeschaltet worden. Für die DDR war Rechtsanwalt Vogel in bewährter Weise tätig. Die Vorgänge wurden ihm laufend übergeben und mit ihm abgestimmt. Nachfragen wurden beantwortet, und vor allem wurde immer wieder gedrängt, daß den Menschen, die aus triftigen Gründen übersiedeln wollten, endlich die Ausreisegenehmigung erteilt wurde.

Die Anliegen, die − vereinfacht gesprochen − von der Bundesregierung bearbeitet wurden, stellten allerdings nur einen Bruchteil der Ausreisewünsche dar, die es tatsächlich in der DDR gab. Anders als bei dem Einsatz für politische Häftlinge war die Hilfestellung der Bundesregierung in Familienzusammenführungsanliegen weitgehend unbekannt geblieben.

Über die wirkliche Zahl der Personen, die die DDR verlassen wollten, wurden in den Jahren immer wieder Spekulationen angestellt. Da hatte jemand einen Bekannten oder Freund in einem Bezirk in der DDR, der einen Überblick über seinen Bereich zu haben glaubte. Schon wurde die Zahl auf alle Bezirke hochgerechnet, und es erschienen in den Medien Größenordnungen von 400 000−500 000 Ausreisewilligen. Auch die verschiedenen Dienste machten ihre Beobachtungen und sammelten alle greifbaren Erkenntnisse. Sie kamen noch auf weit höhere Zahlen, die die Millionengrenze überschritten.

Exakt belegt war sicher keine der Angaben, denn niemand hatte Zugang zum Politbüro der SED, und ob zu der damaligen Zeit diesem Gremium die wirklichen Zahlen vorgelegt wurden, ob sie überhaupt ordentlich gesammelt und ausgewertet wurden, daran habe ich erhebliche Zweifel. Eine hohe Zahl von Ausreisewilligen paßte schließlich nicht in das ideologische Bild, widersprach den ständig wiederholten Behauptungen von der Übereinstimmung zwischen der Führung der SED und dem Volk, von dem Gleichklang und der Harmonie zwischen Staat und Bürger. Totalitäre und auf eine Ideologie fixierte Systeme zeigen oft eine erstaunliche Neigung, mißliebige Erscheinungen schlicht zu verdrängen. Frei nach der Devise: Es kann nicht sein, was nicht sein darf.

Wie anders ist es zu verstehen, daß die DDR nach den spektakulären Zufluchtnahmen in den Vertretungen der Bundesrepublik Deutschland in Ost-Berlin, Prag, Budapest und Warschau im Jahre 1984/1985 die Dinge einfach treiben ließ. Die SED-Führung raffte sich zu keinem Schritt auf, um einer für jeden, der sich mit den Dingen beschäftigte, klar vorgezeichneten Entwicklung durch geeignete innenpolitische Maßnahmen Einhalt zu gebieten oder aber auf sie einzugehen, sich mit den Tatsachen, mit den Gründen zu beschäftigen, um die Situation in den Griff zu bekommen.

Als Honecker im Juni 1984 den schwedischen Ministerpräsidenten Olof Palme in der DDR erwartete, antwortete er auf die Frage der schwedischen Tageszeitung *Svenska Dagbladet* zu dem Thema Ausreisewünsche in der DDR lakonisch: »Selbst ich weiß nicht, wie viele Bürger der DDR in diesem Jahr aufgrund der Schlußakte von Helsinki im Rahmen der Familienzusammenführung in westliche Länder ausreisen konnten. Aus mir vorliegenden Materialien geht hervor, daß jährlich zwischen 53 000 und 60 000 Bürger der Bundesrepublik Deutschland auswandern, ohne daß davon in anderen Ländern viel Aufhebens gemacht wird. . . . Im übrigen gibt es wohl in jedem Staat Leute, die glauben, ihr Glück woanders machen zu können.«

Mir drängte sich damals sehr die Ahnung auf, daß die Antwort keineswegs als eine Chuzpe aufzufassen sei, sondern daß Honecker das Problem tatsächlich in dieser Weise sah und beurteilte. Gewissermaßen nach der Erkenntnis: In jedem Gemeinwesen gibt es uneinsichtige Bürger, Querulanten und Abenteurer, die nicht einzuordnen sind. Man muß sie halt ziehen lassen, jedoch aufpassen, daß sie nicht andere anstecken. Also, den Weg fort aus der DDR mit Schwierigkeiten pflastern und immer wieder Hemmnisse auftürmen.

Die Erfahrung von 1965 − als die Bundesregierung begann, sich der Familienzusammenführung anzunehmen − lehrte, daß derjenige, der die DDR auf jeden Fall verlassen wollte, der nicht nachließ, Anträge zu stellen, der immer wieder bat, drängelte und vorstellig wurde, der schwere berufliche und persönliche Nachteile in Kauf nahm, der sich auch Drohungen mit einer Strafverfolgung nicht beugte, früher oder später die Genehmigung zur Ausreise bekam. Ich hatte manchmal den Eindruck, daß die vom Staat errichteten Schranken gegenüber den Ausreisebegehren darauf abzielten, zu testen, ob der Wunsch, die DDR zu verlassen, nicht nur einer vorübergehenden Emotion entsprungen, sondern tatsächlich ernst gemeint war. Die Führung hielt es offenkundig für politisch sinnvoller und zweckmäßiger, denjenigen, der auf keinen Fall in der DDR bleiben wollte, der das System rundherum ablehnte, weggehen zu lassen, als daß er mit seinen abträglichen, ja staatsfeindlichen Gedanken noch möglicherweise andere Mitbürger »infizierte«. Deswegen wurden den Ausreisewünschen viele Steine in den Weg gelegt, aber zu vielfachem Erstaunen wurde auch in »Fällen«, die völlig aussichtslos schienen – Ärzte, Ingenieure, Wissenschaftler, Spezialisten –, dann doch, wenn auch manchmal erst nach Jahren, die Ausreisegenehmigung erteilt.

Zur Beurteilung der Situation, wie sie sich Ende 1982/Anfang 1983 darstellte, ist es wichtig zu wissen, daß der Prozentsatz der Antragsteller, die mit Fug und Recht einen Antrag auf Übersiedlung stellten, weil sie enge Verwandte in der Bundesrepublik Deutschland hatten, immer mehr zurückgegangen war. Er hatte sich auf rund dreißig Prozent aller Antragsteller gesenkt und in dieser Größenordnung eingependelt. Dahinter verbarg sich die Tatsache, daß in den Jahren zuvor diejenigen, die eine nahe Verwandtschaft im Westen nachweisen konnten, bereits ausgereist waren.

Das Thema der Zusammenführung getrennter Familien war auf dem besten Weg, sich von selbst durch die Teilung Deutschlands zu erledigen. Denn neue Familien mit Partnern aus Ost und West wurden aufgrund der Gegebenheiten so gut wie nicht mehr gegründet. Es kam nur noch vereinzelt vor, daß eine junge Frau oder ein junger Mann aus der Bundesrepublik bei einem Besuch in der DDR oder im Urlaub in einem Ostblockland eine Beziehung anknüpfte, aus der der Wunsch erwuchs, eine Ehe einzugehen. Einem näheren Kennenlernen waren enge Grenzen gesetzt. Denn der im Westen lebende Teil hatte keine Möglichkeit zur uneingeschränkten Einreise, und der in der DDR lebende keine Besuchserlaubnis für eine Reise in den Westen. So blieben als Kommunikationsmittel vornehmlich Briefe und das Telefon. Die Zuständigen wußten sehr wohl, daß am Ende durchweg ein Ausreiseantrag stehen würde. Deshalb wurde bei einem Bekanntwerden derartiger Verhältnisse der Partner in der DDR auch bald »ins Gebet« genommen. Die sogenannten gesellschaftlichen Kräfte, etwa im Betrieb, taten ihr Bestes, dem DDR-Bürger eine Ehe auszureden, ihn davor zu warnen und zu »schützen«, sich in sein Unglück im Westen zu stürzen. Parallel dazu wurden für den westlichen Partner die Einreisemöglichkeiten eingeengt, ja manchmal ganz unterbunden. Schwierigkeiten über Schwierigkeiten, so daß schon ein großes Maß von Zuneigung dazu gehörte, diesen Widerständen zu trotzen. Statistisch gesehen fiel diese Gruppe deshalb überhaupt nicht ins Gewicht.

Der weit überwiegende Teil, rund siebzig Prozent aller Personen, die einen Antrag auf Ausreise gestellt hatten und um Unterstützung baten, umfaßte Deutsche, die die DDR aus politischen Gründen, weil sie für sich keine Perspektive mehr sahen, verlassen wollten. Viele, besonders jüngere Leute, stellten den Antrag aus einer Verpflichtung ihren Kindern gegenüber, um ihnen die Möglichkeit der Entfaltung in einer freiheitlichen Ordnung zu eröffnen. Wenn man eine Art Resümee aus den in den damaligen Akten angeführten Begründungen zieht, so läßt es sich auf den einfachen Nenner bringen: Die Menschen hatten den Glauben verloren, daß das System sich zu einem wirklichen Rechtsstaat, zu einer echten parlamentarischen Demokratie entwickeln werde. Und ihnen war die Hoffnung geschwunden, daß das sozialistische Wirtschaftssystem der staatlichen Planung und Lenkung ihnen, auch wenn sie sich noch so mühten, wirtschaftliche Verhältnisse bescheren würde, die denen in der Bundesrepublik ähnlich werden könnten. Wer Tag für Tag mit der Unfähigkeit des Systems konfrontiert wird, verliert die Hoffnung, wird apathisch oder strebt davon.

Ende 1983 hatten sich insbesondere die sogenannten »Altfälle« gehäuft. Es handelte sich um Ausreiseverfahren, die schon lange, zum Teil seit Jahren, betrieben wurden. Viele Antragsteller mußten sehen, daß andere Mitbürger, bei denen keineswegs gewichtigere Gründe vorlagen, vor ihnen die DDR verlassen durften. Man empfand diese willkürliche Handhabung der Behörden als zutiefst ungerecht. Großer

Unmut, ja Zorn und ein zur Aggressivität geneigtes Denken breitete sich zunehmend aus. Das innerdeutsche Ministerium wurde beschuldigt, sich nicht genügend einzusetzen, nicht gerecht vorzugehen. Die Menschen fühlten sich im Stich gelassen und beklagten sich bitter.

Es war stets die Politik aller Bundesregierungen gewesen, die Menschen nicht aus der DDR abzuwerben, sie nicht mit verführerischen Angeboten anzulocken, um die DDR vielleicht zu schwächen. Im Gegenteil, gerade unter dem Verfassungsgebot, die Einheit Deutschlands anzustreben, durfte es nicht das politische Ziel sein, Mitteldeutschland entvölkern zu wollen. Diese Haltung hatten die Bundesregierungen immer wieder deutlich gemacht und dazu beizutragen versucht, daß sich in der DDR Lebensverhältnisse entwickelten, die niemanden mehr veranlassen würden, der Heimat den Rücken zu kehren. Die Attraktivität des Westens in politischer, gesellschaftlicher, kultureller und ökonomischer Hinsicht war jedoch so groß, der Abstand zur Wirklichkeit in der DDR so tiefgehend und greifbar, daß eine Sogwirkung einfach nicht ausbleiben konnte.

Rundfunk und Fernsehen aus der Bundesrepublik brachten jeden Tag den Alltag in die Wohnzimmer jenseits der Elbe. Jahrelang hatte die SED mit rüden Mitteln versucht, diese Informationen zu unterbinden. FDJ-Brigaden waren losgeschickt worden, um die auf Westsender ausgerichteten Antennen auf den Dächern zu verstellen oder gar abzumontieren. Vergebliche Mühe: Der Wille der Menschen, nicht allein der staatlichen Propaganda ausgeliefert zu sein, sondern sich frei informieren zu können, war stärker. Seit 1988 war es sogar in den Offiziersstuben in den Kasernen erlaubt, Westfernsehen anzuschauen. Die Satellitentechnik wird es im übrigen möglich machen, daß bald kein weißer Fleck mehr auf der Erdkarte vorhanden sein wird, kein Ort, an dem nicht vielfältige Informationen empfangen werden können. Die gesellschaftspolitischen Auswirkungen in totalitär regierten Ländern werden immens sein. Die Tatsache wird zu großen Veränderungen führen. Die Entwicklung in der DDR ist ein anschauliches Beispiel dafür.

Unser Ziel mußte es deshalb sein, alles daranzusetzen, die sogenannten Altfälle abzubauen. Nach zahlreichen Erörterungen einigten wir uns dann auf bestimmte Kategorien, und meine Mitarbeiter stellten eine Liste mit den vordringlichsten Anliegen zusammen. Diese wurde der DDR übergeben und immer wieder verhandelt. Das starke Drängen von unserer Seite führte schließlich dazu, daß die Führung der DDR sich mit dem Problem befaßte. Ich kenne die Erörterungen nicht, die im einzelnen angestellt wurden. Am Ergebnis ließ sich jedoch ablesen, daß man offenbar gedachte, sich des Problems mit einem Schlag zu entledigen. So kam es 1984 zu einer richtigen Ausreisewelle. Insgesamt konnten im Laufe dieses Jahres über 35 000 Menschen die DDR mit einer Genehmigung verlassen und in die Bundesrepublik übersiedeln. Zeitweise drohte die Aktion allerdings ins Stocken zu geraten, als die Zufluchtnahme in der Ständigen Vertretung der Bundesrepublik Deutschland in Ost-Berlin überhandnahm und diese geschlossen werden mußte.

Über die Zufluchtnahme in Vertretungen der Bundesrepublik Deutschland im Ostblock will ich wegen der menschlich dramatischen Vorgänge, die sich abspielten, aber auch wegen der Auswirkungen auf die innenpolitische Situation in der DDR ausführlich berichten.

Die Zufluchtnahme in der ständigen Vertretung der Bundesrepublik Deutschland in Ost-Berlin

Am 21. Dezember 1972 schlossen die Bundesrepublik Deutschland und die DDR den Vertrag über die Grundlagen der Beziehungen zwischen den beiden Staaten, den sogenannten Grundlagenvertrag. In Artikel 8 wurde vereinbart, daß die Bundesrepublik und die DDR ständige Vertretungen austauschen, die am Sitz der jeweiligen Regierung errichtet werden. Die Errichtung selbst wurde in einem Protokoll zwischen den beiden Regierungen vom 14. März 1974 statuiert und mit Wirkung vom 2. Mai 1974 in Kraft gesetzt.

In Ziffer 4 des Protokolls wurde festgelegt, daß für die Ständigen Vertretungen die Wiener Konvention vom 18. April 1961 über diplomatische Beziehungen gilt. Ziffer 5 beschreibt den Aufgabenkreis wie folgt: »Die Ständigen Vertretungen haben unter anderem die Aufgabe, die Interessen des Entsendestaates im Gastland zu vertreten, einschließlich Hilfe und Beistand für Personen sowie normale gutnachbarliche Beziehungen zwischen der Bundesrepublik Deutschland und der DDR auf politischem, wirtschaftlichem und kulturellem Gebiet, wie auch auf anderen Gebieten zu fördern und auszubauen.«

Über den Inhalt und die Auslegung der Vereinbarungen gab es verschiedene parlamentarische Erörterungen im Deutschen Bundestag. Im Kern kreisten sie um die Frage, ob und inwieweit die Ständige Vertretung der Bundesrepublik in Ost-Berlin auch Bewohnern der DDR entsprechend Ziffer 5 des Protokolls »Hilfe und Beistand« gewähren durfte.

Nach der Rechtsauffassung in der Bundesrepublik Deutschland hat die Bundesregierung mit ihren Organen die Pflicht, allen Deutschen − wo auch immer sie sich aufhalten − bei Bedarf Schutz und Unterstützung zu geben. Als Deutsche in diesem Sinn gelten nach Artikel 116 Grundgesetz auch die Bewohner der DDR. Die herrschende Auffassung in der Bundesrepublik geht davon aus, daß das Deutsche Reich 1945 juristisch nicht untergegangen ist und demzufolge eine einheitliche deutsche Staatsangehörigkeit weiter fortbesteht. Eine gesonderte Staatsangehörigkeit der DDR wurde von der Bundesrepublik nie anerkannt.

Die DDR vertrat den gegenteiligen Standpunkt. Für sie war Deutschland 1945 untergegangen. Auf dem Boden des damaligen Deutschen Reiches seien nach 1945 zwei neue, voneinander unabhängige, völkerrechtlich selbständige Staaten entstanden. Eine einheitliche deutsche Staatsangehörigkeit könne es danach nicht mehr geben. Die DDR sei ein souveräner Staat, der allein über seine Angelegenheiten, also auch über die in der DDR lebenden Bürger zu befinden und zu entscheiden habe. Eine Fürsorgepflicht der Bundesrepublik für die Menschen in der DDR wurde daher strikt abgelehnt und als völkerrechtlich unzulässige Einmischung in die inneren Angelegenheiten eines anderen Staates bezeichnet.

In den Verhandlungen über den Grundlagenvertrag standen sich diese gegensätzlichen Auffassungen kraß gegenüber. Ein Kompromiß war nicht möglich. Deshalb hat die Bundesregierung bei Abschluß des Vertrages 1972 folgende Erklärung zu Protokoll gegeben: »Staatsangehörigkeitsfragen sind durch den Vertrag nicht geregelt worden.« Die DDR ihrerseits gab zu Protokoll: »Die Deutsche Demokratische Republik geht davon aus, daß der Vertrag eine Regelung der Staatsangehörigkeitsfragen erleichtern wird.«

In der 91. Sitzung des Deutschen Bundestages am 28. März 1974 wurden die Fragen debattiert. Der Abgeordnete Leo Wagner (CSU) wollte wissen: »Was hat die Bundesregierung in ihren Verhandlungen mit dem Ostberliner Regime im Zusammenhang mit der Errichtung einer Ständigen Vertretung in Ost-Berlin vereinbart, um sicherzustellen, daß alle Deutschen im Sinne des Grundgesetzes ungehindert in der Ständigen Vertretung vorsprechen können?« Darauf antwortete Staatssekretär Günter Gaus: »Die Bundesregierung hat stets deutlich gemacht, daß sie mit der Politik der Entspannung das politische System kommunistischer Staaten nicht ändern kann. Dies gilt auch ganz gewiß für unser Verhältnis zur DDR. Die Verhandlungen hatten nicht das Ergebnis, daß die DDR unser Recht auf Freizügigkeit übernommen hat. Unsere Vertretung in der DDR wird nur in der Weise arbeiten können, wie das die Botschaften der Bundesrepublik in Ostblockländern tun, d. h., sie wird die Interessen der Deutschen vertreten, die in der Bundesrepublik und in West-Berlin wohnen. Unsere Vertretung kann ihre Pflichten nur wahrnehmen, wenn sie die in der DDR gültigen Gesetze respektiert, ohne daß wir uns mit diesen Gesetzen identifizieren.«

Eine weitere Frage des Abgeordneten Herbert Czaja lautete: »Herr Staatssekretär, die Bundesregierung und die Organe der Bundesrepublik Deutschland haben die grundgesetzliche Pflicht, allen deutschen Staatsangehörigen, die sich in den Schutzbereich der Bundesrepublik Deutschland begeben, Hilfe und wirksame Unterstützung zu geben. Was werden Sie tun, wenn sie sich in den Schutzbereich der Vertretung der Bundesrepublik Deutschland in Ost-Berlin begeben?« Darauf antwortete Gaus: »Ich halte es für nicht mit meinem Amtseid vereinbar, daß ich darauf hier antworte.«

In der Sitzung vom 9. Mai 1974 fragte der Abgeordnete Alex Hösl (CSU): »Auf welche Weise hat die Bundesregierung in den Verhandlungen mit der DDR sichergestellt, daß Deutsche aus der DDR, die sich mit Anliegen an die Ständige Vertretung der Bundesrepublik Deutschland in Ost-Berlin wenden, die zu deren Zuständigkeit gehören, dies unmittelbar und unbeeinträchtigt tun können?« Darauf antwortete der Parlamentarische Staatssekretär Karl Ravens (SPD): »Die von Ihnen angesprochene Frage war nicht Gegenstand der Verhandlungen mit der DDR über die Errichtung von Ständigen Vertretungen. Auf eine entsprechende mündliche Anfrage des Abgeordneten Wagner (Günzburg) hat Staatssekretär Gaus in der Fragestunde vom 28. März 1974 geantwortet, daß unsere Vertretung ihre im Interesse der Menschen notwendige Arbeit in der DDR nur tun kann, wenn sie die dort geltenden Gesetze beachtet, ohne daß die Bundesregierung sich damit zugleich mit diesen Gesetzen identifiziert.«

Fragen und Antworten, Rede und Gegenrede sprechen für sich. Die CDU/CSU, die damalige Opposition im Bund, wollte durch ihre Fragen Klarstellungen und Festlegungen der Bundesregierung erreichen. Die seinerzeitige Bundesregierung unter SPD und FDP hingegen wollte in Sicht des unüberbrückbaren Gegensatzes mit der DDR in der Frage der Staatsangehörigkeit nach Möglichkeit sich nicht im einzelnen auf ein bestimmtes Handeln hin binden lassen, sondern freie Hand behalten, um von Fall zu Fall, je nach den Gegebenheiten reagieren zu können. Der mögliche Konflikt, daß ein DDR-Bewohner

Zuflucht in der Ständigen Vertretung sucht und sich weigert, diese zu verlassen, wenn ihm nicht die Ausreise nach dem Westen gestattet wird, wurde von allen gesehen. Die Bundesregierung ließ die Frage offen, was sie bei einem solchen Vorkommnis unternehmen würde, ein Verhalten, das meines Erachtens auch im Rückblick richtig und klug war. Probleme, wie man sie bei der Ständigen Vertretung in Ost-Berlin vorhersehen konnte und wie sie dann auch auftraten, ließen sich nicht mit juristischen Argumenten lösen.

Die von allen sachkundigen Beobachtern befürchteten, aber auch erwarteten Gegebenheiten traten im Laufe der Jahre ein. Immer wieder begaben sich Deutsche aus der DDR in die Ständige Vertretung der Bundesrepublik in Ost-Berlin in der festen Absicht, das Gebäude nicht eher zu verlassen, bis ihnen eine Ausreisegenehmigung erwirkt worden sei. Die Bundesregierungen unter Bundeskanzler Schmidt wie später unter Bundeskanzler Kohl haben sich in den einzelnen Fällen unter Hervorhebung des humanitären Aspekts eingesetzt. Rechtsanwalt Vogel wurde eingeschaltet, und es gelang, unter Ausklammerung der juristischen Probleme eine Lösung zu finden, die den Betroffenen zwar ihren Wunsch nicht unmittelbar erfüllte, ihnen jedoch eine Perspektive für die Zukunft eröffnete.

Im Laufe der Jahre haben dann viele Menschen aus der DDR bei der Ständigen Vertretung vorgesprochen und sich Rat auch in Ausreiseangelegenheiten erbeten. Die Zahl schwankte. Mal kamen nur einige mit dem Anliegen um Auskunft, zu anderen Zeiten wurde die Ständige Vertretung nahezu überschwemmt.

In der Presse im Westen tauchten schließlich immer wieder Berichte auf, daß Besucher der Ständigen Vertretung nach dem Verlassen des Gebäudes nicht mehr nur kontrolliert und registriert würden, sondern daß auch zahlreiche dieser Petenten verhaftet und wegen »ungesetzlicher Verbindungsaufnahme« oder anderer Paragraphen des DDR-Strafgesetzbuchs im Zusammenhang mit dem Besuch der Ständigen Vertretung verurteilt worden seien. Die Tatbestandsmerkmale der entsprechenden Strafvorschriften der DDR sind so weit gefaßt, daß sie eine Verurteilung leicht ermöglichen. Die Bundesregierung ist allen diesen Meldungen nachgegangen und hat sich bemüht, hier Klarheit herbeizuführen. Sie hätte es nicht hinnehmen können, daß Landsleute aus der DDR nur deshalb zu Schaden kommen, weil sie in der Ständigen Vertretung vorgesprochen und sich Rat geholt haben. Eine solche Situation hätte als unerträglich empfunden werden müssen.

Diese Fragen wurden auf unserer Seite sehr ernst genommen. Die Ständige Vertretung berichtete laufend dem Chef des Bundeskanzleramtes. Das Bundesministerium für innerdeutsche Beziehungen, bei dem die Zuständigkeit für die humanitären Fragen lag, sammelte alle Erkenntnisse. Das weitere Vorgehen wurde sehr sorgfältig und mit Bedacht in der Bundesregierung abgestimmt.

Vogel wurde um eine Stellungnahme gebeten, die Aufschluß über die Rechtsprechung der Gerichte der DDR geben sollte. Ziel war es, über die Rechtsansicht der DDR eine verbindliche, klare und verwertbare Auskunft zu erhalten. Er antwortete im Juli 1984 und übermittelte als Grundsatz der Rechtsprechung der Gerichte der DDR:»Das Registrierenlassen durch eine ausländische Einrichtung, einschließlich der Ständigen Vertretung der Bundesrepublik Deutschland, ist nicht gesetzwidrig, wird in keiner Weise strafrechtlich und anderweitig verfolgt und entbehrt damit der Voraussetzung für die Tatbestandsbedingung der Verfolgung gesetzwidriger Ziele.« In einer persönlichen Anmerkung fügte Vogel hinzu:»Strafbar ist hingegen das nötigende Verbleiben im Gebäude.«

Damit war die Bundesregierung ein Stück weiter. Volle Klarheit brachte diese Äußerung allerdings ebenfalls nicht; sie hatte im Grunde nur eine theoretische Bedeutung. Was heißt zum Beispiel »Registrierenlassen«? Was durfte der Besucher der Ständigen Vertretung aus der DDR sagen? Welche Angaben durfte er machen, welche Fragen stellen, welche Hilfe erbitten? Die DDR hielt sich letztlich alle Hintertüren offen. Unsere Seite konnte die Dinge nur achtsam verfolgen und bei Verletzung rechtsstaatlicher Gesichtspunkte die ihr gegebenen Möglichkeiten ausschöpfen.

Dies geschah dann auch: Die Bundesregierung unterrichtete die Öffentlichkeit. Sie sprach die Geschehnisse auf den Menschenrechtskonferenzen in Genf sehr deutlich an, um damit international Druck auf die DDR auszuüben. Sie ließ die DDR unzweideutig wissen, daß ein solches Verhalten Konsequenzen auch auf anderen Gebieten haben würde, und versuchte mit ständigem Bemühen, in jedem Einzelfall den Betroffenen auch unmittelbar zu helfen.

Am 20. Januar 1984 trat dann das ein, was sachkundige Beobachter der Situation seit langem befürchtet hatten: Sechs Personen aus der DDR suchten die amerikanische Botschaft in Ost-Berlin auf und erklärten, die Mission nicht eher verlassen zu wollen, bis ihnen eine Ausreise unmittelbar in den Westen gestattet würde. Einer aus der Gruppe unterrichtete aus der Botschaft über Telefon einen in Ost-Berlin akkreditierten westlichen Hörfunk-Korrespondenten. Dieser gab die Meldung weiter. Ein breites Presseecho im Westen war die Folge. Sensationell aufgemachte Berichte überschlugen sich.

Die US-Botschaft hatte sehr rasch Verbindung zu unserer Ständigen Vertretung in Ost-Berlin aufgenommen. Bei den Zufluchtsuchenden handelte es sich schließlich um Deutsche. Damit war auch die Bundesregierung angesprochen. Sofort setzten von unserer Seite die Bemühungen ein, um über Rechtsanwalt Vogel eine Lösung zu erreichen.

Die Führung der SED entschied schließlich überraschend schnell, daß die sechs Personen unmittelbar nach West-Berlin ausreisen konnten. Wagen der Ständigen Vertretung brachten sie über die Sektorengrenze. Die Gründe, warum sich die Spitze der SED entschloß, der Erpressung − so mußte der Vorgang in ihren Augen sich darstellen − nachzugeben, sind nicht bekanntgeworden. Ob es eine einsame Entscheidung Honeckers war oder ein Kollegialbeschluß − ich weiß es nicht. Sicher wird mit eine Rolle gespielt haben, daß der französische Außenminister Cheysson am 26. Januar − also nur wenige Tage später − zu einem offiziellen Besuch in Ost-Berlin erwartet wurde. Er sollte bei dieser Gelegenheit »Unter den Linden« ein französisches Kulturinstitut eröffnen. Weiter stand der Besuch des kanadischen Ministerpräsidenten Trudeau am 30. Januar an.

Hinzu kam, daß ab Mitte Januar die Eröffnungsphase der KVAE-Verhandlungen in Stockholm begonnen hatte. Die DDR befand sich damals gerade in einer besonders wichtigen Phase ihres Bemühens, die Beziehungen zu westlichen Staaten auszubauen, um sich als selbständiger und souveräner Staat Geltung auch bei den ehemaligen Kriegsgegnern Deutschlands im Westen zu verschaffen. In dieser Situation hätte ein Fortdauern des »Asyls« in der US-Botschaft mit seinen weltweit negativen Schlagzeilen höchst kontraproduktiv gewirkt.

Die Gruppe der sechs Personen konnte sich freuen. Sie hatten erreicht, was sie wollten. Die allgemeine Lage war für sie günstig gewesen. Sicher hatten sie diese besonderen Umstände nicht einkalkuliert. Die Zustimmung der SED-Führung wirkte sich jedoch als eine politische Fehlentscheidung erster Ordnung aus. Der Vorgang würde nicht ohne Folgen bleiben, das lag auf der Hand. Zu viele Bürger der DDR hatten Ausreiseanträge gestellt, die abgelehnt worden waren. In Tausenden von Familien grübelten die Menschen über den besten Weg nach, die DDR verlassen zu können. Viele haben dabei sicher auch an einen Gang in westliche Botschaften oder in unsere diplomatischen Vertretungen gedacht, aber diesen Plan aufgegeben, weil er zu wenig Aussicht auf Erfolg zu haben schien. Das Schicksal des Kardinals Josef Mindszenty, der 1956 nach der Niederschlagung des Aufstands in Ungarn in die US-Botschaft in Budapest geflüchtet war und dort bis September 1971 − also fünfzehn Jahre − zubringen mußte, stand abschreckend vor Augen. Und nun diese Lösung in einem konkreten Fall. Vor aller Öffentlichkeit. Mit Blindheit mußte geschlagen sein, wer nicht voraussah, daß sich zahlreiche Nachahmer finden würden. Und wie sollte dann die DDR reagieren? Wie gehabt, das heißt die Menschen aus den Missionen unmittelbar ausreisen lassen? Kann es ein Staat hinnehmen, daß die eigenen Bürger ihn über fremde − in diesem Fall auch noch kapitalistische − Staaten erpressen? Das Selbstverständnis des Staates DDR schob sich unweigerlich ins Spiel. Den Weg über die Botschaften gewissermaßen zu belohnen würde bedeuten, eine Lücke in dem ansonsten perfekten Absperrsystem bewußt hinzunehmen. Dann könnte man auch gleich ein Loch in die Mauer schlagen.

Ein schwerwiegender Konflikt war vorgezeichnet. Möglicherweise entschied die Führung unter Generalsekretär Honecker, daß der außenpolitische Schaden durch ein Verbleiben der Gruppe in der US-Botschaft höher einzuschätzen sei als das Risiko, Nachahmungen in Kauf nehmen zu müssen. Außerdem, so wurde sicher erwogen, würden die»Organe«, wie man in der DDR sagte, also vor allem der Staatssicherheitsdienst, schon Mittel und Wege finden, zukünftiges Geschehen unter Kontrolle zu halten.

Es kam wie befürchtet, was vorherzusehen war. Auch auf unserer Seite hatte man in der konkreten Situation kein Rezept zur Hand. Schon wenige Tage nach dem Ereignis in der US-Botschaft sprachen Deutsche aus der DDR in unserer Ständigen Vertretung in Ost-Berlin

127

mit dem gleichen Anliegen vor und weigerten sich hartnäckig, ohne konkrete Zusagen für eine unmittelbare Ausreise in den Westen das Dienstgebäude wieder zu verlassen. In vertraulichen Verhandlungen über Rechtsanwalt Vogel konnte wieder eine annehmbare Lösung erreicht werden.

Die DDR forderte aber die Bundesregierung nun auf, ihrerseits Schritte zu unternehmen, um ein Festsetzen von Besuchern in der Ständigen Vertretung zu verhindern. Im Klartext hieß dies, Besucher, die um Hilfe bei ihrem Bemühen um eine Ausreisegenehmigung vorsprachen, entweder gar nicht vorzulassen oder aber sie – notfalls gegen ihren Willen – aus der Ständigen Vertretung wieder herauszusetzen. Der Fall, an den bei der geschilderten Debatte im Bundestag gedacht worden war, war da. Humanitäre Gesichtspunkte, aber auch die klare Rechtslage, für alle Deutschen verpflichtet zu sein, ließen der Bundesregierung in dieser Frage keinen Spielraum. Sie konnte keine Abstriche an ihrer Position vornehmen. In der grundsätzlichen Frage gab es keine Kompromißmöglichkeit. Vogel war von mir immer wieder auf die Gebundenheit unserer Seite in diesem Punkt hingewiesen worden. Die DDR durfte sich keiner Täuschung hingeben. Mit Gewalt – gegen seinen Willen – würde niemand aus der Ständigen Vertretung gewiesen werden. An diesem ehernen Grundsatz würde von der Bundesregierung unabdingbar festgehalten werden.

Für die Mitarbeiter in der Ständigen Vertretung, die tagaus, tagein hautnah mit den Menschen aus der DDR sprechen mußten, brachte diese Situation eine große Belastung mit sich. Sie konnten und durften den Besuchern keine Versprechungen machen, denn über die Ausreiseerlaubnis entschied allein die DDR. Sie mußten immer wieder darauf hinweisen, daß niemand die Macht habe, sie bei einer Zufluchtnahme in der Ständigen Vertretung gegen den Willen der DDR etwa in einem Wagen unkontrolliert in den Westen zu bringen. An das Einfühlungsvermögen der Bediensteten wurden große Anforderungen gestellt. Es gab viele seelisch überaus bedrückende Gespräche, denn die Wünsche zur Ausreise beruhten letztlich auf sehr triftigen Gründen, die in den Verhältnissen in der DDR ihren Ursprung hatten. Wie oft kam ein bitteres Gefühl auf, in der Notlage eines Landsmannes nicht besser helfen zu können.

Die Mitarbeiter mußten ebenfalls daran denken, daß die Besucher nach ihrer Rückkehr vom Staatssicherheitsdienst befragt werden könnten und häufig auch wurden. Sie mußten sich deshalb große Zurückhaltung auferlegen, damit nicht von seiten der DDR begründet der Vorwurf erhoben werden konnte, die Ständige Vertretung überschreite ihre Befugnisse und mische sich unstatthaft in die inneren Angelegenheiten der DDR ein. Der DDR durfte kein Vorwand geboten werden, um als Vergeltungsmaßnahme ihren Hebel bei den Reisemöglichkeiten und damit am Kernproblem für das Zusammenleben der Deutschen ansetzen zu können. Ein schwieriger Balanceakt, der mit großer Einfühlsamkeit gemeistert wurde.

Trotz aller Vorsicht wurde von der DDR der Vorwurf, die Ständige Vertretung berate Besucher aus der DDR in unzulässiger Weise, doch immer wieder erhoben. Vogel sprach mich an und verwies auf Bekundungen von Besuchern der Ständigen Vertretung nach ihrer Rückkehr. Ich konnte stets nur erwidern, daß unsere Seite sich streng an ihre Pflichten halte, aber ihre Rechte auch nicht einschränken lassen werde. Im übrigen sei der Zweifel erlaubt, daß die Aussagen vor den Staatsorganen der DDR in vollem Umfang die Tatsachen richtig wiedergeben würden. Es waren höchst unerquickliche Gespräche. Im Hintergrund stand stets die Sorge, ein falsches Wort, eine zu scharfe Reaktion könnte das ganze komplizierte Geflecht der innerdeutschen Beziehungen in Mitleidenschaft ziehen. Für die DDR ging es nach ihrer Einschätzung um Statusfragen − sie reagierte höchst empfindlich und barsch.

An dieser Stelle möchte ich eine persönliche Anmerkung einschieben: Unter den Deutschen aus der DDR, die sich unter die Obhut einer Vertretung der Bundesrepublik Deutschland begaben, befanden sich vereinzelt Mitbürger, die man als Gast wahrlich nicht gern bei sich zu Hause gesehen hätte. Sie hatten keinen konkreten Anlaß für das Ausreisebegehren, waren gelegentlich über lange Jahre Nutznießer des Systems gewesen und lebten für DDR-Verhältnisse in beträchtlichem Wohlstand. Dieser oder jener hatte auch dem Staatssicherheitsdienst der DDR willfährig Dienst geleistet, zum Beispiel Mitbürger am Arbeitsplatz bespitzelt. Es gab Asoziale, wegen krimineller Delikte Vorbestrafte und auch Personen aus der Drogenszene. Angehörige dieser Gruppen stellten zumeist die größten Ansprüche, gebärdeten sich in jeder Hinsicht uneinsichtig und sträubten sich gegen jede

Art von Kompromißlösungen. Wenn man demgegenüber die vielen Menschen vor Augen hatte, die sich zu einer Ausreise aus der DDR nur entschlossen hatten, weil ihnen das sozialistische System die Luft zum Atmen abschnitt, ihnen die persönliche Entfaltung aus politischen Gründen verwehrte, das Fortkommen der Kinder verhinderte oder weil die Familie sich zum Christentum bekannte und man ihnen nicht helfen konnte, dann konnten schon bittere Gedanken hochkommen.

Die DDR hatte wegen der Zuflucktnahme in der Vertretung der Bundesrepublik die Genehmigungen für Ausreisen, die auf dem üblichen Antragsweg bei den Behörden liefen, demonstrativ gestoppt. So mußten viele, die zum Teil immer wieder wegen ihrer Ausreisewünsche bei den Behörden vorstellig geworden waren, darunter leiden, daß einige wenige »Sonderrechte« für sich in Anspruch nahmen. Und wenn es sich dann um Personen handelte, wie ich sie oben beschrieben habe, drängte sich die Frage nach der Gerechtigkeit auf. Konnte auch für sie das gleiche uneingeschränkte Recht gelten, oder durfte man hier nicht möglicherweise einmal gegen den Willen des Betroffenen handeln und ihn − selbstverständlich nach einer Zusage der DDR für Straffreiheit − vor die Tür der Vertretung setzen? Gedanken im Widerstreit. Die Nagelprobe für Überlegungen in dieser Richtung blieb uns jedoch erspart. Die Verhandlungen mit der DDR führten schließlich jeweils zu Absprachen, die ein weiteres Nachdenken entbehrlich machten. Mir verblieb ein schaler Nachgeschmack auf der Zunge, wenn ich an diesen Komplex dachte.

Während sich unsere Vertretung in Ost-Berlin im Alltag mit den Problemen abmühten, ereignete sich eine neue spektakuläre Zufluchtnahme. Am 24. Februar 1984 suchte die Nichte des DDR-Ministerpräsidenten Willi Stoph, Frau Ingrid Berg, zusammen mit ihrem Mann Hans-Dieter, den beiden Kindern Jens und Simone und ihrer Schwiegermutter die Botschaft der Bundesrepublik in Prag auf. Sie erklärten, die Botschaft nicht mehr ohne die Zusage einer Ausreiseerlaubnis verlassen zu wollen. Ein weiterer aufsehenerregender »Fall« lag auf dem Tisch. Wegen der prominenten Verwandtschaft stiegen die Medien voll ein. Die Vergangenheit und das Privatleben der Familie Stoph wurden genüßlich durchleuchtet.

Für die DDR war offenkundig nun der Punkt gekommen, an dem

ihr deutlich wurde, daß sie mit ihrer Entscheidung, nach einer Flucht in eine westliche Mission die Ausreise direkt in den Westen zu gewähren, in eine Sackgasse geraten war. Wenn man die Familie Berg unter den Augen einer breiten Öffentlichkeit ebenfalls von Prag direkt in den Westen ausreisen ließe, würden alle Dämme brechen, und es gäbe kein Halten mehr. Ein Sturm auf die westlichen Vertretungen wäre die Folge. Die DDR befand sich in einer Zwickmühle. Auf der einen Seite mußte sie ein Interesse haben, den Vorgang wegen des prominenten Hintergrunds schnell aus der Welt zu schaffen, auf der anderen Seite durfte Prag sich nicht als »Schleuse« in den Köpfen der Menschen verankern. Da der DDR nicht an einer zunehmenden Konfrontation gelegen war – schließlich wurde zu dieser Zeit über einen Besuch Honeckers in der Bundesrepublik ernsthaft gesprochen –, steuerte alles auf einen Kompromiß zu, der den »Fall Berg« bereinigte, aber mit Sicherheit die mit ihm verbundenen zusätzlichen Probleme nicht lösen würde.

Wieder wurde Rechtsanwalt Vogel von mir um Vermittlung gebeten. Durch unsere vielen Gespräche und seine Vertrautheit mit dem Rechtssystem der Bundesrepublik konnte er die Grenzen des westlichen Handlungsspielraumes gut einschätzen. Als Anwalt seines Staates wußte er auf der anderen Seite um den Platz, den die Staatsräson in der DDR einnimmt. Sie verbot, daß ein DDR-Bürger gegen den Willen der Staatsführung durch die Hilfe der Bundesrepublik die DDR verlassen konnte. Die Souveränität der DDR stand auf dem Prüfstand. Ihre Geltung und ihr Ansehen nicht nur nach innen, sondern auch bei anderen Staaten, drohten ins Gerede zu kommen. Nach ihrem Selbstverständnis konnte die DDR hier nicht – für jeden offenkundig – erneut nachgeben. Sie mußte sichtbar machen, daß sie das Sagen hatte und daran keine Abstriche zulassen würde.

So war ich nicht überrascht, als Vogel mir übermittelte, jede Lösung des »Falles Berg« setze voraus, daß die Familie in die DDR zurückkehre. Gerade die besondere Aufmerksamkeit der Öffentlichkeit bot sich an, ein Exempel zu statuieren und ein Signal zu setzen: »So geht es nicht weiter!« Der Punkt war nicht mehr verhandlungsfähig. Wenn man sich in die Position der anderen Seite hineinversetze, war die Haltung verständlich. Ein Beharren darauf, daß die Familie Berg, wie von ihr verlangt, unmittelbar von Prag in die Bundesrepublik übersiedeln konnte, wäre deshalb zwecklos gewesen. Im übrigen konnte es auch nicht im Interesse der Bundesrepublik liegen, daß sich der Weg in unsere Vertretungen im Ostblock in den Köpfen der Menschen in der DDR als probates Mittel festsetzte, die Ausreise aus der DDR erzwingen zu können. Damit würden schließlich die innerdeutschen Probleme nicht gelöst, sondern verschärft werden.

Die DDR war aber noch immer bereit, für den Fall einer Rückkehr der Familie Berg in die DDR die Ausreiseerlaubnis zuzusagen. Auch sie fürchtete, daß andernfalls die Familie Berg die Botschaft nicht verlassen würde. Auf deren längeres Verbleiben dort wollte sie sich jedoch nicht einlassen. Die westlichen Medien hätten stets nachgefragt und sich mit den zugrunde liegenden Fragen des Ausreisedrucks in der DDR ausführlich beschäftigt. Das Thema sollte vom Tisch. Ein Ergebnis, mit dem die Familie Berg sehr zufrieden sein konnte, das aber keine Lösung der Problematik mit sich brachte. Die SED hatte zu kurz gedacht und erging sich in trügerischen Hoffnungen, die nur kurze Zeit später durch die Geschehnisse rasch enttäuscht wurden.

Die Familie Berg verließ mit ihrem Pkw am 1. März die Botschaft in Prag und fuhr nach Hause in die DDR zurück. Schon am 20. März durfte sie ausreisen und traf mit »Sack und Pack« im Notaufnahmelager Gießen ein. Selbstverständlich blieb ihr Kommen nicht geheim. Die Presse berichtete mit einem hämischen Unterton. Die Familie Berg wie auch die DDR kamen in der öffentlichen Meinung nicht gut weg. Bilder von ihrer Ankunft samt Auto und Gepäck gingen natürlich ebenso in die DDR. Mir ging durch den Kopf, was die Menschen dort zu alldem sagen mochten. Ich war gewiß, daß sie denken würden: Erstens, der Fall beweist erneut, daß »Prominente« in der DDR einen Sonderstatus genießen, und zweitens, die Tatsache der Rückkehr in die DDR bei nachfolgender Ausreiseerlaubnis sei kein Zeichen von Stärke des Staates. In Wirklichkeit hätte man eben doch nachgegeben. Die Folgen konnte man sich ausmalen. Die Zuflucht der Familie Berg in Prag würde nicht der letzte spektakuläre Akt bleiben, die Ausreiseerlaubnis auf diesem Weg zu erzwingen. Nachfolger bereiteten sich im Geiste sicher schon vor.

So geschah es denn auch. Ab März 1984 häufte sich die Zahl der Besucher in der Ständigen Vertretung in Ost-Berlin, die Hilfe bei der Übersiedlung in den Westen erbaten. Einige setzten sich fest, weigerten sich, das Gebäude zu verlassen. Sie wollten unmittelbar von dort in den Westen ausreisen. Schnell trieben die Geschehnisse dem Höhepunkt zu. Es war vorauszusehen, daß binnen kurzem der Zeitpunkt gekommen sein würde, an dem es nicht mehr weiterging. Die Entwicklung entfaltete ihre eigene Dynamik und Dramatik. Die Ständige Vertretung war räumlich und organisatorisch auf einen derartigen Ansturm von Besuchern nicht vorbereitet. Die Menschen konnten nur notdürftig im obersten Stockwerk untergebracht werden. Bald zeichnete sich ab, daß die Kapazität für eine Unterbringung erschöpft sein würde.

Ab 22. Juni 1984 war die Ständige Vertretung aus räumlichen Gründen gezwungen, Besucher nur noch im Pförtnerraum abzufertigen. Der Zugang in das Innere des Dienstgebäudes mußte verschlossen bleiben. Vor den Augen der in- und ausländischen Presse spielten sich bedrückende Szenen ab. So weigerten sich mehrere Personen, den Vorraum wieder zu verlassen. Sie verbrachten die Nacht dort, auf dem Steinfußboden sitzend. Für die Notdurft stand lediglich ein Eimer zur Verfügung.

Am 22. Juni wurde ein Passant, der die Ständige Vertretung betreten wollte, von Volkspolizisten vor dem Gebäude brutal zusammengeschlagen und abgeführt. Vier Tage später überschüttete sich ein DDR-Bewohner auf der Straße vor dem Amt mit Benzin und versuchte, sich zu verbrennen. Nur den beherzten Eingriffen von Mitarbeitern der Vertretung war es zu verdanken, daß der Mann nicht ernsthaft Schaden nahm. Die im Gebäude verbliebenen Besucher versuchten derweil, vom obersten Stock aus Kontakt mit der Außenwelt zu halten und auf ihr Schicksal aufmerksam zu machen. Man schwenkte Bettücher und gab auf andere Art Zeichen. Die Bilder gingen um die Welt. Die Situation wurde unerträglich. Der Bundesregierung blieb nichts anderes übrig, als schließlich am 27. Juni die Ständige Vertretung für den Besucherverkehr ganz zu schließen. Die Aufnahmefähigkeit des Hauses war erschöpft.

Der Leiter der Vertretung, Staatssekretär Hans-Otto Bräutigam, erklärte: »Die Ständige Vertretung ist zu unserem wirklich tiefen Bedauern derzeit nicht in der Lage, Besucher zu empfangen.« Auf dem heruntergelassenen Rollgitter war ein Zettel geheftet: »Die Ständige Vertretung kann vorübergehend leider keine Besucher empfangen. Sie können sich schriftlich oder telefonisch – Ruf-Nummer 282 5261 – an uns wenden.« 59 Personen aus der DDR befanden sich in dem Gebäude. Zwar sicher, weil geschützt durch die Immunität der Vertretung, aber voller Ungewißheit über ihr weiteres Schicksal.

Selbstverständlich hätte die DDR es in der Hand gehabt, den Zugang zur Ständigen Vertretung praktisch sperren zu können. Von der Volkspolizei wurden die meisten Besucher auch kontrolliert. Ebenso wurden zeitweise fast alle Besucher nach dem Verlassen des Gebäudes von der Volkspolizei einer Personenfeststellung unterzogen. Für jeden sichtbar, standen im weiteren Umkreis um das Dienstgebäude die in der DDR so sattsam bekannten Herren des Staatssicherheitsdienstes in Zivil und beobachteten alle Vorkommnisse. Es wäre ein leichtes für die DDR gewesen, den Zutritt zu unterbinden. Doch damit hätte sie gegen die internationalen Regeln verstoßen, die den freien und ungehinderten Zugang zu einer diplomatischen Mission garantieren. Außerdem wurde die Ständige Vertretung ja keineswegs nur von Deutschen aus der DDR aufgesucht. In der DDR lebten eine Vielzahl von Angehörigen anderer Staaten, die Anliegen an die Bundesrepublik, zum Beispiel Visa-Wünsche, hatten. Die DDR scheute sich deshalb, die Kontrollen zu rigoros vorzunehmen. Man hoffte, der Abschreckungseffekt durch die Ausweiskontrolle und die sichtbare Präsenz der Staatsmacht würde ausreichen. Doch viele Menschen ließen sich dadurch eben doch nicht abhalten, von ihrem Recht Gebrauch zu machen. Die Bundesregierung hätte im übrigen eine massive Behinderung des Zugangs auch nicht tatenlos hinnehmen können. Die Grundlagen für die Errichtung der Ständigen Vertretung wären damit entfallen. Konsequenzen wären unvermeidlich gewesen.

Die Ständige Vertretung war räumlich denkbar ungünstig eingerichtet. Alle Besucher kamen nach dem Passieren der Pförtnerloge in einen Flur, der sich auf der einen Seite zu einem kleinen Warteraum erweiterte. Eine Trennung zwischen Warteraum und Dienstzimmern gab es nicht. Die Besucher konnten völlig unkontrolliert im ganzen Haus umherspazieren und ohne Beobachtung jedes Büro aufsuchen, eine schon unter Sicherheitsgesichtspunkten unmögliche Situation. Die für die Sicherheit des Hauses zuständigen Dienststellen des Bundes hatten diese Gegebenheiten denn auch bereits bemängelt.

Abhilfe sollte ein Umbau schaffen; die erforderlichen Haushaltsmittel standen zur Verfügung. Leider waren die Bauarbeiten aber noch nicht in Angriff genommen worden. Diese Tatsachen bekamen ein gewisses Gewicht, weil die Ständige Vertretung nun unmittelbar anschließend an die geschilderten Ereignisse baulich verändert wurde. Es wurde ein weiterer Eingang mit in sich abgeschlossenen Räumen für die üblichen Besucher, die in Konsular- oder anderen Fragen vorsprachen, geschaffen – eine Anordnung, wie sie in allen Botschaften der Bundesrepublik und anderer Staaten eingeführt ist. Man wollte vermeiden, daß durch den häufig starken Besucherandrang der sonstige diplomatische Verkehr in Mitleidenschaft gerät. Von Teilen der Presse ist der Umbau damals kritisch beurteilt worden. Man vermutete dahinter den Versuch, die Besucher aus der DDR gesondert behandeln zu wollen, sie damit quasi schlechter zu stellen als andere Besucher. Dies war keineswegs der Zweck der Maßnahme, wie sich schon aus der Vorgeschichte ergibt. Die Ständige Vertretung wies deshalb nachdrücklich darauf hin, daß der zweite Eingang nicht nur für die Vorsprachen von DDR-Bürgern, sondern für alle Besucher in Konsular-, Rechts- und anderen Angelegenheiten geöffnet sein würde.

Unter den 59 Zufluchtsuchenden, die den verschiedensten Bevölkerungsschichten angehörten, befanden sich fünfzehn Kinder. Die oberste Etage war so gut es ging für die Besucher hergerichtet worden. Es fehlte zunächst praktisch an allem: von den Dingen des täglichen Lebens bis zu Betten und Bekleidung, denn mit einem solchen Ansturm hatte niemand gerechnet. Schnell wurde das Nötigste, einschließlich Spielzeug für die Kinder, aus West-Berlin beschafft, so daß man zwar beengt, aber erträglich die Zeit überstehen konnte. Die Angehörigen der Ständigen Vertretung kümmerten sich aufopferungsvoll um die Menschen, um ihnen so gut es ging in der für sie schwierigen Situation beizustehen.

Es wurde ein geregelter Tagesplan eingeführt, und Pflichten wurden verteilt, um Spannungen nach Möglichkeit nicht aufkommen zu lassen. Ganz ließen sie sich nicht vermeiden, dazu war der Kreis zu gemischt. Es gab keine Bindung zwischen den einzelnen Personen, man war sich völlig fremd, und jeder hatte naturgemäß vornehmlich seine eigenen Interessen im Blick. Vor allem wurde die Gemeinschaft durch die Ungewißheit über die Zukunft belastet. Begreiflicherweise kreisten alle Gespräche immer wieder um dieses eine Thema. Die

Angehörigen der Ständigen Vertretung wurden bestürmt, sich zu den Aussichten zu äußern. Man erwartete Taten vom Westen und war begreiflicherweise nicht befriedigt, daß sich nicht so schnell ein günstiges Ergebnis abzeichnete. Die Spannung und damit die Unruhe und Unsicherheit stiegen kontinuierlich an. Es war abzusehen, daß es in absehbarer Zeit zu einzelnen psychologisch bedingten Überreaktionen kommen würde. Schließlich befanden sich einige Besucher bereits seit über zwei Monaten in der Vertretung. Dazu war es heiß, man schrieb Ende Juni, die Kinder quengelten, und das Zusammengepferchtsein auf engem Raum, verbunden mit dem Verlust an privater Atmosphäre, ließ deutliche Zeichen von Klaustrophobie aufkommen. Eine wahrlich bedrückende Situation für die Zufluchtsuchenden, aber auch für die Mitarbeiter der Vertretung, die daneben ihren normalen Dienstgeschäften nachzugehen hatten.

Die Schließung der Ständigen Vertretung brachte eine gewisse Beruhigung der Situation mit sich. Alle Energie konnte sich nun darauf konzentrieren, eine annehmbare Lösung für die Gäste im fünften Stock zu suchen. Die DDR hüllte sich offiziell in Schweigen. Wie sie sich zu dem Problem stellte, wurde durch die Äußerungen Vogels deutlich. Er erklärte: »Ich plädiere sehr für eine einvernehmliche und gute Lösung, vor allem im Hinblick auf die Kinder und die Beziehungen zwischen den beiden deutschen Staaten.« Das klang nach Kompromißbereitschaft, doch setzte Vogel hinzu: »Eine Erpressung läuft nicht!« Und weiter: »Einen Ausweg wie früher kann es nicht mehr geben.« Die DDR bot also ihre Hand, um das aktuelle Problem zu lösen, doch stellte sie gleichzeitig im Grunde die Bedingung, daß Zufluchtfälle in Zukunft verhindert werden müßten. Bei ihrer Haltung spielte sicher das Interesse mit, die innerdeutschen Beziehungen um des eigenen Vorteils willen nicht Schaden nehmen zu lassen. Honecker war gewissermaßen schon auf dem Weg nach Bonn, womit die Erfüllung eines politischen Zieles ersten Ranges der DDR zum Greifen nahe gekommen war.

Auch wurden Anfang Juli der griechische Ministerpräsident Papandreou sowie der italienische Ministerpräsident Craxi in der DDR erwartet: Offizielle Besuche mit internationaler Beachtung. Es wäre sehr mißlich und für das Ansehen der DDR höchst abträglich gewesen, zu dieser Zeit eine geschlossene und von zufluchtsuchenden

136

DDR-Bürgern besetzte Mission in der »Hauptstadt der DDR« zu haben, die die Aufmerksamkeit der in- und ausländischen Presse auf sich gezogen hätte. Aber wie konnte eine Lösung aussehen? Die Worte von Vogel, »einen Ausweg wie früher« könne es nicht mehr geben, deuteten darauf hin, daß die DDR nun Härte demonstrieren wollte. Auch der Satz: »Eine Erpressung läuft nicht« zeigte die Entschlossenheit an, dem Problem grundsätzlich zu Leibe rücken zu wollen.

Was konnte die Bundesregierung tun? Die Menschen − Deutsche − vor die Tür setzen und sie der sogenannten sozialistischen Gesetzlichkeit ausliefern, was schwere Benachteiligung, ja möglicherweise Verhaftungen und Verurteilungen zu erheblichen Strafen nach sich gezogen hätte? Keine Bundesregierung hätte hierzu die Hand reichen können. Der Beitrag von unserer Seite konnte nur darin bestehen, offen auszusprechen, wie die Lage sich darbot. Daß nämlich über Ausreiseerlaubnisse die DDR allein entscheide und daß dies nun einmal ein Faktum sei, das akzeptiert werden müsse. Auch war darauf hinzuweisen, daß die Ständige Vertretung der Bundesrepublik in der DDR weder juristisch noch tatsächlich in der Lage sei, eine Ausreise direkt in den Westen zu ermöglichen. Sie könne nicht als Antragstelle für Ausreiseanträge dienen. Das war im Grunde alles, was von westlicher Seite öffentlich dazu erklärt werden konnte. Denn daß es zu einer Zufluchtnahme in der Ständigen Vertretung gekommen war, lag ja nicht daran, daß die Bundesregierung die Besucher hergebeten oder gar durch Versprechungen zum Verlassen der DDR verlockt hatte. Allein die dortigen gesellschaftlichen Verhältnisse, die die Menschen für unerträglich hielten, waren der bestimmende Grund, daß sie der DDR den Rücken kehren wollten.

Bundeskanzler Kohl nahm vor dem Deutschen Bundestag im Rahmen seiner Regierungserklärung zu der wenige Tage vorher beendeten EG-Gipfelkonferenz zu den Vorgängen Stellung. Er sagte, die DDR-Bürger treffe die Härte der Teilung Deutschlands vor allem, weil ihnen Freizügigkeit vorenthalten werde. Er rief zur Solidarität mit diesen Menschen auf, forderte aber gleichzeitig auch »Augenmaß und Fingerspitzengefühl auf allen Seiten«. Er appellierte an die DDR, dafür Sorge zu tragen, daß sich weder eine Belastung der Beziehungen noch Nachteile für die Betroffenen ergeben. Und der Oppositionsführer, der SPD-Vorsitzende Hans-Jochen Vogel, warnte: »Die Bonner Vertretung ist kein Sonderweg zum Verlassen der DDR.«

Der Bundesminister für innerdeutsche Beziehungen, Heinrich Windelen, bezeichnete die Schließung der Ständigen Vertretung als eine »Notwehrreaktion«. Keinesfalls könne sie ein »länger anhaltender Zustand sein«. Die Bundesregierung sei bemüht, eine Entschärfung und eine »ähnliche Lösung wie in den zurückliegenden Fällen« zu erreichen. Aber, so meinte er: »Wir stehen jetzt am Ende unserer Möglichkeiten. Wir sind darauf angewiesen, an die DDR zu appellieren, zu einer vertretbaren und zugleich menschlichen Lösung beizutragen.« Oberster Grundsatz für die Bundesregierung sei es, den Menschen zu helfen. »Unsere Politik ist es aber nicht, einen Sog auf die Bewohner der DDR zu erzeugen.« Sein parlamentarischer Staatssekretär, Ottfried Hennig, verdeutlichte die Haltung der Bundesregierung in der Fragestunde des Deutschen Bundestages am 28. Juni: »Dies ist kein Weg, um aus der DDR zu fliehen.«

Der Staatsminister im Bundeskanzleramt, Phillip Jenninger, der nach dem Abkommen zwischen der Bundesrepublik und der DDR für die Angelegenheiten der Ständigen Vertretung der DDR in der Bundesrepublik zuständig war, gab zu bedenken: »Wir müssen um Verständnis dafür bitten, daß wir kein Hotel sind, in dem unentwegt Bürger der DDR übernachten können.« Und auf die konkrete Situation bezogen: »Wir müssen alle davon überzeugen, daß es nur den einen Weg gibt, nämlich wieder nach Hause zu gehen und darauf zu warten, daß *wir* auf normalem Wege ihre Ausreise ermöglichen können.«

Der letzte Satz erregte in der DDR Stirnrunzeln und einigen Unmut. Wenn jemand sich an die Bundesregierung wende, so konnte die Botschaft verstanden werden, sei diese auch in der Lage, etwas für die Erfüllung des Ausreisewunsches zu tun. Jenninger hat dem Satz sicher nicht diese Bedeutung unterlegen wollen, aber er wurde in diesem Sinn verstanden, und es war verständlich, daß die DDR ungehalten reagierte. Denn für sie bedeutete es gerade den »Dollpunkt«, daß die Menschen, wenn sie bei den eigenen Behörden nicht weiterkamen, sich an die Bundesregierung um Hilfe wandten. Und nun wurde aus hohem Munde angedeutet, daß die Bundesregierung Möglichkeiten habe, sie bei ihren Ausreisebemühungen zu unterstützen. Das Selbstverständnis der DDR war angesprochen. Man fürchtete dort, daß die Woge der Antragsteller dadurch weiter anschwellen werde.

Rechtsanwalt Vogel und ich hatten in den Tagen und Wochen rege Verbindung miteinander gehalten. Gleichzeitig mit den Vorgängen in und um die Ständige Vertretung hatte es 1984 auf dem humanitären Feld sehr intensive Gespräche gegeben. Unsere Seite hatte sich insbesondere der vielen Familienzusammenführungsanliegen, die schon seit Jahren anhängig waren, angenommen. Die Zahl der Übersiedler in die Bundesrepublik war in den ersten Monaten des Jahres stark angestiegen. Die Presse sprach schon von einer »Ausreisewelle«.

Die dramatischen Vorgänge in der Ständigen Vertretung führten dazu, daß sich die Haltung der DDR zunehmend verhärtete, bis schließlich ein Stopp für Ausreisegenehmigungen verhängt wurde. Bei den kommenden Gesprächen und Verhandlungen stand also nicht nur das Schicksal der 59 Menschen in der Vertretung zur Diskussion. Es galt, die Erstarrung im Ganzen zu lösen. Immer wieder hatte die DDR Maßnahmen auch von unserer Seite gefordert. Daß die Ständige Vertretung Zuflucht suchende nicht mit Gewalt vor die Tür setzen würde, wurde von ihr inzwischen stillschweigend wohl als nicht änderbar hingenommen. Die Vertretung sollte sich jedoch ansonsten jedem Ausreisebegehren völlig verschließen und die Gespräche über derartige Anliegen ablehnen. Die DDR unterstellte, daß sie sich in Ausreisefragen aktiv eingeschaltet hatte. Dies traf jedoch keineswegs zu. Die Ständige Vertretung hat bei den Besuchern nie den Eindruck vermittelt oder gefördert, daß sie Möglichkeiten habe, Ausreiseanträgen, denen die DDR nicht stattgeben will, doch zu einer Genehmigung verhelfen zu können. Der DDR war schlicht die Tatsache, daß die Vertretung von DDR-Bewohnern in dieser Frage angesprochen wurde, ein Dorn im Auge.

Andererseits konnten die Mitarbeiter der Ständigen Vertretung, wenn Besucher von sich aus das Thema anschnitten, nicht einfach das Gespräch abbrechen und sich völlig taub stellen. Das hätte unserer Rechtsordnung widersprochen. Im Grunde war der Konflikt nicht lösbar. Dazu standen sich die Rechtsauffassungen und die politischen Ziele beider Seiten zu unterschiedlich gegenüber. Der Streit über die Vollmachten und Rechte der Vertretung war unfruchtbar. Er konnte nicht mit einem klaren, unzweideutigen Ergebnis beendet werden.

Die Bundesregierung konnte nicht mehr unternehmen, als öffentlich darauf hinzuweisen, daß über Ausreiseanträge die DDR allein entscheidet und daß der Weg in eine Vertretung der Bundesrepublik kein geeigneter Schritt sei, ein Ausreiseanliegen zu fördern. In diesem Sinn hatte sich die Bundesregierung wiederholt eingelassen und diese Haltung öffentlich vertreten. Mehr stand nicht in ihrer Macht, denn die Ausreiseproblematik selbst hatte ihre Gründe im sozialistischen System der DDR.

Am 27. Juni 1984, an dem Tag, an dem die Ständige Vertretung geschlossen werden mußte, verabredeten Vogel und ich uns, um einen Ausweg aus der Krise zu suchen. Wir trafen uns am späten Nachmittag in der Ständigen Vertretung in Ost-Berlin. Das Gespräch wurde im Büro des Leiters der Vertretung, Staatssekretär Hans-Otto Bräutigam, geführt. Neben Bräutigam nahm der Leiter der Rechtsabteilung, Ministerialdirigent Staab, teil. Dieser hatte sich mit seinen Mitarbeitern in den vergangenen Tagen und Wochen immer wieder persönlich um die Besucher gekümmert. Er konnte deshalb die psychologische Situation im fünften Stock besonders gut einschätzen. Fest stand, daß die Zufluchtsuchenden nicht ohne verbindliche Zusagen das Haus verlassen würden. Doch welche Zusagen konnten ihnen gemacht werden? Nach den öffentlichen Äußerungen Vogels, die DDR lasse sich nicht erpressen, war nur wenig Entgegenkommen zu erwarten.

Daß die DDR aber eine Lösung wollte, zeigte die Anwesenheit Vogels. Eine möglichst schnelle Bereinigung lag aus innen- und außenpolitischen Gründen in ihrem Interesse. Was nicht ging, war bald klar: die Ausreise direkt in den Westen. Die Sogwirkung, die ein solches Entgegenkommen ausgelöst hätte, wäre für die DDR nicht mehr ertragbar gewesen. Diese Vorstellung mußten die Menschen in der Vertretung aufgeben. Von unserer Seite dagegen zu argumentieren, war nach Lage der Dinge zwecklos.

Die Menschen in der Ständigen Vertretung hatten ein großes Risiko auf sich genommen, denn sie mußten bei einem Mißlingen mit Verhaftung und Verurteilung zu langjährigen Strafen rechnen. Viele hatten alle Brücken hinter sich abgebrochen; sie waren deshalb fest entschlossen, bis zu einem für sie guten Ende durchzuhalten. Der zum Teil wochenlange Aufenthalt in der Vertretung hatte sie in dieser Bereitschaft eher noch bestärkt, weil sie außer der Ausreise in den

Westen für sich keine Perspektive mehr sahen. Dies zwang zu der Schlußfolgerung, daß eine Zusicherung von Straffreiheit wegen des Aufenthaltes in der Vertretung unabdingbar sein müßte. Nach meiner festen Überzeugung mußte die DDR sich darüber hinaus bereit finden, hinsichtlich der Ausreise über ihren Schatten zu springen, und noch einmal eine verbindliche positive Erklärung abgeben. Drittens wurde zwischen uns besprochen, welche Maßnahmen von der Ständigen Vertretung ergriffen werden sollten oder müßten, um eine Wiederholung der Vorgänge auszuschließen.

Die Atmosphäre des Gesprächs war recht kühl und geschäftsmäßig. Unausgesprochen rechneten alle Beteiligten damit, daß der Ablauf, jedes Wort, von dritter Seite aufgezeichnet wurde. Mit anderen Worten, es wurde einkalkuliert, daß das Gespräch abgehört wurde. Schließlich befanden wir uns in Ost-Berlin, und im Haus gegenüber hatte der Staatssicherheitsdienst einen Stützpunkt.

Vogel und ich fuhren anschließend in sein Büro. Hier setzten wir des Gespräch unter vier Augen fort. Die Lösung begann sich dabei abzuzeichnen. Sie konnte darin bestehen, daß die DDR Straffreiheit und eine Ausreise innerhalb einer festgelegten Frist zusagte. Anderenfalls würden die »Besucher« die Ständige Vertretung nicht wieder verlassen. Von unserer Seite wurde Vogel nun eine Liste mit den persönlichen Daten der Betroffenen übergeben. Er leitete sie zur Prüfung an die Behörden der DDR weiter.

Die Presse hatte berichtet, daß sich unter den Gästen der Ständigen Vertretung drei sogenannte Problemfälle befanden. Bei allen lagen Gründe vor, die aus der Sicht der DDR eine Verweigerung der Ausreise zwingend notwendig machten. Sie konnten nach einem Übertritt in die Bundesrepublik Kenntnisse offenbaren, die der DDR zum Nachteil gereichen würden. Schnell verengte sich die Thematik auf diese drei Fälle. Man hätte sie ausklammern und zunächst nur die anderen Anliegen regeln können. Ich hielt ein solches Verfahren jedoch nicht für tunlich. Zur Stunde gab es einen erheblichen Druck, das Problem »Besetzung der Ständigen Vertretung« zu lösen. Wenn erst alle anderen Besucher das Haus verlassen hätten, würde das öffentliche Interesse zwangsläufig nachlassen. Eine Lösung wäre dann noch komplizierter zu erreichen, und da die Personen sich in der Vertretung befanden, hätte unsere Seite die Hauptlast zu tragen. Es würde der DDR nicht schwerfallen, passable Gründe durchsickern zu lassen, warum sie sich in diesen Fällen verweigerte. Nach aller meiner Erfahrung würden sich dann Stimmen in der Bundesrepublik zu Gehör bringen, die da sagten, man müsse für die Haltung der DDR Verständnis aufbringen. In einer solchen Situation eine Regelung zu finden, würde erheblich größere Schwierigkeiten bereiten.

Diese sogenannten Problemfälle mußten jetzt mitgelöst werden. Vogel konnte zu dieser Stunde noch keine verbindliche Erklärung abgeben. Antworten waren erst morgen möglich. Das Gespräch in seinem Büro dauerte bis tief in die Nacht. Ich hatte vor, in Ost-Berlin zu übernachten. So brachte mich das Ehepaar Vogel in mein Hotel, das »Palast«-Hotel. Es war zu jener Zeit noch eines der wenigen Hotels Ost-Berlins von westlichem Zuschnitt. In der Architektur modern, nach westlichem Geschmack eingerichtet und geführt, glich es einem der üblichen Fünfsternehotels überall in der Welt. Auf viele wirkte es wie ein Fremdkörper in der sonst so kargen sozialistischen Umwelt.

Meine Gedanken waren noch immer bei den 59 Menschen, die nur wenige Schritte entfernt in Sorge um ihre Zukunft bangten und unter Notbedingungen in drangvoller Enge leben mußten. So empfand ich den Gegensatz besonders kraß. Etwas wie Empörung stieg in mir hoch. Hier der güldene Schein – vor der Hoteltür eine andere Wirklichkeit. Das Ehepaar Vogel und ich gingen dann noch in die Bar im unteren Stockwerk, um die Spannung des Tages ein wenig ausklingen zu lassen. Auch hier herrschte westlicher Stil vor, die Bedienung war äußerst zuvorkommend, dazu spielte eine vorzügliche Kapelle moderne Tanzmusik. Es fehlten auch nicht die erkennbar von Berufs wegen vergnügten jungen Damen. Die Atmosphäre war so recht darauf abgestellt, einmal ganz und gar abzuschalten. Wir plauderten von Reisen und anderen angenehmen Dingen. Ein Atemholen zwischendurch.

Am nächsten Morgen faßte ich das mögliche Ergebnis unserer Gespräche schriftlich zusammen. Es mußte schließlich ein Papier geben, in dem unzweideutig und ganz präzise niedergelegt war, worüber wir uns geeinigt hatten, welche Zusagen gemacht wurden und wie die anstehenden Probleme gelöst werden konnten. Staatssekretär Bräutigam hatte mir freundlicherweise seinen Schreibtisch zur Verfügung gestellt. Ich zeigte ihm meinen Entwurf, und wir gingen zusammen Punkt für Punkt durch. Er machte einige wichtige Verbesserungsvorschläge.

Bräutigam leitete die Ständige Vertretung bereits seit einigen Jahren. Zuvor war er im Bundeskanzleramt maßgeblich an der Erarbeitung des Vertragswerks mit der DDR beteiligt gewesen. Er kannte wie nur wenige Beamte und Politiker in Bonn alle Verästelungen des innerdeutschen Geflechts. Seine umfassende Sachkunde wurde allseits geschätzt. Wir hatten von Anfang an ein ausgezeichnetes Verhältnis miteinander. Bräutigam litt sehr unter den Vorgängen in seinem Haus. Das Schicksal der Menschen berührte ihn tief. Seiner Umsicht und seinem Einfühlungsvermögen war es zu verdanken, daß die außergewöhnlichen Geschehnisse bisher nicht weiter eskaliert waren, daß keine Hektik, gar Panik aufgekommen war. So engagiert er auch war, verlor er doch nicht die gebotene Distanz zu den Vorgängen. Neben dem Schicksal der Menschen, die sich ihm in gewisser Weise anvertraut hatten, beschäftigte ihn − wie alle Verantwortlichen in der Bundesregierung − die Sorge, daß aus der »Zufluchtnahme« eine ernste dauerhafte Störung der innerdeutschen Beziehungen erwachsen könnte.

Die größeren Zusammenhänge mußten im Auge behalten werden. Das Resultat der Bemühungen mußte sich in den Ost-West-Zusammenhang einpassen. Eine Verschlechterung der innerdeutschen Beziehungen hätte allen Menschen in Deutschland Schaden zugefügt, und das in einer Zeit, in der sich neue Möglichkeiten einer Zusammenarbeit mit der DDR abzuzeichnen schienen. Deshalb hieß es, neben allem Engagement einen kühlen Kopf zu behalten.

Das Papier wurde Vogel zugeleitet. Wir trafen uns dann am 28. Juni vormittags erneut in seinem Büro. Seine Seite hatte den Entwurf inzwischen durchgearbeitet, so daß wir uns zur Schlußredaktion zusammensetzen konnten. Bald waren wir einig. Der nun abgestimmte Text wurde von Vogel noch einmal mit der DDR-Führung besprochen. Kurze Zeit später kam er zurück und erklärte die endgültige Zustimmung seiner Seite zu den Verabredungen. Wir unterschrieben dann das zweieinhalb Seiten lange Papier − ein wichtiges deutsch-deutsches Dokument. Auf dem Exemplar, das in den Händen von Vogel verblieb, steht oben mit der Hand »Einverstanden«, darunter das Handzeichen Honeckers. Er hatte in der Sache also selbst entschieden. Diese Tatsache zeigte mehr als viele Worte, welches politische Gewicht den Vorgängen von der Führung der DDR beigemessen wurde.

Aufgrund dieser Vereinbarung mußten alle Besucher die Ständige Vertretung verlassen und sich nach Hause begeben. Dort konnten sie Anträge auf Ausreise stellen, die zügig bearbeitet und innerhalb einer bestimmten Frist positiv entschieden wurden. Für alle wurden Straffreiheit für den Aufenthalt in der Ständigen Vertretung zugesagt. Vogel wollte darüber hinaus bei Auftreten von Problemen im Ausreiseverfahren (Schulden, Grundstücksfragen, Streitigkeiten bei Arbeitsverhältnissen etc.) zusätzlich anwaltliche Unterstützung geben. Dies war der Kern dessen, was die Besucher betraf. Der andere, politisch ebenso gewichtige Teil beinhaltete Klarstellungen in bezug auf die Arbeitsweise der Ständigen Vertretung sowie die Bestätigung der DDR, daß allein wegen eines Aufenthalts dort keine Festnahmen oder Verurteilungen erfolgen würden.

Ich habe darauf hingewiesen, daß es bei drei Besuchern der Ständigen Vertretung besondere Probleme für die DDR gab. In der Tat sah es zunächst so aus, daß für sie eine Lösung wie für die anderen Zufluchtsuchenden nicht erreichbar wäre. Nach langen, zum Teil sehr kontroversen Diskussionen in den Gesprächen mit Rechtsanwalt Vogel gelang es schließlich, die Bedenken in zwei Fällen zu überwinden. Offen blieb die Zusage für den Besucher »X«.

»X« hat später seinen Lebenslauf selbst öffentlich kundgetan. Deshalb kann ich hier Einzelheiten berichten. Er war damals 21 Jahre alt und Angehöriger der Nationalen Volksarmee. Er hatte sich unerlaubt von seiner Einheit entfernt. Mit anderen Worten, er war desertiert. Besondere Vorkommnisse lagen sonst nicht vor; er wollte einfach weg in den Westen, weil er in der DDR für den ihm vorschwebenden Lebensweg keine Aussichten sah.

Desertion wird auf der ganzen Welt geahndet. Sie gilt in allen Staaten als ein schweres Vergehen, das entsprechend hart bestraft wird. Die diesbezüglichen Bestimmungen der DDR unterscheiden sich nicht wesentlich von den Regelungen in den westlichen Staaten. Auf den Strafanspruch zu verzichten war für die DDR schwer hinzunehmen. Vogel verwies mit Recht auf die Bestimmungen in der Bundesrepublik und erinnerte an einen Deserteur der Bundeswehr, der sich in die DDR abgesetzt hatte. Als dieser freiwillig wieder in die Bundesrepublik zurückkehrte, sei er direkt nach dem Überschreiten der Grenze von der Militärpolizei der Bundeswehr festgenommen und später verurteilt worden. Eine höchst mißliche und vertrackte Situation. »X« würde die Ständige Vertretung nicht verlassen, wenn er anschließend vor ein Militärgericht gestellt werden würde. Er hatte Sorge, in eine ausweglose Situation zu geraten. Seine Angst vor der Militärjustiz war immens. Erst nach einer Strafverbüßung ausreisen zu können, schien ihm, was ich verstehen konnte, nicht ausreichend und zu vage. Die Furcht, in der Strafhaft persönlich zu Schaden zu kommen, beherrschte sein Denken.

Auf der anderen Seite konnte die DDR für ihre Haltung gute Gründe ins Feld führen. Die Desertion war schließlich in seinem Truppenteil bekannt, und die Disziplin und die Ordnung in einer Armee erforderten eine öffentliche Maßregelung. Der Knoten schien unlösbar. Wir bissen uns fest.

Ein Ereignis aus der Vergangenheit, an das wir — Vogel und ich -- uns erinnerten, bewirkte letztlich den Durchbruch. Im Juni 1981 hatte sich der Oberstleutnant der Nationalen Volksarmee, Rauschenbach, in den Westen abgesetzt. Er war in die Bundesrepublik geflüchtet. Die DDR hatte damals gebeten, mit ihm sprechen zu können. Diesem Gesuch wurde, wie üblich in solchen Fällen, stattgegeben. Der Emissär der DDR nun sagte Oberstleutnant Rauschenbach Straffreiheit zu, wenn er in die DDR zurückkehren würde. Rauschenbach entschloß sich, darauf einzugehen, und fuhr nach Hause zurück.

Hiermit gab es ein Vorbild. Auch in diesem Falle hatte Fahnenflucht vorgelegen. Sie wog bei dem militärischen Rang von Rauschenbach weit schwerer als bei unserem Besucher »X«, der keinen Dienstgrad bekleidete und lediglich ein einfacher Soldat war. Was bei dem einen Anlaß möglich war, nämlich auf die Bestrafung wegen Fahnenflucht zu verzichten, mußte auch ein andermal gelten können. Wie gut, daß man 1981 in der Bundesrepublik dem Gespräch — es hatte selbstverständlich unter Sicherheitsmaßnahmen stattgefunden — zugestimmt hatte.

Damit war für alle Besucher im obersten Stock der Ständigen Vertretung ein Weg eröffnet worden, der mit gutem Gewissen empfohlen werden konnte. Daß die DDR ihre Zusagen einhalten würde, daran hegte ich nicht den geringsten Zweifel. Die Absprache, schriftlich fixiert, war eindeutig, und einmal Vereinbartes war von der DDR stets strikt beachtet worden. In den innerdeutschen Beziehungen ging es seriös zu. Wir hatten schließlich die Möglichkeit, den weiteren Lebensweg aller Besucher zu verfolgen, und jedermann wußte, daß die Bundesregierung dies auch tun würde.

Mit den Zusagen in der Hand und der Gewißheit, daß sie erfüllt werden würden, trat ich dann am 28. Juni in der Ständigen Vertretung vor die dort Ausharrenden hin. Es war heiß an dem Tag. Trotz der offenen Fenster stand die Luft wie unbeweglich in dem oberen Trakt des Hauses. Die Besucher waren nur leicht bekleidet. Einige hatten lediglich Turnhosen an – ein Bild fast wie auf einem Campingplatz. Das Zusammensein auf engstem Raum hatte bereits Spuren hinterlassen. Einzelne Gruppen hatten sich gebildet, die untereinander durchaus nicht harmonierten. Wortführer hatten sich herausgeschält, wie es in derartigen besonderen Situationen oft zu beobachten ist. Die Atmosphäre war gespannt. Die Erregung war fast körperlich zu spüren. Hoffnung, aber auch Angst vor dem, was die Zukunft für sie bringen würde, standen im Raum. Die Schließung der Vertretung war aufmerksam verfolgt worden, auch wußten die Besucher, daß Verhandlungen zwischen der Bundesregierung und der DDR geführt worden waren.

Ich stellte mich vor und sagte den Versammelten, daß ich als Staatssekretär des Bundesministeriums für innerdeutsche Beziehungen gekommen sei, um zu versuchen, ihnen zu helfen. Ich stünde mit Rechtsanwalt Vogel, der ihnen sicher bekannt sei, in Verbindung und hoffte, daß sich eine annehmbare Lösung für sie alle erreichen ließe. Sie hätten in der Ständigen Vertretung Zuflucht gesucht und wollten aus dem Gebäude unmittelbar in den Westen ausreisen. Offen und uneingeschränkt müsse ich ihnen sagen, daß sich dieser Wunsch nicht erfüllen ließe. Die Bundesregierung könne ihnen dazu nicht verhelfen. Jeder Weg in den Westen führe über die DDR. Die Gegebenheiten seien nun einmal so, daß die DDR ihre Zustimmung geben müßte und über die Ausreise entscheide. Wunschvorstellungen würden nicht weiterhelfen. Man müßte die Wirklichkeit nehmen, wie sie sei. Selbstverständlich würde sie niemand aus dem Haus weisen. Ein längerer Aufenthalt würde ihre Situation aber sicher nicht verbessern. Sodann versuchte ich, möglichst verständlich die politische Lage zu schildern. Ich zeigte das Interesse der DDR auf, wies aber ebenso auf die Grenzen für ein Entgegenkommen aus dem Selbstverständnis der DDR hin.

Man hörte mich an; in den Mienen stand Mißtrauen und zunächst überwiegend Ablehnung. Unsere Besucher hatten sich offenkundig in eine Situation des »alles oder nichts« − Ausreise direkt in den Westen oder Verbleiben in der Ständigen Vertretung − hineingesteigert. Ich konnte ihnen den Standpunkt nicht übelnehmen. Sie hatten gewissermaßen alles auf eine Karte gesetzt, die Brücken abgebrochen und waren sich − jedenfalls in der Mehrzahl − des persönlichen Risikos bewußt. Nun mußten sie lernen einzusehen, daß sie ihre Vorstellungen zu revidieren hatten. Zugleich schwang auch die Angst mit, ob sie den Zusagen trauen könnten. Für sie bedeutete es schließlich, sich wieder in den Machtbereich der DDR zu begeben. Man kannte die Praktiken des Staatssicherheitsdienstes und hatte kein Vertrauen zu dem Staat DDR mehr − deswegen hatten sie sich ja auch in die Ständige Vertretung begeben.

Selbstverständlich sagte ich ihnen zu, daß wir uns um jeden einzelnen kümmern und sie nicht allein lassen würden. Ich konnte dies guten Gewissens tun. Die Akte würde nicht geschlossen werden, bis alle Zusagen Punkt für Punkt eingehalten worden waren. Rede und Gegenrede dauerten eine gute Zeit. Ich gab mir alle Mühe, zu überzeugen. Zunächst war nun alles gesagt, was grundsätzlich und für alle geltend erklärt werden konnte. Zum Schluß bot ich an, mit jedem einzelnen allein zu sprechen. Auch würde Rechtsanwalt Vogel zur anwaltlichen Betreuung zur Verfügung stehen.

Ich verließ die Gruppe und traf anschließend Vogel wieder, der ebenfalls in die Ständige Vertretung gekommen war. Nach und nach machten dann immer mehr der Besucher von dem Angebot eines persönlichen Gesprächs Gebrauch. Eine Menge Fragen, die sich aus den persönlichen Verhältnissen der einzelnen ergaben, wurden gestellt. Was wird mit der Wohnung, den Möbeln? Wie können Schulden reguliert werden? Was wird mit Unterhaltsverpflichtungen? Wie steht es mit dem Sorgerecht für Kinder? Vogel nahm alle Anliegen auf, legte Akten an, telefonierte mit allen möglichen Stellen und beriet in meinem Beisein jeden einzelnen, so gut er konnte.

Im obersten Stock wurde indessen weiter ausführlich beraten und diskutiert. Die Meinungen prallten zum Teil heftig aufeinander. Jeder einzelne mußte aber letztlich für sich selbst zu einem Entschluß kommen. Mehrfach im Laufe des Tages traf ich noch mit Sprechern der Gruppen zusammen, um weitere Erläuterungen zu geben. Das Bildungsniveau der Besucher war höchst unterschiedlich. Deshalb wurden auch immer wieder neue Fragen zum Verständnis gestellt. Es fiel ungemein schwer – das galt für alle –, von der Vorstellung Abschied nehmen zu müssen, wie die anderen DDR-Flüchtlinge vor ihnen, direkt aus der Ständigen Vertretung nach West-Berlin ausreisen zu dürfen. Die Hoffnung, über die Grenze gebracht zu werden, ohne noch einmal mit der DDR in Berührung zu kommen, hatte sich fest verankert. Man wollte von dieser Idee nicht Abschied nehmen – ich konnte es ihnen nicht verdenken. Aber dieser Wunsch war nicht zu erfüllen.

Allmählich zeichnete sich ab, daß die Grenzen der Möglichkeiten wirklichkeitsnäher eingeschätzt wurden. Es blieb jedoch das Mißtrauen, ob die Zusagen auch eingehalten würden. Das Verhalten der Volkspolizei vor der Ständigen Vertretung stand allen Besuchern noch deutlich vor Augen; auch hatte jeder seine eigenen mißlichen Erfahrungen mit den »Organen der Staatsmacht« hinter sich. Wer garantierte, daß nach einem Verlassen der Vertretung die Volkspolizei nicht gleich zugreifen und sie verhaften würde? Eine Sorge, die so unbegreiflich wahrlich nicht war. Im Grunde hatten sie nur das Wort eines ihnen persönlichen fremden Staatssekretärs der Bundesregierung. Hinzu kam, daß sich Vogel, dessen Verbindung als Beauftragter der Regierung der DDR sie zumeist kannten, sich ihrer Anliegen ernsthaft und hilfreich annahm. Was bedeutete dies aber schon? Welches Gewicht kam dieser Tatsache zu? Allein gestützt hierauf sollten sie den sicheren Schutz der Ständigen Vertretung aufgeben und darauf bauen, daß ihnen nichts Übles widerfahren würde und sie bald ausreisen könnten? Wer wollte es ihnen verdenken, daß sie über diese Probleme nicht so bald zu einer Entscheidung kamen. Ich bemühte mich sehr, Vertrauen zu gewinnen, doch lange Stunden sah es nicht nach einem Erfolg aus.

In den späten Nachmittagsstunden fiel schließlich eine Entscheidung. Drei von unseren Gästen erklärten sich bereit, die Ständige Vertretung zu verlassen und nach Hause zurückzukehren. Es wurde verabredet, daß sie in der Vertretung anrufen würden, um zu schildern, wie es ihnen ergangen sei. Es sollte eine Art Test sein, daß die Zusagen galten. Vogel verständigte die zuständigen Behörden, und ein Wagen der Vertretung setzte die drei in Ost-Berlin an einem von ihnen gewünschten Ort ab, von dem sie sich dann nach Hause begaben. Die Spannung bei den Verbliebenen war groß. Was würde geschehen?

Am nächsten Tag, dem 29. Juni, kurz vor Mittag, kam schließlich der vereinbarte Rückruf. Unsere ehemaligen Besucher berichteten Vertretern der Gruppe, daß sie nicht behelligt worden seien und sich frei und ungehindert bewegen könnten. Diese Mitteilung bewegte alle ungemein. Ich hoffte sehr, daß damit der Bann gebrochen wäre. Die Diskussionen flammten erneut auf. Bald entschieden sich einzelne, dann immer mehr unserer Gäste, dem Weg zu folgen.

Inzwischen war es Nachmittag geworden. Nun erhoben sich eine Fülle von technischen Problemen. Die Zufluchtsuchenden stammten nahezu alle nicht aus Ost-Berlin. Sie waren aus den verschiedensten Gebieten der DDR angereist. Wie sollten sie wieder nach Hause kommen? Die Mitarbeiter der Ständigen Vertretung taten ihr Bestes, um die Fragen zu klären. Fahrpläne wurden gewälzt, Anschlüsse herausgesucht. Auch mußten Angehörige auf das Heimkommen vorbereitet werden. Es ging sehr hektisch und aufgeregt zu. Dabei stand im Hintergrund immer noch die Sorge, ob wirklich alles seine Ordnung hätte. Der »Test« hatte strenggenommen ja doch nur eine relative Bedeutung. Für ganz Mißtrauische konnte das Ganze schließlich nur »gestellt« sein.

Für einige, die bereit waren, die Ständige Vertretung zu verlassen, konnten keine Reisemöglichkeiten mehr gefunden werden, es fehlten die passenden Zuganschlüsse. Sollten sie deshalb noch eine Nacht in der Vertretung verbringen? Weiter gequält von Zweifeln? Ein unguter Gedanke. Außerdem würde jeder, der nach Hause zurückkehrte, eine Art Sogwirkung auf die noch nicht Entschlossenen ausüben. In einer derartigen Situation will möglichst niemand zu den letzten gehören – eine alte psychologische Erfahrung. Aber was tun? Ich geriet in gelinde Verzweiflung. Woher am beginnenden Abend in Ost-Berlin Unterkunft finden? Die Hotels der internationalen Klasse kamen ja wohl nicht in Frage. Andere, so wurde mir gesagt, hatten mit Sicherheit kein Zimmer frei.

Einer Eingebung folgend entschloß ich mich, Konsistorialpräsident Manfred Stolpe, stellvertretender Vorsitzender des Bundes evangelischer Kirchen in der DDR, anzurufen. Es wurde ein denkwürdiges Gespräch. Stolpe stellte keine Fragen, sondern sagte, ohne daß ich lange Ausführungen machen mußte, sofort zu, sich zu kümmern. Er werde mich anrufen. Wenige Minuten später übermittelte er mir, daß bei Pastor Braune im Stephanus-Stift notfalls noch heute Zimmer freigemacht werden könnten. Diese schnelle, unbürokratische und zupackende Unterstützung in einer auf das höchste angespannten Situation war ungemein hilfreich. So konnte auch dieses Problem gelöst werden. Alle, die an dem Tag die Ständige Vertretung verlassen wollten, wurden – ebenfalls nach Abklärung durch Vogel – mit Wagen der Vertretung in die Stadt gefahren und abgesetzt. Insgesamt verließen 23 Personen das Haus.

Am Abend gab Vogel das Ergebnis der Presse bekannt. Er erklärte: »25 Personen haben freiwillig und ohne Nachteil die Ständige Vertretung verlassen. Zu weiteren Erklärungen bin ich im Interesse der Betroffenen im Moment nicht bereit. Wir brauchen jetzt Ruhe und Beruhigung.«

Ich war ein wenig überrascht. Wir hatten eine Unterrichtung der Presse nicht verabredet. Mir war der Schritt in die Öffentlichkeit auch nicht recht. Vogels Botschaft signalisierte Entspannung. Noch aber hatte nicht einmal die Hälfte der Zufluchtsuchenden das Haus verlassen. Ich hielt es deshalb für zu früh, ein solches Zeichen zu setzen. Die bestehende Druckkulisse leistete auch ihr Gutes. Der Zwang, gemeinsam auf ein befriedigendes Ende hinzuarbeiten, sollte tunlichst nicht geringer werden. Auf Anfrage habe ich meinerseits die Meldung dann zwar bestätigt, mich aber auf die Sätze beschränkt. »Die Bemühungen um die Lösung dauern an. Jeder wird verstehen, daß weitere Einzelheiten zur Zeit nicht mitgeteilt werden können.«

Am 29. Juni, einem Freitag, kehrte ich nach Bonn zurück. Diejenigen, die sich noch nicht zum Verlassen der Ständigen Vertretung entschlossen hatten, mußten nun weiter überlegen, wie sie sich entscheiden sollten. Ein besseres Ergebnis war nicht zu erzielen. Im Gegenteil, eher stand zu befürchten, daß sich die Haltung der DDR verhärten konnte. Für den Fall, daß eine oder mehrere Personen den bisher Gegangenen folgen wollten, war Vorsorge getroffen, daß sie

genauso betreut würden wie die anderen. Man mußte nun Geduld aufbringen und abwarten. Auf die Gebliebenen Druck auszuüben, war
nicht statthaft.

Die Zeit der Ruhe und Besinnung tat ihre Wirkung. Als ich am
Montag, dem 2. Juli, wieder in Berlin eintraf, hatten sich alle bis auf
vier Erwachsene mit zwei Kindern entschlossen, das Angebot anzunehmen und nach Hause zurückzukehren. Mit einem unserer »Schütz-
linge« gab es allerdings besondere Komplikationen. Es betraf den
erwähnten »X«, um den wir uns schon so sehr hatten sorgen müssen.
Der junge Mann erklärte, nur unter der Bedingung die Vertretung verlassen zu wollen, daß auch seiner Braut die Ausreise aus der DDR
erlaubt werde. Wieder wurde Vogel eingeschaltet, der sich bereit fand,
sich auch dieses Problems anzunehmen.

»X« befand sich schon seit Wochen in der Ständigen Vertretung. Er
hatte deshalb auch längere Zeit keinen Kontakt zu seiner Braut gehabt.
Daß er sich aus der DDR absetzen wollte, hatte er ihr vorher nicht
gesagt. Deshalb hielten Vogel und ich es für naheliegend, daß die
junge Dame erst einmal gefragt werden müsse, ob sie überhaupt übersiedeln wolle. Sie verneinte dies denn auch prompt. »X« wollte der
Auskunft jedoch nicht glauben. So arrangierten wir ein Telefonge-
spräch zwischen den beiden. In diesem Gespräch blieb die junge
Dame bei ihrer ablehnenden Haltung. »X« aber war nicht zu überzeugen. Er wollte es einfach nicht wahrhaben und meinte, sie habe sich
vielleicht nicht frei äußern können. Also verabredeten Vogel und ich,
daß »X« die »Braut« im Büro Vogels unter vier Augen sprechen könne.
Wie sie sich entscheide, so solle es geschehen. Die Begegnung fand
auch wirklich statt. Beide bekamen die Gelegenheit, ihre Probleme
ausführlich und vertraulich im Garten der Kanzlei von Vogel miteinander zu besprechen. Die »Braut« blieb bei ihrem »Nein«. »X« ist
dann allein in die Bundesrepublik übergesiedelt.

Seine weitere Geschichte ist ebenfalls bemerkenswert. In der Bundesrepublik konnte er nicht richtig Fuß fassen; er blieb ein Sorgen-
kind. Ich hörte wieder von ihm, als bekannt wurde, er sei in der DDR
erneut inhaftiert worden. »X« hatte sich tatsächlich von Westdeutschland aus in die CSSR begeben und war von dort illegal über die
»Grüne Grenze« in die DDR gegangen. Er wollte seine Braut − es
handelte sich inzwischen um eine andere junge Dame − besuchen. In

ihrer Wohnung wurde er dann festgenommen. Offenbar hatten die Behörden in der DDR von seinem Vorhaben Wind bekommen. Erschwerend kam hinzu, daß er eine Gaspistole mit sich führte. Aus der Haft hat er sich dann immer wieder an mich gewandt mit der Bitte, ihm noch einmal zu helfen. Er hatte Glück. Im Herbst 1987 erließ die DDR eine Amnestie. Seine Tat fiel unter die Kategorien des Erlasses. So kam er erneut frei. Da »X« durch unsere Bemühungen 1984 – nach dem Verlassen der Ständigen Vertretung – legal aus der DDR ausgereist war, galt er juristisch als Bundesbürger und wurde deshalb aus der Haft wieder in die Bundesrepublik abgeschoben. Eine deutsch-deutsche Begebenheit!

Nachdem nun bis auf vier Erwachsene mit ihren zwei Kindern alle Personen die Ständige Vertretung wieder verlassen hatten, stellten Staatssekretär Bräutigam und ich uns der Presse. Ich gab folgende Erklärung ab:

> »Heute kann ich mitteilen, daß nach meinen Gesprächen mit Rechtsanwalt Dr. Vogel bis auf vier Erwachsene und zwei Kinder alle Personen, die sich zum Teil über eine längere Zeit in der Ständigen Vertretung aufgehalten haben, das Haus verlassen haben. Sie sind inzwischen in ihre Heimatorte in der DDR zurückgekehrt.
>
> Bei den im Haus verbliebenen Personen handelt es sich nicht um die in der Öffentlichkeit als ›Problemfälle‹ bezeichneten Besucher. Personen, die sich jetzt noch in der Ständigen Vertretung aufhalten, wurden die gleichen Möglichkeiten eröffnet wie allen anderen, die daraufhin die Ständige Vertretung inzwischen verlassen haben. Jeder muß die Gegebenheiten sehen, wie sie sind. Eine sachliche Beurteilung zwingt zu der Feststellung, daß über Ausreisen aus der DDR die Behörden der DDR entscheiden.
>
> Es besteht Grund zu der Annahme, daß die zuständigen Stellen der DDR wieder Ausreisegenehmigungen in Familienzusammenführungsanliegen erteilen werden, wenn sich die Lage in der Ständigen Vertretung normalisiert hat, d. h., wenn auch die letzten gegangen sind.«

Staatssekretär Bräutigam und ich mußten noch viele Fragen beantworten. Die Presse wollte begreiflicherweise alle möglichen Details wissen. Es war unbefriedigend, nicht genau Auskunft geben zu können. Aber das Interesse der Menschen, wie auch die deutsch-deutsche Situation insgesamt, geboten Zurückhaltung.

Das Benehmen und die Uneinsichtigkeit der in der Ständigen Vertretung verbliebenen vier Personen bereitete zunehmend Kummer. Ihr Bildungsgrad war sehr gering. Niemand von ihnen konnte einen triftigen Grund anführen, warum er sich verweigerte. Sie beharrten einfach darauf, unmittelbar in den Westen gebracht zu werden. Bockig meinten sie, anderenfalls eben auch Jahre in der Ständigen Vertretung zubringen zu wollen. Die Verhältnisse, unter denen sie oben im fünften Stock leben mußten, empfanden sie keineswegs als bedrückend. Ich sprach am nächsten Morgen noch einmal fast zwei Stunden mit ihnen, um die Gründe für ihre starre Haltung zu erfahren. Vergebens. Hier konnte nur die Zeit eine Wende bringen. Sie verhalf dann auch zu der Gewißheit, daß mehr nicht zu erreichen war. Zwei Tage später kam die Einsicht, und sie verließen, selbstverständlich mit den gleichen Zusagen, das Haus.

Vogel hatte noch viel Mühe mit »seinen« Mandanten. Seine Zusage, ihnen anwaltlich zur Seite zu stehen, wurde ausgedehnt in Anspruch genommen. Es gab viel zu regeln und manche Schererei.

Diese Vorgänge gehörten nun der Geschichte an. Daß die Probleme im Grunde nicht gelöst waren, daß es im Zusammenhang mit dem Bemühen um eine Ausreise aus der DDR auch in der Zukunft zu spektakulären Schritten kommen würde, dies blieb damals für jeden Kundigen und mit den Verhältnissen in der DDR Vertrauten eine Sorgen bereitende Gewißheit. Doch für diesmal blieb festzustellen, daß den Betroffenen geholfen werden konnte, daß die innerdeutschen Beziehungen keinen Schaden genommen hatten und daß der allgemeine Ausreisestopp von seiten der DDR wieder aufgehoben worden war.

Die Flucht in die Botschaft der Bundesrepublik Deutschland in Prag 1984/85

Die Pause zwischen dem Verlassen der letzten Besucher der Ständigen Vertretung in Ost-Berlin und neuen Zufluchtbegehren war nur kurz. Zunächst beschränkte sich in der Folgezeit der Zugang in Vertretungen der Bundesrepublik auf nur wenige Menschen aus der DDR. Ihre Anliegen − Ausreise in die Bundesrepublik Deutschland − konnten aufgrund der Absprache, die Vogel und ich bei der Zufluchtnahme in der Ständigen Vertretung getroffen hatten, relativ schnell und ohne Aufsehen auf eine annehmbare Weise geregelt werden. Dann sprachen jedoch immer mehr Besucher in der Botschaft der Bundesrepublik in Prag vor. Ihre Zahl wuchs stetig, und am 2. Oktober 1984 − also nur wenige Monate nach den Vorgängen in Ost-Berlin − hatten sich 43 Besucher in der Botschaft festgesetzt.

Über die Tagesschau wurde die Tatsache weithin bekannt. Sie zeigte − wie zu erwarten war − Wirkung in zweierlei Richtungen. Zum einen schwoll der Besucherstrom weiter an: Zwei Wochen später schon hatten 140 Menschen aus der DDR in der Botschaft in Prag Zuflucht gesucht, und da deren Aufnahmefähigkeit bald erschöpft war, mußte sie geschlossen werden. Zum anderen bewirkte die breite Öffentlichkeit um das Geschehen, daß eine diskrete Hilfe, wie vorher in einzelnen Fällen, nicht mehr möglich war. Die Augen der in- und ausländischen Öffentlichkeit hatten sich auf die Vorgänge in Prag gerichtet.

Prag bot sich als Stätte für ein Folgegeschehen gewissermaßen von selbst an. Bürger der DDR konnten zumeist ohne große Schwierigkeiten in die CSSR reisen. Die CSSR war zu einem beliebten Reiseland für die Menschen in der DDR geworden, und die Botschaft der Bundesrepublik − das alte Palais Lobkowitz − lag für jeden Besucher leicht zu finden mitten in der Stadt. Vor dem Eingang patrouillierten in der Regel lediglich zwei CSSR-Polizisten, die sich aber um die Besucher der Botschaft nicht sonderlich kümmerten, sondern wie vor anderen Botschaften auch reine Sicherungsaufgaben wahrnahmen. So konnten die Menschen aus der DDR ohne Schwierigkeit in das Gebäude gelangen. Zu der Botschaft gehörte nach hinten hinaus ein weiträumiger Garten. Er war lediglich von einem normalen, etwas über mannshohen Zaun umgeben. Die Straße davor wurde wenig benutzt, sie war zumeist menschenleer. Polizeistreifen gingen dort nur gelegentlich entlang. Der Zaun stellte kein ernst zu nehmendes Hindernis dar, und auch die Mauer, die den übrigen Teil der Botschaft umschloß, war keine unüberwindliche Sperre.

Eines Tages wurde diese Mauer sogar von einer Frau, die im achten Monat schwanger war, überstiegen. Vogel und ich bemühten uns später ganz besonders um diese Familie. Das Kind sollte nicht unter den bedrückenden Verhältnissen in der Botschaft zur Welt kommen. Die Familie ist dann auch als eine der ersten, noch vor der Geburt des Kindes, in die DDR zurückgekehrt.

Einige der »Gäste« – junge Leute – machten sich zeitweise ein Vergnügen daraus, am Abend über den Zaun zu Ausflügen in die Stadt aufzubrechen. Einer verließ über diesen »Hinterausgang« die Botschaft und begab sich zurück in die DDR, allerdings nur, um seine Braut von dort nachzuholen, sie mit nach Prag zu bringen und über den Zaun in die Botschaft einzuschleusen.

Westliche Journalisten nutzten die Möglichkeit, sich durch den Zaun mit den Gästen auszutauschen und Informationen zu sammeln. Die tschechischen Behörden hielten sich zurück. Sie vermieden jede auffällige Beobachtung der Botschaft, gaben sich sehr gelassen und beschränkten sich darauf, die Sicherheit der Botschaft zu gewährleisten. Erst als das große Tor der Botschaft geschlossen worden war, wurde von ihnen eine Art Ausweiskontrolle eingeführt. Offenkundig betrachtete die CSSR die Vorgänge als eine deutsch-deutsche oder gar als eine reine DDR-Angelegenheit, in die sie sich tunlichst nicht hineinziehen lassen wollte.

Die Anlage der Botschaft bot für die Beherbergung einige Vorteile. Das Hauptgebäude bestand aus dem alten Palais Lobkowitz – ein Palais im wahrsten Sinn des Wortes. Neben den Repräsentationsräumen gab es zahlreiche Nebengelasse, um die früher übliche große Dienerschaft aufnehmen zu können. Deshalb verfügte das Palais auch über eine wahrhaft riesige Küche. Ein Umstand, der sich für die

Bewältigung des Massenandrangs äußerst hilfreich auswirkte. Das Auswärtige Amt hatte extra einen Bediensteten des Hauses, der einen Ruf als vorzüglicher Koch genoß, nach Prag geschickt. Unter seiner Leitung wurde in dieser Zeit ein vorzügliches Essen hergerichtet, wie es die meisten Besucher Zeit ihres Lebens wohl noch nicht genossen hatten. Er veranstaltete Kochkurse und trug damit ein gutes Stück zur psychologischen Entkrampfung in der angespannten Situation bei.

Das alte Palais Lobkowitz hat sicher im Laufe seines Bestehens den verschiedensten Gästen Unterkunft und wohl auch gelegentlich Unterschlupf geboten. Aber daß in seinem prächtigsten Bau, dem Fresken-Saal, nun Menschen dicht an dicht auf Matratzen auf der Erde kampierten, das hatte es in der Geschichte des ehrwürdigen Hauses wohl noch nicht gegeben. Der Botschafter unterdrückte denn auch mannhaft seine Sorge, daß die wertvollen Fresken beschädigt werden könnten. Es war eine einzigartige Situation.

Das Zusammenleben von so vielen Menschen auf engem Raum – der einzige »Auslauf« bestand in einem Spaziergang durch den Garten – brachte die vielfältigsten Probleme mit sich. Was das Auswärtige Amt zur Erleichterung tun konnte, geschah. Ärzte aus der Bundesrepublik machten regelmäßig Visiten, und zwei Krankenschwestern des Deutschen Roten Kreuzes standen ständig zur Betreuung zur Verfügung. Über einen kurzen Weg wurden laufend Fernsehnachrichten und Berichte aus der Bundesrepublik sowie Spielfilme beschafft und in der Botschaft gezeigt. Selbstverständlich gab es auch Radios sowie Tageszeitungen aus der Bundesrepublik.

Die Besucher konnten Briefe, aber keine Päckchen und Pakete empfangen. Es sollte vermieden werden, daß einige, die zum Beispiel begüterte Angehörige in der Bundesrepublik hatten, sich Kleidung und andere Sachen gesondert schicken ließen und dadurch Mißgunst entstand. In dringenden persönlichen Anliegen erlaubte die Botschaft aber den Telefonverkehr. Die Angehörigen der Botschaft taten ihr Bestes, um in der psychologisch schwierigen Situation den Menschen beizustehen und ihnen zu helfen. Sie wurden durch die Vorgänge erheblich zusätzlich belastet, denn die normalen Dienstgeschäfte mußten ja weiter erledigt werden. Der Botschafter selbst war sicher am meisten durch die »Zweckentfremdung« seines Hauses getroffen. Die neue und ungewohnte Lage machte ihm zu schaffen. Schließlich kam der ganze diplomatische Verkehr, der von einer Botschaft im Ausland zu pflegen ist, durcheinander oder wurde zumindest sehr erschwert.

Im Laufe der Zeit bildeten sich innerhalb der Gemeinschaft Gruppen, die sich fester zusammenschlossen. Aus dem engen Zusammenleben erwuchsen bei einigen engere Beziehungen, bei anderen zerbrachen unter der ungewohnten Belastung Bindungen, die schon lange Jahre bestanden hatten. Es gab Probleme unter Eheleuten. Es gab Liebeskummer, und manchmal äußerte sich die Eifersucht auch ganz handfest. Ich erinnere mich noch deutlich, daß mir eine unserer weiblichen Gäste mit einem blauen Auge gegenübersaß. Das Leben spielte sich auf engstem Raum ab; einen privaten Bereich gab es praktisch nicht. Viele litten sehr unter dem Zustand. Andere hatte keine Scheu, sich frei auszuleben. Es gab Rücksichtnahme untereinander, aber ebenso Unbeherrschtheit, Unduldsamkeit und krassen Egoismus.

Der Hausordnungsdienst der Botschaft hatte neben dem Eingang eine Art »Bar« eingerichtet. Dort traf man sich. Die Gerüchteküche brodelte, wie in einer solchen Situation nicht ungewöhnlich. Immer wieder wurden alle Nachrichten aus Rundfunk und Zeitungen, alle Mitteilungen der Botschaftsangehörigen durchgesprochen und auf ihren Gehalt für das gemeinsame Schicksal abgeklopft. Diese gesellige Zusammenkunft mußte leider nach einiger Zeit vom Botschafter geschlossen werden, weil einige der Gäste nicht Maß halten konnten und alkoholische Exzesse auftraten.

Ich hatte davon gesprochen, daß die Besucher Zeitungen aus der Bundesrepublik lesen konnten und vor allem den ganzen Tag am Radio hingen. Dadurch ergaben sich eine ganze Reihe von Problemen. Die Zeitungen wie die Rundfunksendungen sind auf den Leser beziehungsweise Hörer in der Bundesrepublik eingestellt. Der Bundesbürger hat eine Vielzahl von Möglichkeiten zu vergleichen. Er ist es gewöhnt, daß Meldungen mit unterschiedlichen Inhalten und Ansichten geboten und debattiert werden, er legt nicht jeden Ausdruck, nicht jede Meinung auf die Goldwaage. Der Bürger der DDR lebte in einer ganz anderen Situation. Er kannte nur die vom Staat veröffentlichte Meinung. In der DDR gab es öffentlich keine politische Diskussion. Die SED legte den Kurs und die Inhalte fest, alle Medien hatten sich danach zu richten. Langeweile und Fadheit waren die Folge. Andererseits wußte aber jeder Bürger in der DDR durch dieses System genau, was »Sache ist«, das heißt, wie die Staatsmacht einen Vorgang beurteilte und welche Entwicklung vorgedacht wurde.

Die westliche Informationsflut mit höchst unterschiedlichen Verlautbarungen zu ein und demselben Thema war den Menschen in der DDR fremd. Einen Hauch davon bekamen sie nur am Abend über das westliche Fernsehen zu spüren. Aber da sie nicht jeden Tag die Nachrichten aus dem Westen mit der Wirklichkeit vergleichen und auf ihren Wahrheitsgehalt hin überprüfen konnten, blieben sie dem grauen Informationsalltag der DDR verhaftet. Nun lebten diese DDR-Bürger in der Botschaft in Prag, »ausgeliefert« der westlichen Medienvielfalt. Niemand gab ihnen mehr eine feste Orientierung. Kein Wunder, daß sie von der Informationsflut verwirrt wurden, das Wichtige vom Nebensächlichen nicht unterscheiden konnten und nicht verstanden, daß ihr Schicksal so unterschiedlich kommentiert wurde. Jeder Vorschlag zur Lösung ihrer Probleme wurde begierig aufgegriffen. Als zum Beispiel in der Bundesrepublik der Gedanke geäußert wurde, die Bundesregierung solle Busse schicken und die Flüchtlinge einfach aus der Botschaft herausholen, um sie direkt nach Westdeutschland zu schaffen – eine bei den damaligen politischen Gegebenheiten durch und durch unrealistische Vorstellung –, wurde dies freudig begrüßt. Es hatte zur Folge, daß sich die Haltung der Besucher versteifte, denn wenn man sogar in der Bundesrepublik eine solche Möglichkeit – sie entsprach schließlich ihrem Wunschdenken – für realisierbar hielt, weshalb sollten sie dann von ihrem Begehren abrücken und sich für andere, für sie schlechtere Vorstellungen öffnen?

Nach der Rückkehr von meinem ersten Besuch in Prag sprach ich deshalb mit vielen Journalisten in Bonn. Sie zeigten sofort Verständnis für die Problematik. Diese unmittelbare Auswirkung des geschriebenen oder über den Sender gesprochenen Wortes war ihnen in dieser Deutlichkeit bislang sicher nicht oft begegnet. Die Gespräche hatten positive Folgen. Die Berichterstattung wurde einfühlsamer. Dies trug wesentlich zu einer Entkrampfung der Situation bei und half den Menschen in der Botschaft, ihren Blick für die Wirklichkeit zu schärfen.

Am 4. Oktober 1984 wurde die Botschaft in Prag von der Bundesregierung offiziell geschlossen. Die Kapazität zur Aufnahme von

Zufluchtsuchenden war erschöpft. Wie sollte es nun weitergehen? Die Bundesregierung unter der Führung von Bundeskanzler Kohl stand vor einer ernsten Krise in den innerdeutschen Beziehungen. Vom Volksaufstand am 17. Juni 1953 und dem Bau der Mauer am 13. August 1961 abgesehen, stellte die Zufluchtnahme von Deutschen aus der DDR in der Prager Botschaft der Bundesrepublik wohl die ernsteste Belastung des innerdeutschen Verhältnisses dar. Wenn die Menschen die Botschaft nicht bald verlassen könnten, mußten sich die Beziehungen zwischen der DDR und der Bundesrepublik schnell tief trüben. Zunächst würde es in der Öffentlichkeit eine Eskalation der Schuldzuweisungen geben, die fast zwangsläufig Auswirkungen auf die vielen laufenden Gespräche mit der DDR − etwa auf wirtschaftlichem und kulturellem Gebiet, im Bereich des Jugendaustausches, des gemeinsamen Umweltschutzes und des Reiseverkehrs − haben würden. Die so gut in Gang gekommenen Kontakte würden wieder einer Konfrontation weichen. Alle Fortschritte, durch ein Mehr an Verbindung innerhalb Deutschlands, durch steigende Kommunikation über die Grenzen hinweg die Einheit des Volkes zu stärken, insbesondere der ständig steigende Besucherstrom aus der DDR in die Bundesrepublik standen in Gefahr, wieder zunichte zu werden. Die öffentlichen Äußerungen in der damaligen Zeit spiegelten diese Situation in aller Deutlichkeit wider. Die so gut begonnene Entwicklung durfte nicht zu Schaden kommen. Die Bundesregierung mußte deshalb ein elementares Interesse daran haben − soweit es in ihrer Macht stand −, die Krise möglichst rasch überwinden zu helfen. Sosehr das Schicksal der Zufluchtsuchenden das Herz ansprach und Emotionen auslöste, die größeren Zusammenhänge durften nicht aus dem Blickfeld geraten. Wenn über hundert Menschen über viele Monate, möglicherweise gar Jahre, in der Botschaft wie eingesperrt verbleiben mußten, würde dieses Faktum politische Folgen haben, die nicht übersehbar und kalkulierbar waren. Aufwallende Gefühle, die Erregung bis hin zum Zorn auf ein System, unter dem die Menschen sich zu derartigen Notwehrreaktionen gezwungen sahen, mußten im Zaume gehalten werden. Neben der Anteilnahme war ein kühler Kopf gefragt.

Grundsätzlich mußte auch die DDR an einer Lösung des Konflikts interessiert sein. Die Zufluchtnahme in der Botschaft beschädigte ihr Ansehen im In- und Ausland erheblich. In ihrem Bemühen, in der westlichen Welt »hoffähig« zu werden, verlor sie viel an Boden. Die Vorgänge in Prag warfen ein häßliches Licht auf die Verhältnisse in der DDR. Sie entlarvten die mit großem Propagandagetöse immer wieder vorgebetete These, Führung und Volk seien einig und der sozialistische Weg werde von den Bürgern der DDR getragen, erneut als Unwahrheit.

Rechtsanwalt Vogel und ich standen in jenen Monaten in enger Verbindung. Auf dem weiten Feld der »humanitären Bemühungen« gab es gerade damals eine Fülle von Einzelfragen zu besprechen. Unser Kontakt war gut eingespielt; wir konnten uns jederzeit erreichen. Die spektakulären, in der Öffentlichkeit bekanntgewordenen Fälle machten ja nur einen Bruchteil des Geschehens aus. Es gab viel tragischere Begebenheiten, die ohne Aufsehen im Interesse der Menschen entwirrt und geklärt wurden. Das Schicksal liebt oft verschlungene Pfade, auf denen sich die Menschen verirren und an deren Ende eine unlösbar scheinende Verstrickung steht.

Die gewaltsam erfolgte Teilung einer in Jahrhunderten gewachsenen nationalen Gemeinschaft zeigte auch noch Jahrzehnte später bittere Folgen für die Menschen. Familien lassen sich nicht so einfach auseinanderreißen und trennen. Die Bande sind fester und dauerhafter, als einige Politiker es wahrhaben wollen. Auch wenn im rauhen Alltag wenig oder keine Zeit zum Nachdenken bleibt, tief im Inneren pocht etwas wie Schmerz weiter. Die Frage nach dem Sinn und Zweck, nach der Berechtigung der Trennung hört nicht auf. Die Menschen in der DDR sind Angehörige des gleichen Volkes wie die in der Bundesrepublik gewesen. Sie haben den Krieg und die Niederlage zusammen erlebt und müssen gemeinsam für die Untaten in der Zeit des Nationalsozialismus einstehen. Die in der DDR lange Zeit offiziell vertretene These, daß man mit diesem Teil der Vergangenheit nichts zu tun habe, ist von den Menschen dort niemals angenommen worden. Niemand kann aus der Geschichte aussteigen. Das in deutschem Namen begangene Unrecht gehört zur Vergangenheit aller Deutschen, ebenso wie sich jeder Deutsche auf die großen Leistungen, die von Deutschen im Laufe der Geschichte erbracht worden sind, berufen kann.

Dieses Gefühl des Eingebettetseins in dieselbe Gemeinschaft ist tief verankert. Und so fragten sich denn mit Recht viele Menschen in der DDR, weshalb sie sich damit abfinden sollten, nicht den Weg gehen zu dürfen, den die Menschen in der Bundesrepublik gewählt hatten. Ein Stück nur allzu verständlicher Bitterkeit nagte im Inneren, daß man bei gleicher Begabung und gleicher Mühe nicht so vorankam, nicht Lebensumstände schaffen konnte, die als erstrebenswert vor Augen standen. Gewiß war es in der DDR erheblich vorwärtsgegangen, und viele Menschen dort mochten keineswegs nur das Bild der Bundesrepublik kopieren; doch fehlte den Menschen inzwischen der Glaube, daß es angesichts der politisch bedingten gesellschaftlichen Verhältnisse in der DDR zu einer Entwicklung kommen könnte, die ihnen als wünschenswert vorschwebte.

Aus diesem Grundempfinden heraus — wie es in jenen Tagen vorherrschte — artikulierten sich Forderungen, die schließlich häufig in Übersiedlungsanträge mündeten. Uns in der Bundesrepublik, denen es nach dem Krieg so viel besser gegangen ist, die große Hilfe und Unterstützung von unseren Verbündeten im Westen erfahren haben, stand deshalb nicht das Recht zu, diesen Wünschen gegenüber das Ohr zu verschließen. Es war dies nicht nur eine Frage des Rechts, sondern im Grunde eine moralische Frage. Deutschlandpolitik konnte sich nicht allein nach politischem Kalkül richten, sie war eingebettet in eine rechtliche Verpflichtung, vom Grundgesetz her, aber vor allem mußte sie sich aus einem tiefen Gefühl tragen, moralisch dem Landsmann in der DDR als Angehöriger derselben Nation verpflichtet zu sein.

Die Schließung der Botschaft erfolgte, kurz bevor in der DDR die staatlich bestellten Jubelfeiern zur 35. Wiederkehr der Staatsgründung begannen. Die DDR-Führung wollte der Bevölkerung ein Bild des Landes vorführen, wie es sich prächtiger nicht denken ließ. Da war viel von steigendem Wohlstand die Rede, von einer Politik, die ausschließlich dem Wohl des Volkes diene, von einem Leben frei von Ausbeutung und Zwang, von der Verwirklichung der Freiheitsrechte für jedermann und der Einheit von Partei und Volk. Nur die DDR sei der wahrhaft humane Staat auf deutschem Boden, hieß es. Fürwahr, ein Land auf dem Weg in eine friedliche, prosperierende und gerechte Welt. Daß diese Thesen und Schalmeienklänge keinen Bezug zur Realität hatten, zeigte sich am deutlichsten in dem Anwachsen des Ausreisedrucks.

Die Abkehr vom DDR-System manifestierte sich in besonderer

Weise in der Zuflucht in die Vertretungen der Bundesrepublik. Trotz der hohen Zahl von Ausreisebewilligungen − über 30 000 im Jahr 1984 − wies das Phänomen, daß so viele Menschen keine Gefahr scheuten, um die DDR zu verlassen, auf die Instabilität des Regimes in nicht zu übersehender Weise hin und strafte alle Propagandathesen Lügen. Auf die DDR-Führung wirkte das Geschehen in Prag deshalb wie ein giftiger Stachel. Nach den vorhergehenden Ereignissen in diesem Jahr glaubte sie, nun diese Ausweichmöglichkeit, durch Zufluchtnahme in Vertretungen der Bundesrepublik die Ausreise erzwingen zu können, dieses Loch in der Grenze ein für alle Male verschließen zu müssen. Der Punkt war gekommen, an dem nach ihrer Meinung Festigkeit, Entschlossenheit und − wenn nötig − Härte demonstriert werden mußten, sollte nicht das ganze Gefüge ins Wanken geraten. Die DDR sah, und unter ihrem Gesichtspunkt zu Recht, wenn sie jetzt nicht die Notbremse zog und den Zug abrupt zum Halten brachte, daß es zu innenpolitischen Schwierigkeiten kommen würde, für deren Bewältigung kein Rezept bereitstand, außer einer noch stärkeren Repression der Bevölkerung. Der Schaden an Ansehen im westlichen Ausland, aber auch im Ostblock, würde beträchtlich sein. So bahnte sich ein Konflikt mit der Bundesregierung an, der vorherzusehen war, für den aber niemand eine Lösung wußte. Im Grunde ging es nicht vornehmlich um die über 160 Menschen in den Botschaften in Prag, Budapest und Warschau, wo zu gleicher Zeit einige Zufluchtsuchende sich festgesetzt hatten. Für 160 Personen die Ausreise zu erwirken wäre kein Problem gewesen; es handelte sich um die Frage, wie die DDR verhindern konnte, daß neue Zufluchtsfälle eintraten.

Die DDR hätte die Reisemöglichkeiten für ihre Bürger in die Ostblockstaaten reduzieren und die Personen noch sorgfältiger aussieben können − bei einer Gesamtzahl von vielen Hunderttausenden an Reisenden, Geschäftsleuten und Touristen in die Ostblockstaaten jedoch ein unbrauchbares Mittel. Sie hätte die Reisen in den Ostblock insgesamt untersagen können, doch wäre ein solches Verbot praktisch einer totalen Bankrotterklärung gleichgekommen. So wählte sie den auf der Hand liegenden Weg. Wenn niemand mehr über eine Zufluchtnahme in eine Vertretung der Bundesrepublik seine Ausreise würde erzwingen können, würde sich auch kein Nachfolger mehr auf den Weg dorthin begeben. Ein einfacher, höchst probater Gedanke. In der Praxis hieß dies: Die DDR sagte zwar Straffreiheit zu, weil sonst die Hürde zum Verlassen der Botschaft zu hoch sein würde, verweigerte aber, die Ausreise zuzugestehen.

Die DDR glaubte in einer besseren Position zu sein, denn die CSSR würde als sozialistisches »Bruderland« die Deutschen aus der DDR nicht gegen den Willen der Regierung in Ost-Berlin in die Bundesrepublik ausreisen lassen. Die DDR ging sicher davon aus, daß die Bundesregierung nicht daran denken würde, die Ausreisewilligen mit einem Gewaltakt aus der Botschaft herauszuholen und in die Bundesrepublik zu bringen. Die Zufluchtsuchenden in der Botschaft würden schon zur Besinnung kommen und sich der Autorität der DDR beugen. Man war bereit, die negativen Folgen in Kauf zu nehmen. Rechtsanwalt Vogel faßte diese Haltung in einem Satz zusammen: »Das steht die DDR durch – auch international.«

Bei ihrem Druck auf die Bundesregierung, die Vertretungen der Bundesrepublik nicht für Deutsche aus der DDR offenzuhalten, diese vielmehr mit ihren Anliegen abzuweisen, berief sich die DDR auch immer wieder auf die internationale Praxis. Konkret wies sie zum Beispiel auf das Verhalten der USA hin. Diese würden in ihren Botschaften kein Asyl gewähren und hätten Besucher aus der DDR zum Verlassen der US-Botschaft in Ost-Berlin sehr nachdrücklich aufgefordert.

Die DDR spielte damit auf einen Vorfall an, der sich kurz zuvor ereignet hatte. Ein Arzt aus der DDR mit seiner Frau und zwei Kindern hatte die US-Botschaft in Ost-Berlin aufgesucht und um Asyl gebeten. Dort hatte man der Familie sehr deutlich gesagt, daß das amerikanische Recht nicht vorsehe, daß Botschaften Asyl gewähren. Die Familie mußte die Botschaft deshalb wieder verlassen. Der Vorfall erregte damals erhebliche Aufmerksamkeit.

Der Sprecher des US-Außenministeriums, Alan Romberg, gab dazu am 1. Oktober 1984 folgende Erklärung ab: »Wir gewähren vorübergehende Zuflucht aus humanitären Gründen nur unter ganz extremen Umständen, in denen das Leben oder die Sicherheit eines Menschen in unmittelbarer Gefahr ist... Wir ermutigen die Leute nicht, anzunehmen, daß sie durch Zuflucht in eine amerikanische Botschaft ihre eigenen Behörden dazu zwingen können, Ausreisegenehmigung zu erteilen. Was Asyl angeht, so sind amerikanische diplomatische Vertretungen nicht in der Lage, es zu gewähren.«

Von unserer Seite wurde dem Argument stets sehr nachdrücklich entgegengehalten, daß, wenn ein Deutscher aus der DDR in Vertretungen der Bundesregierung Rat und Unterstützung erbitte, dieses nicht als ein Asylgesuch im Sinne des internationalen Rechts angesehen werden könne. Auch der Grundlagenvertrag habe an der Rechtsauffassung der Bundesregierungen nichts geändert, denn dort sei ja gerade hervorgehoben worden, daß es eine Übereinkunft in der Staatsangehörigkeitsfrage nicht gegeben habe. Der Deutsche aus Leipzig oder Dresden habe gegenüber den Behörden der Bundesrepublik die gleichen Rechte wie der Bürger aus Hamburg oder München. Die gegensätzlichen Ansichten zwischen der Bundesrepublik und der DDR standen sich kraß und unvereinbar gegenüber. Mit dem Mittel des rechtlichen Arguments war ein Ausweg aus der Krise nicht zu finden.

Die Haltung der DDR versteifte sich zunehmend. Außer der Straffreiheit bei einer Rückkehr in die DDR würde es keine Zusage mehr geben. Die Machtprobe sollte durchgestanden werden, um ein für allemal das Problem in den Griff zu bekommen. Die Menschen in den Vertretungen sollten sich beugen und das Ausweglose ihrer Situation einsehen.

Um die Haltung der DDR für jedermann unmißverständlich sichtbar werden zu lassen, wandte sich Vogel an die »Bild«-Zeitung. So pressescheu sich die DDR gegenüber den westlichen Medien im allgemeinen zeigte, hier benutzte sie ein sonst von ihr stets nur abträglich zitiertes Blatt als Transporteur für die Botschaft nicht nur an die DDR-Bürger in den Vertretungen der Bundesrepublik, sondern auch an die Menschen in der DDR selbst, um den Gedanken an eine Nachahmung im Keim zu ersticken. Es war schon ein eigenartiger und bemerkenswerter Vorgang. Vogel hatte mir diesen Schritt nicht angekündigt. Es war auch nicht üblich zwischen uns, ein derartiges Vorgehen abzusprechen. Jede Seite vertrat ihre Interessen, so gut wie sie konnte.

Die Mitteilung von Rechtsanwalt Vogel in »Bild« am 19. Oktober 1984 lautete: »Nach wie vor gilt die Herrn Staatssekretär Rehlinger gegebene Zusage, daß alle Betroffenen straffrei ausgehen, wenn sie an ihren Wohnort zurückkehren. Sie können bezüglich Ausreise vor den örtlich zuständigen Behörden vorsprechen. Darüber hinaus gab und gibt es weder Zusagen noch Verhandlungen. Es sollte dennoch auf dieser Grundlage eine beiden Seiten zumutbare, letztlich gute Lösung gefunden werden; das heißt, im Gespräch mit Herrn Staatssekretär Rehlinger. Ich warne vor Überforderung. Wir haben sonst das Mindszenty-Exempel und eine nicht überschaubare Belastung der Beziehungen.«

Das war es dann! Eine unmißverständliche Botschaft mit einer klaren Forderung. Bei aller Schroffheit in der Ablehnung weiterer Zusagen machte mir jedoch der Passus in Vogels Äußerung, daß letztlich eine gute Lösung gefunden werden sollte, etwas Hoffnung. Auch wertete ich es als ein positives Zeichen, daß Vogel in die Öffentlichkeit gegangen war und nicht die Regierung der DDR selbst sich amtlich erklärt hatte. Nach einer offiziellen amtlichen Stellungnahme hätte es keinen Verhandlungsspielraum mehr gegeben. Das Prestige der Regierung hätte dies nicht zugelassen. Die Äußerung eines Beauftragten, eines Rechtsanwalts, hingegen hatte einen anderen Rang, wenn auch jedermann wußte, daß Vogel hier die Auffassung der Regierung der DDR wiedergab.

Nahezu einen Monat später, am 17. November 1984, wieder in »Bild«, unterstrich Vogel diese Auffassung noch einmal: »Ich bekräftige meine Erklärung vom 19. Oktober: Alle Beteiligten gehen straffrei aus, wenn sie an ihren Wohnort zurückkehren. Sie können wegen der Ausreise bei den örtlich zuständigen Behörden vorsprechen. Die garantierte Straffreiheit bei Rückkehr in die DDR besteht unverändert fort. Ich verbürge mich dafür anwaltlich und persönlich.«

Mehr Entgegenkommen gab es also nicht. Die Situation war festgefahren, denn daß die Zufluchtsuchenden mit der Zusage der Straffreiheit allein die Vertretung verlassen würden, war höchst zweifelhaft. Auf jeden Fall würden sie nicht so bald gehen, und sicher würden einige sich ganz verweigern. Die Drohung mit dem Schicksal von Kardinal Mindszenty würde nicht so einschüchternd wirken, wie die DDR sich das wohl vorstellte. Unsere »Gäste« verfügten über ein beträchtliches Maß an Selbstbewußtsein. Sie waren Kinder einer Generation, die mit den Fragen der Menschenrechte und des Selbstbestimmungsrechts groß geworden war. Ihnen war bekannt, daß auch die DDR den UN-Pakt über bürgerliche und politische Rechte von 1969

165

unterschrieben hatte, in dem es in Artikel 12, Absatz 2 heißt, daß es jedermann freisteht, jedes Land, einschließlich seines eigenen, zu verlassen.

Walter Ulbricht regierte nicht mehr die DDR. Man kuschte nicht mehr still, sondern trat dem Staat selbstbewußt gegenüber. Sie wollten an sich die DDR ja nicht verlassen, sondern fühlten sich ausschließlich durch die gesellschaftspolitischen Verhältnisse gezwungen, den Weg nach Westdeutschland zu suchen. Nicht sie begingen »Verrat« an der DDR, nein, die SED-Führung hatte sie hinters Licht geführt, ihre Hoffnungen enttäuscht, ihren guten Willen zum Aufbau mißbraucht und eine freie Entfaltung nicht zugelassen, sondern im Gegenteil jede Bewegung erstickt. Viele hatten inzwischen alle Brücken hinter sich abgebrochen. Sie hatten ihren Besitz verkauft, die Wohnung aufgegeben und keine Arbeit mehr. Zu Hause würden sie als Verfemte gelten. Die Nachbarschaft würde den Umgang mit ihnen meiden, die Spielkameraden der Kinder sich abwenden und die Behörden von ihrer nur zu bekannten Macht Gebrauch machen, sie zu schikanieren. Der Schritt in die Vertretungen der Bundesrepublik würde niemals vergessen werden. Die Kaderakte trug ein für allemal den Vermerk »politisch unzuverlässig«.

Man war in der Sackgasse gelandet. Richtige Verhandlungen gab es nicht mehr. Die Lage schien total verfahren. Ein Ausweg ließ sich nicht erkennen. Die DDR wollte ihren Standpunkt durchsetzen und den Zufluchtnahmen in Vertretungen der Bundesrepublik endgültig den Garaus machen. Die Bundesregierung ihrerseits konnte den Wünschen der DDR nicht entgegenkommen und den Deutschen aus der DDR die Tür weisen. Sie konnte immer nur wieder den Ausreisewilligen vor Augen halten, daß über die Genehmigung letztlich die DDR entscheidet. Ein im Grunde unlösbarer Konflikt hatte sich entwickelt, begründet ausschließlich in der Tatsache, daß Deutschland geteilt war und daß das sozialistische System den Menschen in dem einen Teil Deutschlands Lebensverhältnisse versagte, die sie zu Recht einforderten und die ihre Landsleute im Westen als selbstverständlich nun schon lange genossen.

Am 10. Oktober beschäftigte sich das Bundeskabinett mit den Vorgängen. Außenminister Genscher gab einen ausführlichen Bericht, der von mir ergänzt wurde. Beschlüsse wurden nicht gefaßt, konnten auch nicht ergehen, da ein konkreter Entscheidungsbedarf aufgrund der geschilderten Lage nicht anstand.

Am 9. Oktober hatte die Internationale Gesellschaft für Menschenrechte – IGFM – in einer Presseerklärung den Vorschlag veröffentlicht, Österreich möge sich als Vermittler einschalten, da nur durch die Vermittlung eines neutralen Landes den Flüchtlingen geholfen werden könnte. Der österreichische Bundeskanzler Fred Sinowatz antwortete, daß Österreich seiner Tradition als Asylland entsprechend grundsätzlich bereit sei, die in der Botschaft in Prag weilenden Bürger aufzunehmen. Doch so wie die Dinge nun einmal lagen, bestand keinerlei Aussicht dafür, daß die DDR dem Vorschlag zustimmen würde. Ihre Führung konnte schließlich nicht öffentlich akzeptieren, daß die Flüchtlinge aus der DDR auf der internationalen Bühne als Verfolgte eingestuft wurden. Asyl wird schließlich nur bei Vorliegen einer politischen Verfolgung gewährt. Zum anderen hätte die DDR ja auch der ČSSR nur einen Wink zu geben brauchen, bundesdeutsche Pässe für die Zufluchtsuchenden anzuerkennen und sie von Prag aus in den Westen ausreisen zu lassen. Der Vorschlag der IGFM lief im Grunde auf das gleiche Ergebnis heraus. Denn wenn die Deutschen aus der DDR erst einmal in Österreich angekommen wären, gäbe es kein rechtliches oder tatsächliches Hindernis mehr, sie von einer Weiterreise in die Bundesrepublik abzuhalten. Im übrigen wäre das Problem der Zufluchtnahme in Vertretungen der Bundesrepublik damit keineswegs gelöst. Der letzte der Zufluchtsuchenden hätte noch nicht die Botschaft in Richtung Österreich verlassen, da würde schon eine Schlange neuer Zufluchtsuchender vor der Tür in Prag stehen und auf die gleiche Regelung pochen.

Es war nur schwer vorstellbar, daß eine in Menschenrechtsangelegenheiten international so erfahrene Organisation wie die IGFM sich von einem derartigen Vorschlag einen Erfolg versprach. Für die DDR ein Grund, sich noch bockbeiniger zu stellen. Daß der Staat DDR über das Problem der Zufluchtsuche aus den Angeln zu heben sei, konnte – 1984 – wohl niemand ernsthaft für möglich halten oder ins Kalkül ziehen. So förderte der Gedanke bei sicherlich guter Absicht nicht eine Lösung für die 160 Menschen im Palais Lobkowitz. Auf sie wirkte der Vorstoß jedoch elektrisierend. Selbstverständlich wurde der Ausweg lebhaft begrüßt. Man machte sich große Hoffnung und geriet nahezu in eine euphorische Stimmung. Die Enttäuschung, als sie verstehen mußten, daß die Gegebenheiten eine solche Aussicht nicht eröffneten, war desto größer. Niedergeschlagenheit, Unmut, ja Zorn waren die Folge.

Die Betreuung der Gäste wurde nicht einfacher dadurch. In den Gesprächen, die ich später mit ihnen führte, spielte dieser verloschene »Lichtpunkt«, wie sie es sahen, immer wieder eine Rolle. Da ich ihnen leider nicht mit einem gleichartigen Vorschlag kommen konnte, wurde der Zugang zu ihnen nicht leichter. Sie versperrten sich anderen Vorstellungen und öffneten mir nur widerwillig ihr Ohr. Die Herstellung des so wichtigen Vertrauensverhältnisses vollzog sich dadurch erheblich langsamer. Ermüdende und ergebnislose Diskussionen wären erspart geblieben.

Der Vorgang wurde in der Öffentlichkeit mit einer Erklärung des Sprechers der Bundesregierung, Sudhoff, abgeschlossen. Er sagte, die Bundesregierung bedanke sich für das Angebot und wisse das darin liegende Verständnis »hoch zu würdigen«. Die Angelegenheit bleibe aber ein Problem zwischen der Bundesrepublik und der DDR und sei nur mit Hilfe der DDR zu lösen.

Die IGFM bemühte sich auch noch in anderer Weise, Einfluß auf das Geschehen in Prag zu nehmen. Sie beauftragte einen Rechtsanwalt aus der Bundesrepublik, nach Prag zu fahren und dort den Menschen in der Botschaft Rat und Unterstützung durch ihn oder die IGFM anzubieten. Der Anwalt wurde in Prag nicht vorgelassen. Die Botschaft lehnte es ab, ihm ein Gespräch mit den Zufluchtsuchenden zu ermöglichen. Die IGFM erhob daraufhin lautstark den Vorwurf, daß die Bundesregierung eine »Kontaktsperre« für die Landsleute aus der DDR verhängt habe. Die Bundesregierung wies diesen Vorwurf sofort energisch zurück. Um diese schädliche Diskussion aus der Welt zu schaffen, lud ich die IGFM zu einem Gespräch ein. In dieser Begegnung unterrichtete ich ihre Vertreter, daß die Zufluchtsuchenden in der nun einmal gegebenen Situation nicht normal mit der Außenwelt kommunizieren könnten. Unsere Gäste hätten das auch eingesehen. Ihnen stünden die westlichen Medien zur Information zur Verfügung. Sie könnten brieflich Kontakt halten und in Ausnahmefällen telefonieren. Einen Kontakt mit einem Beauftragten der Gesellschaft müßte ich jedoch unter dem Gesichtspunkt der Fürsorgepflicht für die Besucher ablehnen. Nach der Rechtslage, wie sie in der DDR existierte, würde eine derartige Verbindung als ein strafrechtlicher Tatbestand gewertet werden können. Die IGFM gelte in der DDR als eine »feindliche« Organisation, jede Verbindungsaufnahme mit ihr könnte als eine vom Strafgesetz verbotene Beziehung geahndet werden. So, wie die Dinge zur Zeit lägen, müsse man in die Überlegung mit einbeziehen, daß die Zufluchtsuchenden wieder in die DDR zurückkehren müßten. Es sei meine Pflicht, sie vor möglichem Schaden zu bewahren. Wenn einer unserer Besucher mit der IGFM das Gespräch aufnehmen wollte, könne er dies schriftlich jederzeit tun. Im übrigen müßte ich fragen, worin sie denn ganz konkret eine Hilfsmöglichkeit sähen. Daß gerade eine Organisation, die von der SED als antikommunistische Kampforganisation angesehen werde, über bessere Werkzeuge verfüge als die Bundesregierung, um die Ausreise zu ermöglichen, schiene mir doch sehr zweifelhaft.

Eine konkrete Antwort auf meine Frage habe ich nicht bekommen. Sie war auch nicht zu erwarten gewesen. Das Gespräch trug aber zu einer Entspannung bei. Die von mir gegebenen Informationen vertieften sicher bei der IGFM das Bild von der Wirklichkeit. Auf der anderen Seite war anzuerkennen, daß die IGFM aus der besten Absicht handelte, denen, die sich von der DDR abgewandt hatten und nun in Angst und Ungewißheit in der Botschaft ausharrten, helfen zu wollen. Die Auseinandersetzungen in der Presse hörten damit auf. Es war gut so, denn die manchmal mit einem unangemessenen Vokabular erhobenen Vorwürfe und das Inaussichtstellen von anderen Lösungsmöglichkeiten trugen dazu bei, unter den Besuchern aus der DDR die Verwirrung zu erhöhen.

Die Vorgänge in Prag fanden fast täglich Beachtung in den westlichen Medien. Zeitungen, Rundfunk und Fernsehen berichteten laufend über das Geschehen. Sie brachten zum Teil Originalinterviews mit den in der Botschaft lebenden DDR-Flüchtlingen, die über den Zaun im Garten zustande gekommen waren. Auch pflegten die Besucher brieflich Kontakt zu Zeitungen und anderen Stellen. Die außerordentlichen Vorgänge bewegten und beunruhigten die Menschen in der Bundesrepublik tief. Die Anteilnahme an dem Schicksal der um ihre Ausreise ringenden Landsleute war groß. Das emotionale Element wuchs, wie vorherzusehen war, mit dem Herannahen des Weihnachtsfestes immer stärker.

Der Druck stieg stetig. Politiker aller Parteien gaben Stellungnahmen ab. Vorschläge und Gegenvorschläge wurden breit erörtert. Allen sachkundigen Beobachtern war bewußt, daß es ein Patentrezept zur Lösung nicht gab. Bundeskanzler Kohl sprach von einer »bedrückenden Erfahrung für einen Deutschen, daß er diese betrüblichen, bedrückenden Bilder sieht, wie Landsleute . . . versuchen, ihr Leben auch persönlich in Freiheit gestalten zu können, und welche Opfer und welche Schwierigkeiten, welche Last sie dabei auf sich laden müssen«. Auf eine Lösungsmöglichkeit angesprochen, sagte er: »Ich weiß es nicht, ich möchte mich dazu jetzt öffentlich nicht äußern. Ich hoffe es. Die Bundesregierung wie auch ich, wir werden das Menschenmögliche tun.«

Oppositionsführer Hans-Jochen Vogel erklärte: »Es ist eine schlimme Situation, aber es gibt Anzeichen dafür, daß das Prager Drama für alle Beteiligten gut endet. Trotzdem müssen wir verhindern, daß unsere Botschaften im Ostblock zu Flüchtlingslagern werden. Langfristig ist das nur zu erreichen, wenn die DDR ihren Bürgern endlich mehr Freizügigkeit gewährt.« Wer sich frei bewegen könne, so Vogel, müsse nicht solche Verzweiflungstat begehen und sich nicht in eine bundesdeutsche Botschaft flüchten.

Viele Lösungsvorschläge kreisten um den Gedanken, wie man für die Zukunft verhindern könnte, daß weitere Zufluchtsfälle entstehen. Denn wenn sich in dieser Richtung ein Weg auftun würde, wäre die DDR sicher bereit, noch einmal die Augen zuzudrücken und die Zuflucht suchenden in Prag in den Westen ziehen zu lassen.

Hildegard Hamm-Brücher, die außenpolitische Sprecherin der FDP, bezeichnete in der »Bild«-Zeitung Massenfluchten als politisch nachteilig; die Botschaftsbesetzer drängten sich an die Spitze derer, die ausreisen wollen. »Wer in der DDR einen normalen Ausreiseantrag gestellt hat, wird auf diese Weise zurückgesetzt, muß länger auf Genehmigung warten. Aus diesen Gründen bin ich dafür, daß wir wohl oder übel, ebenso wie bei unserer Ostberliner Vertretung, den Zugang zur Prager Botschaft erschweren, um in Zukunft derartige Besetzungen zu vermeiden. Wenn es bei der bisherigen Praxis bleibt, laufen wir Gefahr, daß die DDR ihre Grenzen für ausreisewillige Bürger wieder undurchlässig macht.«

Aus dieser Äußerung klang heraus, daß die Bundesregierung in der

Zwischenzeit, nach dem Ende der Zufluchtnahme im Juni/Juli 1984, den Zugang zur Ständigen Vertretung in Ost-Berlin für DDR-Bewohner erschwert hätte. Hier irrte Frau Hamm-Brücher. Der Umbau der Vertretung hatte keinesfalls dieses Ziel – und auch nicht diese Folge. Weiterhin konnte jeder DDR-Bürger, wie alle anderen Personen, das Gebäude betreten und sein Anliegen vortragen – und sich, wie die Zeit leider erwies, auch gelegentlich festsetzen in der Absicht, die Ausreise in den Westen auf diese Weise fördern zu können.

Im übrigen wäre eine Beschränkung des Zugangs von DDR-Bewohnern zu Vertretungen der Bundesrepublik aus Rechtsgründen meines Erachtens nicht zulässig gewesen. Nach Artikel 116 Grundgesetz ist »Deutscher« jeder, der »die deutsche Staatsangehörigkeit besitzt« oder als »Flüchtling oder Vertriebener deutscher Volkszugehörigkeit... oder als Abkömmling in dem Gebiet des Deutschen Reiches nach dem Stand vom 31. 12. 1937 Aufnahme gefunden hat«. Das bedeutet, daß die Bewohner der DDR nach den Regeln des immer noch in Kraft befindlichen Reichs- und Staatsangehörigkeitsgesetzes vom 22. Juli 1913 deutsche Staatsangehörige waren.

Das Bundesverfassungsgericht hat diese Rechtsansicht in seinem Urteil vom 31. Juli 1973 zum Grundlagenvertrag zwischen der Bundesrepublik Deutschland und der DDR ausdrücklich bekräftigt. In dem Urteil stellen die höchsten deutschen Richter fest, daß die deutsche Staatsangehörigkeit nach Artikel 116 Grundgesetz »zugleich die Staatsangehörigkeit der Bundesrepublik Deutschland ist« und weiter: »Deutscher Staatsangehöriger im Sinne des Grundgesetzes ist also nicht nur der Bürger der Bundesrepublik Deutschland.« Die deutsche Staatsangehörigkeit nach Artikel 116 Grundgesetz umfaßt also alle Personen in dem Gebiet des Deutschen Reiches nach dem Stand vom 31. Dezember 1937. Hierzu gehörte unzweifelhaft das Gebiet der DDR. Als Ausfluß dieser Rechtslage, sagte dann das Bundesverfassungsgericht, habe ein Deutscher, »also auch ein Bewohner der DDR, wann immer er in den Schutzbereich der staatlichen Ordnung der Bundesrepublik Deutschland gelangt, einen Anspruch auf den vollen Schutz der Gerichte der Bundesrepublik Deutschland und alle Garantien des Grundgesetzes«.

Hieraus folgte meiner Überzeugung nach zwingend, daß eine staatliche Stelle der Bundesrepublik Deutschland – also auch eine Botschaft – den Zutritt zu ihr und ihre auf dem Gesetz beruhende Dienstleistung nicht gegenüber Bundesbürgern oder DDR-Bewohnern unterschiedlich regeln durfte. Das Grundgesetz kennt zwischen den Bürgern der Bundesrepublik und den in der damaligen DDR beheimateten Deutschen keinen Unterschied. Beide sind Deutsche mit den gleichen Rechten gegenüber den Organen der Bundesrepublik Deutschland gewesen.

Der Vorschlag von Frau Hamm-Brücher ging meines Erachtens aber auch politisch von einer falschen Betrachtung aus. In allen Kreisen galt es als unbestritten, daß der Ausreisedruck, das heißt der Wunsch, die DDR zu verlassen, in den dortigen gesellschaftspolitischen Verhältnissen seinen Ursprung hatte. Die Gedanken von Frau Hamm-Brücher aber liefen letztlich darauf hinaus, daß von unserer Seite der DDR bei der Dosierung der Ausreiseerlaubnisse, und damit in einem Kernpunkt des Selbstbestimmungsrechts, Hilfestellung gegeben würde. Ein Standpunkt, der gegen Grundüberzeugungen verstößt. Politische Opportunitätsgesichtspunkte, so begründet sie auch konkret sein mögen, dürfen so weit nicht gehen.

Im Grunde hätte das doch geheißen, aus der hohen Attraktivität der Bundesrepublik, die zweifellos Urheber für die Sogwirkung aus der DDR war, die Verpflichtung abzuleiten, daß die Bundesrepublik der DDR bei der Bewältigung der von ihr selbst verschuldeten innenpolitischen Probleme die Hand reichen müsse, um gegen den Willen der Landsleute in der DDR das kommunistische System stabilisieren zu helfen. Wie wäre eine solche Politik mit unserer Vorstellung von Freiheit und Selbstbestimmungsrecht vereinbar gewesen? Wurden hier nicht Ursache und Wirkung in einen falschen Bezug gestellt?

Nach der Schließung der Botschaft in Prag bin ich viermal dort gewesen, um mit den Zufluchtsuchenden zu sprechen. Bei meinem ersten Besuch konnte ich sie nur noch einmal über die Rechtslage aufklären, daß sie nach dem in der Bundesrepublik geltenden Recht Deutsche seien und deshalb den gleichen Schutz und die gleiche Unterstützung erfahren würden wie Bürger aus der Bundesrepublik Deutschland. Niemand würde sie aus der Botschaft hinausdrängen oder gar hinausweisen. Ihre Unterkunft sei zwar beengt, doch würde die Bundesregierung alles tun, um den Aufenthalt erträglich zu gestalten. Verpflegung und auch ärztliche Betreuung seien geregelt. Für

Unterhaltung und Information werde weiter gesorgt. Wir müßten bitten, daß sie das Ihrige dazu beitrügen, um durch gegenseitige Rücksichtnahme, mit menschlicher Hilfsbereitschaft und Anteilnahme diese Ausnahmesituation zu bestehen.

Zu dem Thema, das die Flüchtlinge am meisten beschäftigte, nämlich wie die Chancen für ihre Ausreise stehen, mußte ich darauf hinweisen, daß eine direkte Ausreise in den Westen mit Sicherheit nicht durchsetzbar sein werde. Die CSSR sei ein sozialistisch regiertes Land und mit der DDR im Ostblock eng verbunden. Sie würde eine Ausreise in die Bundesrepublik deshalb nur gestatten, wenn die DDR dazu die Zustimmung erteilen würde. Dazu sei die DDR aber nicht willens. Ich schilderte dann die Haltung der DDR, gab die Erklärung von Rechtsanwalt Vogel wieder und stellte ihnen vor Augen, daß die DDR aus ihrem Selbstverständnis als Staat heraus nicht mehr hinzunehmen bereit sei, sich die Ausreiseerlaubnis über die Zufluchtnahme in eine Vertretung der Bundesrepublik abpressen zu lassen. Die DDR-Führung sehe ihr Ansehen, ihr Prestige und ihre Geltung im Ostblock, aber auch ihre Stabilität nach innen in Gefahr. Ihr sei klar, daß eine Genehmigung der Ausreise hier in Prag sofort weitere Zufluchtnahmen in nicht zu übersehender Zahl nach sich ziehen würde; deshalb habe sie ein Stoppsignal gesetzt. Anschließend erklärte ich mich bereit, mit jedem einzelnen über Probleme, die seine Person angingen, zu sprechen und, wenn möglich, seine Anliegen und Sorgen mitregeln zu helfen.

Die Enttäuschung nach meinen Worten war begreiflicherweise groß. Man hatte mehr Entgegenkommen erwartet. Auf diese Bedingungen würden die Menschen, die schließlich mit ihrer Zufluchtnahme in die Botschaft ein großes Risiko eingegangen waren, sich nicht einlassen. Ich konnte es ihnen im Grunde auch nicht verdenken. Nach Hause zurückzukehren und sich den nach den Erfahrungen zu erwartenden Schikanen der örtlichen Behörden auszusetzen, nur mit der Zusage, daß man Ausreiseanträge stellen könnte, das war zu wenig. So konnte mein Besuch nur dazu beitragen, den Menschen das Gefühl zu vermitteln, daß die Bundesregierung sich mit allen Kräften um sie bemühe und ihnen den Aufenthalt in der Botschaft so erträglich wie möglich machen würde.

Von meinem Angebot, ein persönliches Gespräch zu führen, machten dann überraschend viele Besucher Gebrauch. Der Botschafter hatte mir liebenswürdigerweise das Büro des Gesandten zur Verfügung gestellt, in dem ich diese auch für mich neue »Sprechstunde« abhalten konnte. Die Situation erinnerte mich sehr an die Sprechstunden, die ich in jungen Jahren als Rechtsanwalt gehabt habe. Die Besucher unterbreiteten mir eine Fülle von Sorgen und Wünschen. Fast durchweg war der Fortgang von zu Hause ja nicht von langer Hand vorbereitet worden. Gewiß stand der Entschluß, die DDR verlassen zu wollen, am Ende von vielfältigen und oft auch schon geraume Zeit angestellten Überlegungen, doch der Schritt selbst war dann zumeist spontan erfolgt.

Viele hatten alles stehen und liegen lassen und aus Angst, daß die Nachbarschaft und damit der Staatssicherheitsdienst etwas erfahren könnte, auf Vorbereitungen verzichtet. Das heißt, sie hatten sich vielfach aus ihrem Alltag, aus ihren Verbindungen zu Freunden und Verwandten, dem Arbeitsplatz, dem Verein plötzlich herausgelöst. Daß ein Zerreißen dieses dichten Geflechts, welches das familiäre und gesellschaftliche Umfeld darstellt, tiefe Spuren hinterläßt, war nur zu verständlich. Eine echte und schwere seelische Not, die durch das Eingepferchtsein in der Botschaft zusätzliches Gewicht bekam, war die Folge. Diese Umstände hatten aber eben auch zur Konsequenz, daß sich eine Fülle von Problemen im materiellen und beruflichen Bereich aufgetan hatte. Verträge liefen in der Zwischenzeit ja weiter, finanzielle Verpflichtungen mußten abgedeckt, rechtliche Bindungen beendet oder neue eingegangen werden, Angehörige und Bevollmächtigte mußten ein Lebenszeichen bekommen und mit Nachrichten und Weisungen ausgestattet werden, familiäre Streitigkeiten waren zu schlichten – die breite Palette dessen, was im Zusammenleben der Menschen in der Familie und Gesellschaft anfällt. Die Bandbreite der Sorgen und Probleme wird deutlich, wenn man sich vor Augen hält, welche Situation entsteht, wenn eine Person oder ein Teil einer Familie plötzlich über Nacht, ohne vorher Regelungen treffen zu können, verschwindet, einfach nicht mehr da ist.

Die Gespräche dauerten bis tief in die Nacht. Als ich am nächsten Tag nach Bonn zurückflog, nahm ich eine Aktentasche voll konkreter Bitten und Wünsche mit. Wir hatten verabredet, daß ich Vogel einschalten würde, um ihn zu bitten, sich anwaltlich um die Dinge zu kümmern. Er hat das »Mandat« sofort angenommen und sich mit großem Nachdruck mit den Anliegen befaßt. Sein Einsatz für die Menschen trug dazu bei, eine Atmosphäre des Vertrauens aufzubauen.

In Bonn, in der Bundesregierung, stand das Thema der Botschaftsflüchtlinge in Prag ganz oben an. In vielen Besprechungen wurden immer wieder neue Vorschläge erörtert. Bundeskanzler Kohl nahm sich der Sache selbst an und ließ sich unmittelbar von Außenminister Genscher, dem Bundesminister für innerdeutsche Beziehungen, Windelen, und Kanzleramtsminister Schäuble sowie auch von mir berichten. Angesichts der unverändert starren Haltung der DDR sah jedoch niemand einen Weg, der eine glatte Lösung versprach. Politisch oder wirtschaftlich Druck auf die DDR auszuüben, hätte sicher nicht zu einem Erfolg geführt; denn für die DDR handelte es sich um eine prinzipielle Frage, die an den Nerv ihres Staatsbewußtseins ging. Sie sah sich durch die Zufluchtnahme existentiell bedroht. Vertretungen der Bundesrepublik im Ostblock durften nicht als ein offenes Tor, als Schleuse in den sonst hermetisch abgeriegelten Grenzsperren dienen. Die DDR würde jede Kontrolle verlieren. Nach meiner Überzeugung würde sie sich deshalb auch keinem Druck beugen.

In den humanitären Bemühungen der Bundesregierung mit der DDR konnten auf dem Gebiet der Familienzusammenführung in jenem Jahr erhebliche Fortschritte erreicht werden. Die DDR zeigte sich bereit, gerade auch diejenigen, die schon seit Jahren, oft vielmals, einen Antrag gestellt hatten, nun ausreisen zu lassen. Von unserer Seite war in dieser Richtung sehr gedrängt worden, weil sich viele Menschen in ihrer Hoffnungslosigkeit an die Bundesregierung gewandt hatten. So kam die in der Öffentlichkeit als sensationell empfundene Zahl von über 30 000 Ausreisegenehmigungen im Jahr 1984 zustande. Ich habe oben darüber berichtet. Bei dieser, wenn auch begrenzten Aufgeschlossenheit der DDR konnte eine Regelung des Prager Problems nicht an 160 Ausreisen mehr oder weniger scheitern. Das sollte kein unüberwindlicher Felsbrocken sein.

Im Grunde reduzierte sich das Problem in Prag nur auf den einen Punkt: Mit welchen Mitteln läßt sich der Wiederholungsgefahr begegnen? Die rund 160 Personen hatten seit Wochen – einige schon seit Monaten – ihren Wohnort verlassen. Die Wohnungen waren zum Teil aufgegeben worden, die Arbeitsplätze neu besetzt worden. Verfügungen über die zurückgelassene Einrichtung waren getroffen worden – man hatte sich getrennt und die Bindungen an die Heimat gelöst. Dies alles rückgängig zu machen, einem Neuanfang den Boden zu bereiten, hätte auch für die Behörden in der DDR, zum Beispiel angesichts der Knappheit der Wohnungen, eine Fülle von Problemen mit sich gebracht und erhebliche Aufwendungen erfordert. Und noch ein weiteres würde von den »Organen der Staatsmacht« in der DDR mit bedacht werden: daß diese Rückkehrer wohl niemals mehr als politisch zuverlässig würden angesehen werden können. Die meisten von ihnen würden sicher nur erneut nach Wegen suchen, um die DDR verlassen zu können. Wer so hartnäckig seinen Ausreisewunsch betrieben hat wie die Zufluchtsuchenden in Prag, würde nicht mehr voll wieder in die sozialistische Gesellschaft der DDR integriert werden können. Im Geist hatten sie die DDR seit langem hinter sich gelassen, sich innerlich losgesagt vom »real existierenden Sozialismus« und einem Leben im Westen zugewandt. Die Rückkehr der 160 würde – so betrachtet – mithin der DDR keinen Gewinn bringen, sondern ihr innenpolitisch nur eine Last aufbürden und nebenbei erhebliche Kosten verursachen.

Mir ging immer wieder durch den Kopf, daß Rechtsanwalt Vogel in seinem Interview in der »Bild«-Zeitung am 19. Oktober den Satz gesagt hatte: »Sie können bezüglich Ausreise vor den örtlich zuständigen Behörden vorsprechen.« Der DDR war sehr genau bekannt, daß nahezu niemand von den in Prag Ausharrenden nach den engen Bestimmungen der DDR-Verordnung über Familienzusammenführung einen Antrag auf Ausreise mit Aussicht auf eine Genehmigung stellen konnte, da die Voraussetzungen einfach nicht gegeben waren. Deshalb hatten sie ja gerade in der Botschaft Zuflucht gesucht, um die Genehmigung trotzdem zu erzwingen. Was bedeutete der Satz? Was steckte hinter der Aussage? Ich kannte Vogel gut genug, um zu wissen, daß er seine Worte stets mit großem Bedacht wählte. Der Sinn konnte sich doch nicht in der Aussage, »vorsprechen« zu können, erschöpfen. Dies hätte kein Gewicht. Im Gegenteil: Nach den bitteren Erfahrungen der Menschen mit ihren Behörden in der DDR würde eine solche Äußerung als zusätzliche Verhärtung aufgefaßt werden. Der DDR konnte aber nicht daran gelegen sein, die Botschaftsflüchtlinge zusätzlich vor den Kopf zu stoßen und sie dadurch in ihrer Hartnäckigkeit noch zu bestärken. In der Aussage mußte mehr stecken. Ein Hinweis, daß bei aller dokumentierter Unnachgiebigkeit doch noch ein Spalt für Verhandlungen offengelassen worden sei? Vielleicht war hier der Anfang eines Fadens zu finden, an dem entlang das Knäuel aufgelöst werden konnte.

Vogel und ich telefonierten in dieser Zeit fast täglich miteinander. Das Telefon schien mir jedoch nicht geeignet, die Sache auszuloten. Ich flog deshalb nach West-Berlin und traf Vogel in meinem Büro im »Bundeshaus Berlin« in der Bundesallee. Ausführlich erörterten wir erneut die Lage. Eine Neuigkeit hatte mir Vogel nicht mitzuteilen. Der Standpunkt der DDR hatte sich nicht geändert: Straffreiheit ja, aber keine Zusage für die Ausreise. Von mir wurden Vogel die oben geschilderten Überlegungen vorgestellt. Wenn ich mich — so trug ich vor — einmal in die Gedankenwelt der DDR-Führung versetzen und versuchen würde, unter ihrem Gesichtspunkt die Lage zu analysieren, würde ich zu dem Ergebnis kommen, daß die Frage der Ausreise im Grunde nicht das Problem sei, sondern daß es primär darum ging, neue Botschaftsbesetzungen auszuschließen. Für jeden sichtbar, sollte Prag als Beispiel dienen, daß über eine Zufluchtnahme in einer Vertretung der Bundesrepublik die Ausreise nicht mehr gegen den Willen der DDR erzwungen werden könnte. Bei einer Rückkehr der Botschaftsflüchtlinge in die DDR und der Order an die Behörden, sie nicht ausreisen zu lassen, würde eine solche Fülle von Problemen auf die DDR zukommen, daß es ratsam scheinen könnte, lieber auf diese DDR-Bürger zu verzichten, als sie gegen ihren Willen festzuhalten.

Ich sprach eine geraume Zeit und breitete ein Argument nach dem anderen aus. Zum Schluß stellte ich die Frage, ob ich mit meinen Überlegungen richtigliege und ob sein Satz, die Flüchtlinge könnten nach Rückkehr bei den örtlichen Behörden vorsprechen, als ein Ausweg aufgefaßt werden und ich mehr in ihn hineininterpretieren könnte. Vogel hatte sich meinen Vortrag ruhig angehört. In seiner Erwiderung ließ er durchblicken, daß er im Grundsätzlichen die Problematik ähnlich sehe. Das politische Ziel der DDR bestehe darin, die Zufluchtnahme von DDR-Bürgern in die Vertretungen der Bundesrepublik zu stoppen. Die Bundesrepublik habe kein Recht, DDR-Bürger in der Weise zu betreuen, eine Obhutspflicht gebe es nach der Rechtsansicht der DDR nicht. Die DDR sei ein souveräner Staat, der allein und ausschließlich über die

Angelegenheiten seiner Bürger zu befinden habe. Aber auch die DDR wolle keineswegs, daß aus den Vorgängen in Prag eine Verschlechterung der Beziehungen zur Bundesrepublik erwachsen. Es käme nicht von ungefähr, daß die DDR sich amtlich öffentlich zu den Vorgängen in Prag bisher nicht geäußert habe. Unsere Seite sollte dies als ein Zeichen werten, daß die DDR zu einem flexiblen Handeln bereit sei, in der Grundauffassung gäbe es allerdings keine Abstriche an ihrer Position. Wenn das Grundprinzip gewahrt bliebe, könne er sich denken, daß man den Prager Botschaftsbesetzern entgegenkommen würde.

Aus Vogels Worten hörte ich heraus, daß die DDR-Führung den 160 Bürgern in Prag nach ihrer Rückkehr am Ende doch noch einmal die Ausreise gestatten würde. Über eine klare Zusage aber, so wie sie noch bei der Zufluchtnahme in der Ständigen Vertretung in Ost-Berlin im Sommer des Jahres verabredet werden konnte, ließ die DDR nicht mehr mit sich verhandeln.

Vogel war auf den Inhalt des Gesprächs von mir nicht vorbereitet worden; er konnte deshalb auch nicht definitiv antworten. Ich bat ihn, weiter nachzudenken, ob und inwieweit er meine Einschätzung teilen könnte, daß es letztlich im Interesse der DDR selbst liege, wenn die 160 Botschaftsbesetzer nach angemessener Frist die DDR verlassen könnten. Ein Lichtblick, so schien es mir aber, hatte sich aufgetan.

Wenige Tage später trafen Vogel und ich wieder zusammen. Er hatte inzwischen ausführliche Gespräche mit der Spitze der DDR gehabt. Erneut überbrachte er, daß aus den prinzipiellen Erwägungen von der DDR keine verbindliche Zusage für eine Ausreise zu erwarten sei. Zurückkommend auf meine Argumentation in unserem letzten Gespräch ließ er jedoch erkennen, daß für die DDR, wie von mir vermutet, in erster Linie die Regelung des grundsätzlichen Problems im Vordergrund stehe. Das Schicksal der Prager Botschaftsbesetzer spiele politisch gesehen nur eine untergeordnete Rolle. Einem erneut dokumentierten Ausreisewunsch gegenüber, wenn sie entsprechend dem Angebot von Vogel nach ihrer Rückkehr bei den örtlichen Behörden vorsprechen würden, würde man sich nicht verschließen. Vogel bestätigte auch noch einmal seine Bereitschaft, die »DDR-Bürger« in Prag, wenn sie sich wieder zu Hause befinden würden, weiter anwaltlich zu betreuen. Das konnte nur den Schluß zulassen, daß die DDR bereit war, die Menschen in der Botschaft aus ihrem Herrschaftsbereich zu entlassen. Freilich, eine verwertbare, zu einer Übermittlung an die Botschaftsflüchtlinge geeignete Zusage gab es nicht!

Meine Mitarbeiter hatten inzwischen auf Bitten der Botschaftsbesetzer deren persönliche Daten notiert. Wir wußten von daher, wer sie waren, kannten ihr Zuhause und ihre verwandtschaftlichen oder sonstigen Beziehungen zu Angehörigen und Freunden in der Bundesrepublik. Wir konnten ihren Lebensweg verfolgen und uns im Rahmen der humanitären Bemühungen, an denen die DDR aus vielen Gründen ein Interesse hatte, für sie einsetzen. Keine Akte würde geschlossen werden, ehe nicht eine zufriedenstellende Entscheidung ergangen wäre. Vogel kannte unsere Haltung. Sie war ihm aus vielen Vorgängen vertraut. Er wußte um die Hartnäckigkeit, mit der unsere Seite die humanitären Anliegen verfolgte und sich für die Menschen einsetzte. Auf dem Hintergrund des Geschehens in Prag würde die Öffentlichkeit in der Bundesrepublik stets schnell zu mobilisieren sein und sehr empfindlich reagieren, wenn den Prager Flüchtlingen nach ihrer Rückkehr Ärgernisse widerfahren würden.

Die DDR würde diesem Gesichtspunkt nach aller Erfahrung Beachtung schenken. Wegen einzelner Ausreiseanliegen würde sie die für sie wirtschaftlich höchst vorteilhaften Beziehungen mit der Bundesrepublik nicht belasten. Auch ein Ansehensverlust im Ausland würde Gewicht haben. Die DDR befand sich keineswegs in der Lage, ohne jede Rücksichtnahme beliebig schalten und walten zu können. Auch in unserem Köcher steckten, wenn es darauf ankam, einige spitze Pfeile. Vogels Worte konnte ich nur so verstehen, daß seine Seite stillschweigend die Hand zu einem Entgegenkommen reichte. Begreiflicherweise hätte ich gern ein Papier gehabt, um es in der Botschaft verbindlich vorzeigen zu können. Aber die Inkaufnahme der Unsicherheit war, so wie die Dinge lagen, eben Teil des zwar nicht verabredeten, aber beiderseits angestrebten Ausgleichs.

Mit diesem Erkenntnisstand im Gepäck setzte ich mich zum zweiten Mal in Richtung Prag ins Flugzeug, um die Lage mit den Botschaftsbesetzern zu besprechen. Meine Situation war nicht einfach. Wie sollte ich ihnen meine Überzeugung vermitteln, daß sie nach einer Rückkehr in die DDR in die Bundesrepublik ausreisen konnten, ohne ihnen eine verbindliche Zusage vorzeigen zu können? Sie hatten einen Anspruch darauf, die volle Wahrheit zu erfahren. Ich konnte auf die positiven Zeichen hinweisen, durfte aber auch nicht verschweigen, daß ich ihnen letztlich nur meine Gewißheit bieten konnte, die DDR werde ihnen entgegenkommen.

In der Botschaft wurde zunächst wieder eine Art Vollversammlung aller Flüchtlinge anberaumt, in der ich meine Lagebeurteilung vortrug. Ich sprach ausführlich über die Interessen der DDR. Da sie selbst in der DDR aufgewachsen und beheimatet waren, war ihnen die Denkweise und die politische Vorstellung der SED vertraut. Ich hatte es deshalb mit meiner Argumentation nicht schwer, Verständnis zu finden. Sie waren sich sehr wohl bewußt, daß die DDR durch die Zufluchtnahme in eine Vertretung der Bundesrepublik ihr Prestige berührt sah und daß die Führung in diesen Fragen besonders empfindlich reagierte. Zu meiner Lagebeurteilung gehörte aber ebenso, daß ich ihnen die Gedanken unserer Seite vorstellte. Man hörte mich ruhig an und richtete anschließend eine Vielzahl von Fragen an mich. Sie kreisten begreiflicherweise immer nur um die zwei Punkte: Könne man sicher sein, daß die Zusage der Straffreiheit eingehalten werde, und wie sehen die Chancen für eine Ausreise aus? Ich gab, so gut ich es vermochte, Antwort. Sie konnte natürlich nicht befriedigen. Man war enttäuscht, nicht mehr von mir zu hören.

Die anschließenden Gespräche zeigten jedoch, daß immer mehr der Botschaftsgäste sich realistisch auf die politischen Gegebenheiten einzustellen begannen. Der Abschied von der Vorstellung, direkt den Sprung in den Westen zu schaffen, fiel schwer; die gegebene Wirklichkeit entwickelte jedoch ihre eigene Überzeugungskraft. Psychologisch wirkte sich entspannend und hilfreich aus, daß Vogel in der Zwischenzeit sich in den Anliegen, die mir bei meinem letzten Besuch übergeben worden waren, tatkräftig und zumeist mit Erfolg eingesetzt hatte. Die Menschen fühlten sich dadurch unterstützt und weniger hilflos den Behörden ausgeliefert. Vogel war ihnen allen als der Beauftragte der DDR-Regierung in humanitären Fragen bekannt. Daß er sich um ihr Mandat nachhaltig kümmerte, schaffte Vertrauen und förderte maßgeblich die Bereitschaft, sich anderen, wirklichkeitsnäheren Vorstellungen zu öffnen.

Die Bereitschaft, sich von einem starren Entweder-Oder – Verbleiben in der Botschaft oder Ausreise direkt in den Westen – zu lösen, wurde auch noch in anderer Weise deutlich. Zahlreiche Besucher begannen, mir aus ihrem persönlichen Leben zu erzählen, um Rat und Hilfe zu erfahren. In vielen Fällen lagen rein persönliche Gründe für den Entschluß, die DDR verlassen zu wollen, vor. Man hatte Kummer in der Familie und in der Verwandtschaft. Es gab Zerwürfnisse zwischen Eltern und Kindern. Ehen waren gescheitert, Freundschaften auseinandergegangen, Schwierigkeiten am Arbeitsplatz aufgetreten, Wohnungsprobleme entstanden − die breite Palette an Mißhelligkeiten, die im Zusammenleben der Menschen gemeinhin beobachtet werden kann. Aber auch andere »Geschichten« kamen zutage. Problemfälle wurden offenbar. Mir wurde von gescheiterten Fluchtversuchen berichtet, bei denen die Flüchtlinge zusätzlich gegen andere Strafgesetze der DDR verstoßen, etwa einen Diebstahl begangen hatten. Einzelne fürchteten, daß gewalttätige Auseinandersetzungen mit der Polizei oder den Grenzsicherungskräften, die bei ihnen in der Vergangenheit vorgekommen waren, sie belasten könnten oder daß Fluchtmittel wie umgebaute Fahrzeuge in der Zwischenzeit entdeckt worden seien. Gelte die Straffreiheitszusage auch für diese Komplexe? Abenteuerliche Geschichten drangen an mein Ohr.

Diese »Fälle« mußten im Grunde aber immer noch eher als harmlos bezeichnet werden. Es gab schwerwiegendere Probleme. Da meldeten sich ehemalige Angehörige der Nationalen Volksarmee, die aufgrund ihrer früheren Tätigkeit in der Armee als Geheimnisträger zu Recht nicht damit rechnen konnten, daß ihnen die DDR auf dem normalen Weg eine Ausreisegenehmigung erteilen würde. Andere Besucher hatten in Betrieben eine Vertrauensstellung innegehabt und fürchteten, deshalb nicht fortgelassen zu werden. In der DDR war der Kreis der Geheimnisträger unsinnig weit gefaßt. Es war deshalb nicht verwunderlich, daß zu dem Kreis der »Prager« auch Leute gehörten, die einer »Geheim«-Verpflichtung unterlagen. Auch sie hatten auf dem üblichen Antragsweg keine Chance, wegziehen zu dürfen. In einer ähnlichen Situation befanden sich die Angehörigen der akademischen Berufe, denen gegenüber die DDR schon aus volkswirtschaftlichen Gründen stets hartnäckig die Ausreise verweigerte.

Und es suchten mich schließlich auch noch einige auf, die bekannten, der DDR in besonderer Weise gedient, nämlich für den Staatssicherheitsdienst gearbeitet zu haben. Mit der Flucht über Prag hätten sie sich aus dessen Fängen, aus einer unerträglichen Bindung lösen wollen. Da saßen nun vor mir Deutsche, die Mitbürger bespitzelt, die zum Teil über Jahre Berichte über Arbeitskollegen oder Nachbarn angefertigt hatten. Wenn etwas als verabscheuungswürdig gilt, dann der Spitzeldienst für eine Obrigkeit, die den Menschen Freiheit und Selbstbestimmung verwehrt. Ich mußte an die vielen politischen Häftlinge denken, um die wir uns in den Jahren gekümmert hatten, an das Unrecht, das durch Zuträgerdienste von Spitzeln über andere Mitbürger hereingebrochen war. Aber ich saß hier nicht auf einem Richterstuhl, und ich konnte und wollte nicht abwägen und werten, wieviel eigene Schuld oder systembedingte unheilvolle Verstrickung zu den Taten geführt hatte. Ich mußte auch an dies denken: Mit hoher Wahrscheinlichkeit hatte der Staatssicherheitsdienst seine Leute unter die Besucher geschmuggelt. Was in der Botschaft vor sich ging, war für den Staatssicherheitsdienst von höchstem Interesse, und da sollte er die vielfältigen Möglichkeiten, Leute einzuschleusen, möglicherweise sogar als Agent provocateur, ungenutzt lassen? Höchst unwahrscheinlich. Deshalb betrachtete ich alle Berichte und Schilderungen mit wachem Mißtrauen. Ich konnte den Wahrheitsgehalt dessen, was mir vorgetragen wurde, ja nicht nachprüfen. So hielt ich mich mit meinem Urteil in jeder Weise zurück. Die Fragen der Ratsuchenden konnten von mir nicht beantwortet werden. Es führte kein Weg daran vorbei, das, was mir berichtet worden war, an Vogel weiterzugeben, um über ihn zu klären, ob sich aus den besonderen Verhältnissen und Umständen Schwierigkeiten ergeben würden. Meine Besucher stimmten dem Vorgehen zu.

Nach diesem, meinem zweiten Besuch in Prag verließen über vierzig unserer Gäste die Botschaft und kehrten in die DDR zurück. Die Heimkehr war mit Vogel sorgfältig vorbereitet worden. Die Namen der Rückkehrwilligen, die genaue Zeit, wann sie die Botschaft verlassen würden, sowie der Zug, den sie auf ihrer Rückreise in die DDR benutzen würden, waren übermittelt und abgesprochen worden. Es durfte keine »Panne« eintreten. Keiner der Zurückkehrenden, die natürlich alle schon im Fahndungsbuch der DDR ausgeschrieben standen, durfte beim Passieren der Grenze behelligt oder gar festgenommen werden. Die Zusammenarbeit klappte reibungslos. Alle unsere früheren Besucher erreichten, ohne daß sie angehalten wurden, ihren Wohnort. Die Zusage der Straffreiheit wurde strikt eingehalten. Vogel empfing die meisten von ihnen nach ihrer Rückkehr schon wenige Tage später in seinem Büro, um ihnen bei den weiteren Schritten behilflich zu sein.

Die Haltung der DDR veränderte sich in den nächsten Wochen nicht. Es gab keinen neuen Verhandlungsspielraum. Den Zufluchtsuchenden in Prag konnte deshalb auch kein weiteres Entgegenkommen signalisiert werden. Im Gegenteil: Die DDR betonte noch einmal durch eine lancierte Meldung ihre unnachgiebige Einstellung. Die »Deutsche Presse-Agentur« berichtete am 5. November aus »gut informierter Seite in Ost-Berlin«, daß die Zusicherung der Straffreiheit und Prüfung der Anliegen der Betroffenen das »Äußerste ist, was die DDR-Behörden in dieser Angelegenheit tun wollen und können«. Als Drohung wurde noch nachgeschoben, »dieses Entgegenkommen der DDR-Behörden« dürfte von den Flüchtlingen »nicht als eine Offerte auf Dauer mißverstanden werden«. Mit einem Hinweis auf Bonn wurde nachdrücklich bemerkt, das sollten auch alle jene begreifen, »die sich im Hinblick auf diese Personen noch immer irgendwelchen Illusionen hingeben«.

Einzelne Besucher verließen in den Tagen zwar die Botschaft; die Mehrheit harrte jedoch aus in der Hoffnung, doch noch bessere Bedingungen durchsetzen zu können. Die Menschen dort lebten trotz aller Kommunikationsmöglichkeiten, die ihnen die Botschaft eröffnet hatte, letztlich in einer gewissen Isolation. Sie waren abgeschnitten von dem lebendigen Austausch mit ihrer vertrauten Umwelt. Orientierungsschwierigkeiten stellten sich deshalb zwangsläufig ein. Begreiflicherweise wurde immer wieder diskutiert, wie meine Worte einzuschätzen seien, ob man den Zusagen trauen könne und wie groß das Risiko sei, den Weg zurück in die Heimat zu wählen. In meinen öffentlichen Äußerungen konnte ich nur immer wieder auf die von Vogel übermittelte Haltung der DDR hinweisen. Ich habe mit Bedacht jedoch stets auch herausgestellt, daß die DDR sich zur Zeit gegenüber Ausreisewünschen großzügig zeige und die Zahlen der Übersiedler enorm gestiegen seien. Ich hoffte, daß der »Wink mit dem Zaunpfahl« verstanden werde. Ein Durchbruch stellte sich jedoch nicht ein.

Die Tage vergingen, und das Weihnachtsfest rückte näher. Der Gedanke, daß unsere Landsleute aus der DDR mit Kindern Weihnachten in der bedrückenden Atmosphäre der geschlossenen Botschaft verbringen sollten, belastete alle, die sich um ihr Schicksal sorgten, sehr. Fast täglich sprachen Vogel und ich miteinander. Vogel berichtete über den Fortgang in dem ihm übertragenen Anliegen, und wir erörterten, welche Schritte noch unternommen werden könnten, um das Vertrauen wachsen zu lassen. Ich kann heute nicht mehr sagen, wer zuerst auf den Gedanken kam, daß er, Vogel, auch selbst persönlich mit den Menschen in der Botschaft zusammentreffen sollte. Für die Idee sprach, daß er durch seine anwaltliche Tätigkeit für die Flüchtlinge inzwischen ein gewisses Vertrauenskapitel aufgebaut hatte. Jeder wußte um seine Verbindung zur DDR-Führung. Sein Wort würde also aufmerksam gehört und bedacht werden. Nach reiflichen Überlegungen erklärte Vogel sich bereit, ebenfalls nach Prag zu fahren und vor die Flüchtlinge zu treten. Er übernahm damit wahrlich keine leichte und angenehme Aufgabe. Sie würde ihm keinen Dank einbringen. Im Gegenteil: Viele zornige und bittere Worte würden ihm entgegengehalten werden.

Wir trafen uns am 13. Dezember in der Botschaft. Der Botschafter hatte den größten Raum, den Freskensaal, freimachen lassen. Vogel und ich saßen an der einen Seite des Raumes, vor uns hatten die Gäste aus der DDR Platz genommen. Eine durch und durch ungewöhnliche Situation. Da würde der Abgesandte der DDR zu Menschen sprechen, die unter Inkaufnahme von Angst und Sorge, voll bitterer und zorniger Gedanken, von eben dieser DDR Abschied genommen hatten, und ihnen zu erklären versuchen, daß sie wieder zurückkehren müßten, ohne ihnen die Erfüllung ihres Wunsches nach Ausreise konkret zuzusagen. Vogel begab sich an üblichen Maßstäben gemessen in eine unmögliche Situation. In meinen Augen bewies er in dieser Stunde nicht nur ein hohes Verantwortungsgefühl, sondern zeigte auch eine beachtliche Unerschrockenheit und Mut. Er wußte, was ihn erwartete, doch scheute er die Ablehnung, ja von mancher Seite sicher gar Feindseligkeit nicht, wenn er zu einem Weg riet, den er nach seinem Wissen für unumgänglich hielt.

Vogel sprach nahezu eine halbe Stunde frei. Man hörte ihm gespannt zu; jetzt wollte man es genau wissen. Vogel wählte seine Worte sehr sorgfältig, abgestimmt auf die besondere Situation. In vielen Ausdrücken und manchen Gesten blitzte der erfahrene Strafverteidiger durch, der seine Stimme einzusetzen und wohl zu dosieren gewohnt ist und der sein Plädoyer nicht nur auf rechtstheoretische Begründungen stützt, weil er um die Kraft der Emotion weiß. Er nahm die Menschen gefangen. Eine beeindruckende Leistung, die da geboten wurde. Daß der Beifall ausblieb, wer konnte es verargen. Vogel und ich wußten, daß in dieser Stunde nur das Gefühl der Enttäuschung vorherrschen würde. Es gab dann noch Fragen und Antworten. Sie brachten für niemanden neue Erkenntnisse.

Ich weiß nicht, welche Gefühle Vogel bewegten, als wir den Freskensaal verließen, um in das von der Botschaft zur Verfügung gestellte Büro zu gehen; wir haben uns darüber nicht ausgetauscht. Mir jedenfalls war nach dieser Veranstaltung ein wenig wohler. Ich hatte den bestimmten Eindruck, daß seine klugen Worte den Prozeß des Nachdenkens gefördert hatten. Es gab aber noch einen anderen Grund, etwas tiefer Luft zu holen. Kurz bevor wir zu dem Gespräch mit den Botschaftsflüchtlingen aufbrachen, wurde die Erkenntnis übermittelt, daß einige der »Gäste«, die eine Art harten Kern bildeten, den Plan gefaßt hatten, eine Geiselnahme durchzuführen. Vogel oder ich, oder wir beide, sollten als Geisel genommen werden, um für die Durchsetzung der Forderung nach Ausreise ein besseres Druckmittel in der Hand zu haben. Der Gedanke lag nicht fern, man konnte ihm eine gewisse Plausibilität nicht absprechen.

Eine Geiselnahme in der Botschaft hätte ein erhebliches Aufsehen erregt und den Vorgängen eine neue Dimension gegeben; mit welchem Ergebnis, darüber ließ sich allerdings nur spekulieren. Vogel und ich meinten, diese Meldung außer acht lassen zu müssen. Wie hätte es ausgesehen, wenn wir unter massivem Begleitschutz vor die Versammlung getreten wären oder den Besuch ganz abgesagt hätten? Im ersten Fall wäre ein gutes Stück Glaubwürdigkeit verlorengegangen. Außerdem wäre eine martialische Begleitung nicht geheimzuhalten gewesen. Und wenn wir die Veranstaltung abgesagt hätten, wäre dies − zu Unrecht − als eine Verhärtung der Lage gedeutet worden. Nun, man mußte die Augen offenhalten, aber sonst die Sache durchstehen. Ich glaubte auch nicht so ganz an den Ernst der Situation. Aber ein wenig wohler war mir − ich denke uns beiden − schon, als es überstanden war.

Wir waren dann noch einige Stunden in der Botschaft zusammen, um einzelne konkrete Probleme, die an uns herangetragen worden waren, zu besprechen. Eine deutsch-deutsche Sprechstunde. Vogel konnte viele Fragen klären; andere nahm er neu entgegen. Die Telefonverbindung zwischen Prag und Ost-Berlin wurde beträchtlich strapaziert. Wieder verließen einige unserer Gäste danach die Botschaft und begaben sich nach Hause.

Mein Besuch in der Botschaft hatte aber noch einen anderen Hintergrund. Von den noch rund siebzig Besuchern aus der DDR hatten sich dieser Tage an die vierzig Personen entschlossen, in einen Hungerstreik zu treten. Sie hatten diese Absicht bereits den Medien zugespielt und begannen jetzt, in der Botschaft Matratzen zusammenzutragen, um die Aktion in einer geschlossenen Gruppe durchzustehen.

Der Hungerstreik kann eine sehr wirksame Waffe zur Durchsetzung von Zielen sein. Die Geschichte gerade der letzten Jahrzehnte kennt viele Beispiele, in denen durch den Hungerstreik eine Bewegung erzwungen worden ist. Ein Hungerstreik findet auch stets eine breite Aufmerksamkeit in der Öffentlichkeit. Zu sehen, wie jemand aus freien Stücken, nur um ein bestimmtes Ziel zu erreichen, langsam seinem Leben ein Ende bereitet, bewegt die Gemüter ungemein. Die Öffentlichkeit kann sich lange mit der Aktion befassen, denn der Gesundheitszustand beginnt sich in aller Regel erst um den fünfzigsten Tag ohne Nahrungsaufnahme ernsthaft zu verschlechtern und zum Tod zu führen. Die Zwischenzeit kann für viele Aktionen in der Öffentlichkeit genutzt werden, um den Druck stetig zu vergrößern.

Das Mittel des Hungerstreiks muß jedoch sehr sorgfältig überlegt werden. Es reicht nicht aus, einfach die Entschlossenheit zu bekunden. Man muß bedenken, wer die Macht hat, um das mit dem Hungerstreik verfolgte Begehren erfüllen zu können. Im Falle unserer Gäste lag es ausschließlich an der DDR, den Wunsch befriedigen zu können, aber sie wurde durch den Hungerstreik keineswegs unmittelbar berührt. Die Menschen standen unter der Obhut der Bundesregierung. Sie war für ihre körperliche Unversehrtheit verantwortlich. Die DDR würde zumindest zunächst in keine Zwangslage versetzt werden. Ein Hungerstreik entfaltet letztlich auch nur dann seine volle Wirksamkeit, wenn der Öffentlichkeit die Überzeugung zu vermitteln ist, daß der Eintritt des Todes tatsächlich von den Hungerstreikenden in Kauf genommen wird, um das proklamierte Ziel zu erreichen. Welches war aber das Ziel?

Jeder unserer Gäste wollte seine Ausreise erzwingen. Sie hatten nicht im Sinn, die Nahrungsaufnahme für eine übergeordnete Idee zu verweigern, sondern um rein persönliche Interessen durchzusetzen. Das kompromißlose Durchstehen des Hungerstreiks hätte in der möglichen Konsequenz — dem Tod — aber schließlich genau zum Gegenteil dessen geführt, was ihnen mit dem Hungerstreik vorschwebte. Das Problem der Ausreiseerlaubnis hätte sich von allein gelöst. Daß vierzig Personen eher den Tod vorziehen als in die DDR zurückzukehren, weil die Verhältnisse in der DDR zum Leben nicht zu ertragen sind, wäre ihnen von der Öffentlichkeit sicher auf die Dauer nicht abgenommen worden.

Unter diesen Umständen mußte man diesen Hungerstreik, nüchtern betrachtet, als ein Pokerspiel einordnen, in dem die Hungerstreikenden einem entschlossenen Gegner gegenüber die schlechteren Karten hatten. Es kam aber noch ein anderes, ganz wesentliches Moment hinzu. Die Menschen aus der DDR befanden sich in einer Botschaft der Bundesrepublik Deutschland. Damit oblag der Bundesregierung die Pflicht, für sie zu sorgen. Sie hätte nicht untätig zusehen können, wenn sich in ihren Diensträumen ein Deutscher zu Tode hungerte. Da die Botschaft über keine ausreichende medizinisch-technische Ausstattung verfügte, hätte der Hungerstreikende nach Erreichen eines lebensbedrohlichen Zustandes in ein öffentliches Krankenhaus in Prag überführt werden müssen. Damit hätte er aber den Schutz der Botschaft verloren, und es hätte für ihn kein Weg daran vorbeigeführt, daß er nach seiner Entlassung aus dem Krankenhaus zwangsläufig wieder in die DDR hätte zurückkehren müssen. Diese Überlegungen würden mit Sicherheit in der Öffentlichkeit breit erörtert werden. Mit den Tagen müßte deshalb der Hungerstreik an politischer Brisanz verlieren. Die Öffentlichkeit würde nicht davon zu überzeugen sein, daß die vierzig Hungerstreikenden bis zur letzten, bittersten Konsequenz aushalten würden.

Der Hungerstreik war in der gegebenen Situation also kein geeignetes Mittel, um die Ausreise zu erkämpfen. Ich suchte die Hungerstreikenden in ihrem Quartier auf, setzte mich mitten unter sie auf die Matratzen und breitete diese Gedanken behutsam vor ihnen aus. Wir diskutierten eine ganze Weile, aber ohne ein Ergebnis. Man widersprach meinen Argumenten im Grunde nicht, doch war keiner bereit, mir zu folgen und den Hungerstreik abzubrechen. Sie hatten sich in der Idee so festgebissen, daß sie sich von Vernunftsgründen in dieser Stunde nicht erreichen ließen. Sie wollten sich nicht aufschließen und der Einsicht öffnen. Diese Haltung war nicht verwunderlich. Wer eine derartige Aktion startet, bricht sie nicht Stunden später wieder ab. Es hätte das Geständnis eingeschlossen, daß der Plan nicht sorgfältig genug durchdacht worden sei oder daß es mit dem Hungerstreik von Anfang an nicht so recht ernst gemeint gewesen sei. In diesen Ruf wollten sie − schon vor den anderen in der Botschaft − nicht kommen. Der Hungerstreik dauerte also an. Man hielt »offiziell« rund vierzehn Tage, bis zum 27. Dezember, durch. »Offiziell« deshalb, weil beobachtet werden konnte, daß unter den Matratzen hier und dort Lebensmittel verborgen gehalten wurden. Einen gesundheitlichen Schaden hat niemand genommen.

Der Hungerstreik ließ aber noch eine andere Tatsache an das Licht treten. Unter den Gästen hatten sich inzwischen Gruppen gebildet, die aufgrund persönlicher Sympathie, gleicher Interessen, ähnlicher Denkweisen und eines übereinstimmenden Bildungsstandes zusammengefunden hatten. Wie in der Situation nicht anders zu erwarten, gab es unter diesen Gruppen Zusammenschlüsse von Personen, die eher zu radikalen Überlegungen neigten. Sie hatten sich vorgenommen, von der Haltung des »Alles oder Nichts« nicht abzulassen. Diese recht extrem eingestellten Besucher begannen, die anderen Gruppen zu indoktrinieren. Sie versuchten, sie auf ihre Seite zu ziehen, und ein Gemunkel lief um, daß Druck auf Andersdenkende ausgeübt werde. Das durfte nicht sein. Ein Zwang unter den sich doch als eingeschlossen Empfindenden durfte nicht zugelassen werden. Jede Erscheinung dieser Art mußte schon im Keim erstickt werden. Ich suchte deshalb nach meiner Rückkehr nach Bonn ganz bewußt die Öffentlichkeit. Der »Deutschen Presse Agentur« gegenüber erklärte ich, ich hoffte, daß sich die Mehrheit der DDR-Flüchtlinge in der Botschaft nicht von einer »kleinen, aber tatkräftigen Minderheit zu falschen Entscheidungen zwingen« lassen würde. Der Hungerstreik sei jedenfalls kein geeignetes Mittel zur Durchsetzung der Ausreiseforderung.

Die Botschaftsflüchtlinge hatten sich zwischenzeitlich in einem Brief auch direkt an Bundeskanzler Kohl mit der Bitte um Hilfe gewandt. Nachdrücklich hatten sie in dem Schreiben noch einmal betont, daß ihr Zufluchtsbegehren in der Botschaft und der dahinter-stehende Wunsch, die DDR zu verlassen, »aufgrund der politischen Verhältnisse in der DDR« erfolgt sei. Sie hätten darin den einzig mög-lichen Schritt aus einer ausweglosen Situation gesehen. Kohl ließ ihnen über den Botschafter eine Antwort zukommen und versicherte noch einmal, daß die Bundesregierung alles Menschenmögliche tun werde, um eine Lösung für die Probleme zu finden.

Wenige Tage nach unserem gemeinsamen Besuch in der Botschaft unterstrich Vogel noch einmal, daß die DDR zu keinem weiteren Ent-gegenkommen bereit sei. In einer »persönlichen Mitteilung« gegen-über dem »Sender Freies Berlin« in der Magazinsendung »Kontraste« erklärte er am 17. Dezember: »Meine Regierung besteht unverrückbar darauf, daß allein die zuständigen Heimatbehörden nach freiwilliger Rückkehr souverän zu entscheiden haben. Weitergehende Zugeständ-nisse als Straffreiheit und Bearbeitung der jeweiligen Anliegen sind auch nach meinen Gesprächen in Prag auf keinen Fall zu erwarten. Das ist auch in Bonn sehr gut bekannt.«

Vogel kritisierte in diesem Zusammenhang öffentlich geäußerte Ver-sprechungen. Er habe bei seinen Gesprächen in Prag feststellen müs-sen, daß die betroffenen DDR-Bürger durch das öffentliche Abfordern oder gar Versprechen unerfüllbarer Lösungen nachteilig beeinflußt und in ihrem Konflikt falsch beraten worden seien. Er wandte sich gegen den Eindruck, es werde zwischen den Regierungen der DDR und der Bundesrepublik in dieser komplizierten Angelegenheit ver-handelt: »Solche Verhandlungen gab und gibt es nicht. Es wird sie auch nicht geben.« Und weiter: Es müsse »eingesehen werden, daß nicht nur die DDR-Regierung, sondern auch andere Regierungen ›Erpressungsversuchen‹, mit egal welchen Mitteln, nicht nachgeben«.

Für die Tage kurz vor Weihnachten wurde Bundesaußenminister Genscher zu einem seit langem geplanten, sorgfältig vorbereiteten offi-ziellen Besuch in Prag erwartet. Wichtige politische Gespräche mit der Regierung der CSSR waren verabredet. Die Frage tauchte auf, ob er seinen Besuch wegen der Zufluchtnahme in der Botschaft in Prag und der damit verbundenen Probleme auch gegenüber der CSSR absagen sollte. Genscher entschied sehr rasch, daß es bei seinem Kommen bleibe. Er werde nach dem offiziellen Teil seines Programms auch die Botschaft aufsuchen und mit den Landsleuten aus der DDR sprechen.

Vor Antritt seiner Reise bat Genscher mich, ihn bei dem geplanten Gespräch in der Botschaft zu begleiten. Gern sagte ich zu. Die Begegnung mit den Botschaftsflüchtlingen sollte am Vormittag des 20. Dezember nach Abschluß des offiziellen Teils seines Staatsbesuches stattfinden. Am Abend vorher unterrichtete ich Genscher auf seine Bitte hin über den neuesten Stand und die Lage in der Botschaft. Er bereitete sich sehr intensiv auf das Treffen vor.

In der Botschaft war der mir nun schon vertraute schöne Freskensaal für das Gespräch hergerichtet worden. Als Genscher und ich eintraten, herrschte eine gespannte Erwartung. Mit dem Außenminister der Bundesrepublik selbst sprechen zu können, stellte doch ein ganz besonderes Ereignis dar. Man hoffte sehr, wie hätte es anders sein können, daß der Außenminister ihnen mehr bringen würde als die Zusage der Straffreiheit und meine positive Beurteilung ihrer Ausreiseanliegen. Genscher hätte nur zu gern den Flüchtlingen die Erfüllung ihrer Wünsche in Aussicht gestellt. Aber er konnte es nicht, denn die DDR war nicht bereit, weiter entgegenzukommen.

Genscher sprach sehr ausführlich. Er ging mit großem Einfühlungsvermögen auf die Lage der Flüchtlinge in der Botschaft ein, legte deutlich die politischen Zusammenhänge dar und versicherte, daß die Bundesregierung alles in ihrer Macht Stehende tun werde, um ihnen zu helfen. Die Bundesregierung nehme großen Anteil an ihrem Schicksal und lasse keine Möglichkeit ungenutzt, um zu einer guten Lösung beizutragen. Der Außenminister zitierte den Bundeskanzler, der am Tag zuvor noch betont habe: »Das, was da in der Botschaft in Prag passiert, ist für jeden von uns zutiefst bedrückend.« Dies gelte vor allem für die Tatsache, »daß dort Landsleute sitzen und daß wir ihnen – jedenfalls direkt – nicht helfen können«. Und weiter: »Was ich tun kann, werde ich tun, habe ich getan.«

Genscher versicherte den vor ihm sitzenden, um ihre Zukunft bangenden Menschen noch einmal ausdrücklich: »Keiner wird versuchen, Sie hier herauszureden. Wir können Ihnen nur die Lage schildern, wie wir sie sehen. Es ist Ihre Entscheidung, wie Sie sich verhalten.« Anschließend konnten noch Fragen an den Außenminister gestellt werden. Nach dem Ende der Veranstaltung, die weit über eine Stunde gedauert hatte, nahm Genscher einige der Gäste beim Arm und ging mit ihnen in den Garten der Botschaft. Er wollte ihnen die Gelegenheit geben, ganz ungestört von ihren Sorgen und Nöten zu erzählen. Diese sehr menschliche Geste hat viel zur Vertrauensbildung beigetragen. Als Genscher die Botschaft verließ, hatte sich die Atmosphäre entspannt. Man verabschiedete ihn locker und mit freundlichen Zurufen.

Der Besuch Genschers ließ zunächst eine Auswirkung auf die Haltung unserer Gäste nicht erkennen. Die Zahl der Heimkehrwilligen schwoll nicht an. So befanden sich schließlich noch rund fünfzig Personen an den Weihnachtstagen in der Botschaft. Der Botschafter, seine Frau und die Botschaftsangehörigen bereiteten den Landsleuten aus der DDR ein kleines Fest. Sie taten alles, um ihnen gerade in diesen Tagen ein Gefühl der Geborgenheit und Zuversicht zu geben. Man richtete ein gemeinsames Essen aus; für die Kinder wurde eine richtige Bescherung mit kleinen Geschenken vorbereitet. Die Flüchtlinge wollten auch und gerade an Weihnachten, dem Fest des Friedens, auf ihr Schicksal aufmerksam machen. Sie bildeten deshalb in der Heiligen Nacht im Garten der Botschaft mit Kerzen eine Lichterkette. Es war ein sehr ergreifendes Bild, wie sie dort in der kalten Nacht im Schnee mit ihren Kerzen standen und die Erfüllung ihrer Wünsche erbaten. Zu meiner Überraschung erhielt auch ich von ihnen zum Fest einen warmherzigen Gruß, in dem sie mir ein Dankeschön sagten und mir alles Gute wünschten. Es hat mich sehr berührt.

Weihnachten und Neujahr gingen vorbei. Die Lage blieb dieselbe. Zwar hatten erneut einige der Flüchtlinge die Botschaft verlassen. Ein harter Kern blieb jedoch unbeugsam. Die Dinge begannen sich zuzuspitzen. Anfang Januar ließ Vogel durchblicken, daß die Zusage der Straffreiheit nicht unbegrenzt bestehen bleiben werde. Wörtlich sagte er: »Die Frist läuft ab.« Inwieweit diese Drohung wirklich ernst gemeint war, brauchte am Ende jedoch nicht einem Test unterzogen zu werden.

Auf unserer Seite war von Anfang Januar an der Leiter der Rechtsabteilung der Ständigen Vertretung der Bundesrepublik in Ost-Berlin, Ministerialdirigent Jürgen Staab, in die Botschaft nach Prag entsandt worden. Er brachte aus seiner langjährigen Tätigkeit in Ost-Berlin große Erfahrung mit. Er vor allem hatte in der Ständigen Vertretung in den vergangenen Monaten die Gespräche mit den Zufluchtsuchenden geführt. Er war deshalb mit der Materie bestens vertraut. Er

191

konnte sich ganz den Gästen widmen und sie in ihren Sorgen beraten. Sein großes Einfühlungsvermögen, seine Aufgeschlossenheit gegenüber ihren Problemen und sein Geschick, mit den Menschen in dieser außergewöhnlichen Situation umzugehen, haben sicher entscheidend dazu beigetragen, daß sich immer mehr unserer Gäste entschlossen, den anderen zu folgen und in die DDR zurückzukehren. Am 15. Januar 1985 verließen schließlich die letzten sechs DDR-Flüchtlinge die Botschaft. Die Zuflucht, die weltweites Aufsehen erregt hatte, war zu Ende.

Nach der Abreise der letzten Gäste machte Vogel noch einmal deutlich, daß die DDR auch in Zukunft zu keinen weitergehenden Geständnissen bereit sein werde. Er warnte vor jedem Wiederholungsversuch. Der »Deutschen Presse-Agentur« teilte er mit: »Die letzten sechs DDR-Flüchtlinge mit Problemen primär aus dem kriminellen Bereich haben die Botschaft der Bundesrepublik in Prag freiwillig verlassen. Sie sind auf dem Rückweg in ihre Heimatorte, um dort ihre Ausreiseanliegen straffrei vorzutragen. Ab 16. Januar 1985 hätte meine Vermittler-Vollmacht mit der Zusage der Straffreiheit und Bearbeitung durch die zuständigen Behörden nicht mehr gegolten. Künftig werde ich sie auch nicht mehr erhalten. Ich warne daher mit viel Ernst und Nachdruck vor jedwedem Wiederholungsversuch.«

Unter die letzte Zeile dieses Kapitels kann ich setzen: Das Vertrauen unserer Landsleute aus der DDR, die in der Botschaft der Bundesrepublik in Prag Zuflucht gesucht hatten, um ihre Ausreise zu erzwingen, wurde nicht enttäuscht. Sie erhielten alle die Genehmigung, in die Bundesrepublik übersiedeln zu können.

Nach diesen Ereignissen in Prag im Winter 1984/1985 sprachen in Vertretungen der Bundesrepublik im Ostblock immer wieder Menschen aus der DDR vor, um für sich in Ausreiseanliegen Rat und Unterstützung zu erbitten. Einige setzten sich in gleicher Weise wie in Prag in den Vertretungen vorübergehend fest, um ihre Ausreise zu erzwingen. Alle diese Jahre hindurch, von Januar 1985 bis August 1989, wurden die Probleme nach dem gleichen Muster wie in Prag gelöst. Die Menschen aus der DDR gaben sich mit der Zusage der Straffreiheit und dem Versprechen, daß ihr Anliegen bearbeitet würde, zufrieden. An die Stelle meines »Augenzwinkerns« in Prag trat später − meine Mitarbeiter oder ich konnten nicht mit jedem Petenten persönlich sprechen – die Formulierung, daß der Antrag auf Ausreise »wohlwollend« bearbeitet werde. Der Passus tat die gleiche Wirkung.

Die Öffentlichkeit erfuhr von diesem stillschweigenden Arrangement erst im Sommer 1989, als in einer ganz anderen politischen Konstellation die Absetzbewegung aus der DDR erneut zu einer Lawine angeschwollen war. Mein Nachfolger, Staatssekretär Walter Priesnitz, gab auf einer Pressekonferenz am 8. August 1989 diesen »modus vivendi« bekannt. Er sagte: »Bei Gesprächen mit Menschen, mit Deutschen aus der DDR, in der Ständigen Vertretung oder in irgendeiner Botschaft der Bundesrepublik Deutschland darf er nur zusagen, daß sie straffrei die Ständige Vertretung oder die Botschaft verlassen dürfen. Aber darüber hinaus weitergehende Zusagen hinsichtlich der Ausreisewünsche werden nicht gemacht, auch nicht in der Richtung: Positive Tendenz der Bearbeitung, sondern es wird gar nichts gesagt, es wird verwiesen und soll verwiesen werden auf die Ihnen bekannte Reiseverordnung, die auch die Ausreise mitregelt. Ich darf es so sagen: Man hat nachher Formulierungen gehabt, die den Menschen die Hoffnung gaben, daß dies geschehen würde. Und wie wir inzwischen wissen, ist dies dann, nach unterschiedlichen Zeiten, auch geschehen.«

Die Freilassung von Anatoli Schtscharansky

Über diesem Kapitel müßte stehen: »Avital, ein Symbol für menschliche Treue«.

Avital, die Ehefrau von Anatoli Schtscharansky, war es, die neun Jahre lang in Amerika, England, Frankreich und den anderen Staaten der freien Welt unerschrocken und unermüdlich für die Freilassung ihres Mannes gekämpft hat. Sie scheute keine Mühe und keinen Weg, um auf das Schicksal ihres Mannes aufmerksam zu machen, verfaßte unzählige Bittschriften, organisierte Kundgebungen und Protestmärsche, führte Hungerstreiks durch und ließ weder bei den amerikanischen Präsidenten dieser Zeit noch bei den Politikern anderer Länder locker, bis diese sich des Schicksals von Anatoli Schtscharansky annahmen und sich für seine Freilassung einsetzten.

Für Avital war der Kampf um ihren Mann zum Lebensinhalt geworden. Ihr bescheidenes, aber entschlossenes Auftreten öffnete ihr immer wieder die Herzen und die Türen. Ihr Einsatz fand weltweit die Unterstützung der Juden, denn das Schicksal von Anatoli Schtscharansky stand symbolisch für viele Juden in der Sowjetunion. Es ging nicht nur um seine Freilassung, sondern um die Menschenrechtsbewegung in der Sowjetunion und die Ausreiseerlaubnis für Juden nach Israel.

Avital hat durch ihre unglaubliche Aktivität und ihre Hartnäckigkeit das Schicksal Anatoli Schtscharanskys herausgehoben und damit die Augen der Welt im besonderen auf das Schicksal jüdischer Dissidenten in der Sowjetunion gelenkt. Ohne ihren Mut, ihre Hingabe, wäre er wohl nicht vorzeitig freigekommen. So wurde sein »Fall« zu einem Politikum von Rang, eine Tatsache, die für sein Schicksal eine positive, aber auch eine negative Seite hatte. Positiv für Schtscharansky wirkte sich aus, daß sich hohe und höchste Stellen, die führenden Staatsmänner der freien Welt, für ihn verwandten. Daß sein Schicksal im Blickpunkt der Öffentlichkeit stand und er dadurch einen gewissen Schutz gegen weitere Willkür erfuhr, hatte aber ebenso zur Folge, daß eine Lösung im stillen nicht mehr zu vereinbaren war.

Im Ergebnis konnte eine Begnadigung und die Ausreise für Schtscharansky nur erreicht werden, wenn es die politische Gesamtsituation zuließ; dazu gehörte, daß die Sowjetunion bei einer Übereinkunft nicht das Gesicht verlieren durfte. Keine Großmacht dieser Erde läßt sich vor der Weltöffentlichkeit freiwillig vorführen oder ist bereit, Unrecht offen zuzugeben. Die christlichen Gebote werden im zwischenstaatlichen Verkehr nach aller Erfahrung häufig leider nur gering geachtet. Das Geschehen, wie es dann ablief, die Aktivitäten und verschiedensten Überlegungen hatten diese Tatsache mit in das Kalkül zu ziehen.

Die Sowjetunion hatte Anfang der siebziger Jahre, als allerorten die Entspannung gefeiert wurde, den sowjetisch-amerikanischen Handelsvertrag gekündigt. Die USA hatten die begehrte Gewährung der Meistbegünstigungsklausel davon abhängig gemacht, daß einer bestimmten Anzahl von Personen – vornehmlich Juden – die Ausreise gestattet werde. Die Sowjetunion wollte sich durch wirtschaftspolitische Mittel nicht unter Druck setzen lassen. Als Folge trat ein, daß immer weniger Juden die Ausreise aus der Sowjetunion erlaubt wurde, was wiederum im Gegenzug dazu führte, daß der innenpolitische Druck auf die amerikanische Regierung, sich energisch diesem Problem zuzuwenden, stark zunahm. Die Verabschiedung der KSZE-Schlußakte in Helsinki, die auch von der Sowjetunion unterschrieben wurde, bot in ihren Festlegungen im sogenannten Korb III, der sich mit der Einhaltung der Menschenrechte befaßte, die Grundlage, eine Änderung der sowjetischen Ausreisepraxis zu verlangen.

Spontan bildeten sich in den Ostblockstaaten, auch in der Sowjetunion, sogenannte Helsinki-Komitees. Die Mitglieder setzten es sich zum Ziel, gestützt auf die Schlußakte von Helsinki, die Einhaltung der Menschenrechte einzufordern. Es bildeten sich Bürgerrechtsbewegungen, die die Willkür und die Verletzung von Rechten anprangerten.

Anatoli Schtscharanksy stieß sehr bald zu der Helsinki-Gruppe in Moskau. Da er gut englisch sprach, übernahm er vor allem den Kontakt zu den in Moskau akkreditierten westlichen Journalisten. Schtscharansky hatte am Physikalisch-Technischen Institut in Moskau studiert. Er bildete sich später zu einem Computer-Fachmann aus und war als Datenverarbeiter am Geologischen Institut tätig. Schon früh setzte er sich für die Ausreise der Juden ein. Er hatte auch für sich einen Ausreiseantrag nach Israel gestellt, der aber ebenfalls abgelehnt worden war.

Im Jahre 1978 entwarf er, der gelernte Kybernetiker, einen Fragebogen. Herausgefunden werden sollte durch Befragung von Sowjetbürgern, wieviel Strafanstalten und Strafgefangene es in der Sowjetunion gäbe. Über diese Arbeit hat Schtscharansky auch mit dem amerikanischen Journalisten Robert Toth, der in Moskau für die »Los Angeles Times« tätig war, gesprochen. Aufgrund dieser Aktivitäten wurde er festgenommen und im Juli 1978 zu drei Jahren Haft und zehn Jahren Arbeitslager verurteilt. Der Schuldvorwurf lautete auf antisowjetische Agitation und Zusammenarbeit mit dem amerikanischen Nachrichtendienst CIA. Schtscharansky verbüßte seine Strafe zuerst im Wladimir-Gefängnis in Moskau, dann in den Straflagern Tschistopol und Perm.

In dem Verfahren hat Schtscharanksy niemals ein Geständnis abgelegt, vielmehr im Gegenteil sich immer auf die Rechtmäßigkeit seines Handelns berufen. Seine Aktivitäten und die verfolgten Ziele stünden in vollem Einklang mit den auch von der Sowjetunion in Helsinki anerkannten und verbrieften Rechten. In der Haft setzte er seinen Kampf unerschrocken fort. Er begann einen Hungerstreik und magerte bis auf 48 Kilogramm ab. Seine Sehkraft wurde erheblich in Mitleidenschaft gezogen; sein Widerstandswille blieb jedoch ungebrochen. Avital Schtscharansky sagte damals über ihn: »Seine Seele ist auch hinter Gittern frei.«

Seine Ehefrau Avital hatte Anatoli Schtscharansky in Moskau beim Hebräisch-Unterricht Anfang 1970 kennengelernt. Auch sie wollte nach Israel ausreisen. Beide heirateten nach jüdischem Ritual. Einen Tag nach der Eheschließung wurde Anatoli festgenommen. So konnten sie als Eheleute tatsächlich nur einen Tag zusammensein. Avital durfte einige Monate später nach Israel ausreisen. Dort nahm sie sofort den Kampf um seine Freilassung auf.

Mitte Juni 1985 eröffnete mir Rechtsanwalt Vogel bei einer unserer routinemäßigen Besprechungen in Berlin, daß seine Seite bereit sei, über einen Austausch von Agenten nachzudenken. Man könne vielleicht sogar eine umfangreichere Vereinbarung ins Auge fassen. Es sei ihm angedeutet worden, daß auch Anatoli Schtscharansky mit einbezogen werden könnte. Diese Mitteilung erweckte selbstverständlich meine höchste Aufmerksamkeit. Das politisch-menschliche Gewicht Schtscharanskys brauchte zwischen uns nicht gesondert erörtert zu werden.

Die Mitteilung von Rechtsanwalt Vogel besagte im Klartext:

- Er hat ein Mandat für einen Austausch nicht nur von der Regierung der DDR, auch die Sowjetunion steht dahinter.
- Das Angebot ist ernst gemeint, es besteht also eine echte Chance, zu einem derartigen Austausch zu kommen. In einer so wichtigen Angelegenheit würde sich Vogel nicht äußern, wäre er nicht von kompetenter Seite ausdrücklich dazu autorisiert worden. Ich kannte Vogel gut genug, um zu wissen, daß er stets darauf bedacht war, nur mit einer klaren Vollmacht zu sprechen. Er würde wahrlich nicht gern, von unserer Seite beim Wort genommen, einen Rückzieher machen müssen und damit sein Gesicht und seine Reputation verlieren.
- Der Sowjetunion war nicht daran gelegen, den »Fall« selbst auf der politischen Ebene zu lösen. Sie wollte zwar aus politischen Gründen Schtscharansky loswerden, aber dafür keinen politischen Preis bezahlen.
- Die DDR war bereit, nach außen hin als Vermittler zu dienen. Da bei einem Austausch dieses Gewichts nur eine internationale Lösung — unter Beteiligung mehrerer Länder in Ost und West — in Frage kam, bedeutete dies für die DDR eine Sprecherrolle für den ganzen Ostblock. Eine Situation, die die DDR sehr schätzte, weil sie zu ihrer Aufwertung im Ostblock, aber auch im Westen beitragen konnte.
- Die Tatsache, daß Vogel die Angelegenheit bei mir, dem Staatssekretär des Bundesministeriums für innerdeutsche Beziehungen, ansprach, hieß, daß die DDR im Rahmen einer solchen Vereinbarung auch zu einem deutsch-deutschen »Geschäft« die Hand bot. Mit anderen Worten: Es eröffnete sich die Möglichkeit, zu hohen Freiheitsstrafen verurteilte Häftlinge, an denen die Bundesrepublik ein Interesse hatte, aus der DDR-Haft auszulösen. Schließlich würde es auch der Bundesregierung gut anstehen, wenn sie einen Beitrag zur Befreiung des jüdischen Bürgerrechtlers Schtscharansky leisten könnte.

Vogel war die Genugtuung darüber anzusehen, wie sehr seine Worte mich beschäftigten. Er genoß sichtlich seine Rolle, Anwalt in einem Handel von so hohem internationalen Rang zu sein. Es verstand sich, daß dieses Angebot zunächst absolut geheim bleiben mußte. Auch die kleinste Indiskretion würde, so politisch heikel wie die Dinge lagen, jede Vereinbarung zunichte machen. Jeder Profilierungsversuch, in dem Andeutungen unter die Leute gebracht würden, könnte von vornherein das »Aus« bedeuten. Vogel und ich brauchten über derartige Probleme kein Wort zu verlieren. Wir kannten uns; wir hatten Verschwiegenheit schon oft geübt. Sie war die unerläßliche Voraussetzung, daß diffizile und brisante Vorhaben reifen konnten.

Als nächsten Schritt überlegten wir, welche Personen – oder besser Häftlinge – in Ost und West für einen Austausch in Frage kommen könnten? Für die westliche Seite wußte ich ziemlich genau, an wen von den im Ostblock einsitzenden Häftlingen welches Land des Westens ein Interesse hatte. Die westlichen Nachrichtendienste stehen miteinander in enger Verbindung. Man kennt die Zielrichtung der Aktivitäten. Die Tatsache, daß dabei Mitarbeiter auffallen und entdeckt werden, bleibt nicht geheim. Am Ende steht eine Verurteilung wegen nachrichtendienstlicher Tätigkeiten, die im Westen, aber auch im Osten zur Abschreckung veröffentlicht wird. Alle Bundesregierungen hatten sich im übrigen stets aufgeschlossen gezeigt, Wünsche befreundeter Staaten aufzugreifen und – wenn möglich – helfend gegenüber Staaten des Ostblocks, besonders natürlich der DDR, sich zu verwenden.

Als Staatssekretär des Bundesministeriums für innerdeutsche Beziehungen, dem die Pflege der innerdeutschen Beziehungen ja vor allem oblag, waren mir die Vorgänge vertraut. Auf der anderen Seite war Vogel stets bestens unterrichtet. Aufgrund seines großen Bekanntheitsgrades und dank seiner guten Beziehungen zur Regierung der DDR wurde er in vielen Fällen als Anwalt eingeschaltet. Er verfügte deshalb über ein umfangreiches Wissen. Darüber hinaus wurde er von der Regierung der DDR, seinem Auftraggeber, selbstverständlich mit den notwendigen Erkenntnissen über verlorengegangene »Kundschafter«, wie die DDR ihre Agenten nannte, zusätzlich versorgt.

Die Palette war groß. Es gab gegenseitige Interessen, die viele Länder umspannten. Von Ost- und Westeuropa über Nord- und Südamerika bis hin nach Südafrika und in andere afrikanische Staaten reichten die Wünsche, Forderungen und Anliegen, die der Lösung harrten. Hinter allen »Vorgängen« verbargen sich menschlich bewegende Schicksale. Mir sind im Laufe der Jahre oft Zweifel gekommen, ob die Not, die so viele Menschen bei diesem Metier traf, den Nutzen, den sie ihren Auftraggebern einbrachten, aufwog. Wer Einblick in die Materie hat, findet hier viele Gründe, die Anlaß zum Nachdenken geben. Am Ende listeten wir ein Gesamttableau auf und verabredeten, unverzüglich daranzugehen, die Chancen und Möglichkeiten auszuloten.

Für eine Entscheidung mußten auch andere Ressorts der Bundesregierung aus ihrer Zuständigkeit heraus eingeschaltet werden. Es liegt auf der Hand, daß dazu das Bundeskanzleramt, bei dem die Koordinierung der Nachrichtendienste angesiedelt hat, der Bundesminister des Innern als zuständig für den Verfassungsschutz, der Bundesminister der Justiz wegen der zu bedenkenden Rechtsfragen, bis hin zu eventuell erforderlichen Begnadigungen, und selbstverständlich wegen der außenpolitischen Auswirkungen das Auswärtige Amt gehören. Wegen der Bedeutung der Vorgänge hatte es sich eingebürgert, auf der Ebene der Abteilungsleiter der einzelnen Häuser zu verhandeln.

Nach meiner Rückkehr nach Bonn unterrichtete ich Bundesminister Windelen und bat das »Kränzchen«, wie wir den Kreis nannten, zu mir. Ich berichtete ausführlich, und wir verabredeten, die Fragen je nach der Zuständigkeit der Ministerien zu klären. Damit war die Sache auf der bewährten Schiene. Unter großer Diskretion mußte nun darangegangen werden, herauszufinden, welche Häftlinge in die Übereinkunft einbezogen werden könnten. Eine Fülle von Gesprächen schloß sich an; ich sprach auch immer wieder mit Vogel. Wir kamen mit der Liste gut voran. Die einzelnen Vorschläge wurden rasch bearbeitet. Eine Entscheidung rückte näher. Am Ende konnte ein Austausch noch im September, spätestens Anfang Oktober 1985 ins Auge gefaßt werden.

Bei der Größe des Projekts, bedingt durch die Vielzahl der Personen, die zumindest in Teilfragen eingeschaltet werden mußten, konnte es nicht ausbleiben, daß die Presse Kenntnis von der Aktion bekam. Die Fragen der Journalisten wurden zahlreicher und drängender.

Lange war die Geheimhaltung nicht mehr aufrechtzuerhalten. Überraschend und unerwartet stockten jedoch plötzlich die Verhandlungen. Die andere Seite brach die Gespräche zwar nicht ab, doch ging es nicht mehr voran. Nahe vor dem Ziel war dies eine herbe Enttäuschung.

Schon kurze Zeit nach der Berufung zum Generalsekretär der KPdSU im März 1985 hatte Gorbatschow die ersten Fühler in Richtung USA ausgestreckt. Es begann die Zeit emsiger Aktivitäten. Ein Gipfeltreffen mit Präsident Reagan kam ins Gespräch. Dabei stand das Thema der Einhaltung der Menschenrechte ganz oben an. Unweigerlich bedeutete dies, daß sich das Schicksal von Anatoli Schtscharansky mit zur Erörterung stellte. Sein Name hatte inzwischen Symbolcharakter angenommen. An der Haltung seiner Person gegenüber würde sich ablesen lassen, ob die Sowjetunion in der Frage der Beachtung der Menschenrechte sich tatsächlich öffnen wollte und zu einem neuen Denken bereit wäre. Es mag sein, daß Gorbatschow sich Schtscharansky zunächst »aufsparen« wollte, um ihn auf einem Gipfeltreffen mit Reagan als ein Entgegenkommen, als eine Willkommensgabe zu präsentieren. Doch will ich hier nicht an der sowjetischen Politik in den damaligen Monaten herumdeuten.

Zu berichten ist, daß einige Wochen später Vogel auf mich zukam und – ohne Kommentar – erklärte, die Verhandlungen könnten jetzt fortgesetzt werden. Seine Seite sei an einem baldigen Abschluß interessiert und werde zügig daran mitwirken, eine Übereinkunft zu erzielen. Es folgte eine sehr lebhafte, angespannte Zeit. Reisen mußten unternommen werden, beispielsweise von Vogel in die USA. Schließlich zeichnete sich ein Ergebnis ab. Hierüber war es Winter geworden. Eine Schwierigkeit für unsere Seite lag darin, der Sowjetunion und damit der Weltöffentlichkeit durch den Austausch keinen Anhaltspunkt für die Behauptung zu geben, Schtscharanksy sei tatsächlich ein Agent der CIA gewesen. Er war kein Agent; vielmehr war er ein ungemein tapferer Mann, der sich ausschließlich als Bürgerrechtler betätigt hatte.

Dieser Komplex spielte eine große Rolle bei der Frage, wie das Paket ausgeglichen zu gestalten sei. Bei einem »normalen« Agentenaustausch läßt sich von den Umständen der Tat, dem Lebenslauf, der Höhe der Verurteilung, dem »angerichteten Schaden«, dem Gesundheitszustand und anderen Komponenten her stets rasch gewichten. Schtscharansky war gewissermaßen ein Fremdkörper in einem derartigen »Geschäft«. Die Sowjetunion gedachte, ihn wie jeden anderen nachrichtendienstlichen Fall einzubeziehen und zu werten. Unsere Seite konnte dies nicht hinnehmen.

Wie immer in solchen Fällen kann sich keine Seite mit ihren Vorstellungen allein durchsetzen. Es läuft stets auf einen Kompromiß hinaus. Sonst ist eine Vereinbarung nicht zustandezubringen. Diesen Kompromiß zu finden, war das Kunststück. Ich meine, es ist unter Berücksichtigung aller Umstände und der damaligen Weltlage gelungen. Das Verdienst kommt dabei wohl nicht so sehr den Verhandlungsführern und den unmittelbar hinter ihnen stehenden Entscheidungsträgern zu. Die ersten Männer der beiden Weltmächte – Präsident Reagan und Generalsekretär Gorbatschow – wollten einen Ausgleich und ein Zeichen setzen. Sie wurden in diesen Bemühungen von ihren Verbündeten voll unterstützt. Insbesondere die Bundesregierung war immer bemüht, tatkräftig das in ihrer Macht Stehende zu tun, um den Prozeß der Entspannung zu fördern. Hierin bestand die entscheidende Weichenstellung.

Kurz vor Weihnachten war bis auf einige wenige Unklarheiten das Paket endlich geschnürt. Es stand fest, welcher Häftling auf jeder Seite zur Entlassung kommen sollte. Das Einverständnis der beteiligten Staaten lag vor. Man konnte darangehen, das Ganze in einer Vereinbarung zusammenzufassen und den Ablauf festzulegen. Dieser letzte Akt bedurfte besonderer Vertraulichkeit. Es galt, in aller Ruhe und sehr sorgfältig, alle Punkte aufzunehmen und verbindlich zu regeln. Die Erfahrung lehrt, daß es gerade bei einer so außergewöhnlichen und delikaten Absprache darauf ankommt, nichts zu vergessen und an alle Möglichkeiten zu denken. Lieber länger verhandeln, als sich später Unklarheiten ausgesetzt zu sehen, die womöglich das Ganze scheitern lassen oder zumindest zu Verstimmung mit entsprechenden Konsequenzen führen konnten. Im Verkehr der Staaten miteinander ist Achtsamkeit geboten. Enttäuschungen oder Ansehensverlust werden nicht vergessen.

Bei alldem war schließlich daran zu denken, daß hier über das Schicksal von Menschen entschieden wurde, die man nicht wie Steine auf einem Brett willkürlich hin- und herschieben kann. Sie haben

Angehörige. Was wird mit ihnen? Was tun, wenn einer der Ausgewählten gar nicht von Ost nach West oder von West nach Ost wechseln will? Fragen über Fragen! Hinzu kam die »Technik«. Die Häftlinge saßen in verschiedenen Staaten ein. Sie mußten auf jeder Seite zu einem bestimmten Zeitpunkt zusammengezogen werden, damit am Tag X der Austausch erfolgen konnte. Rechtsakte wie Begnadigungen waren vorzubereiten, Entlassungen aus den Haftanstalten zu regeln, Flugzeuge bereitzustellen, Begleitpersonal und Unterkunft zu organisieren, Sicherheitsfragen zu lösen − und das alles unter Beachtung strikter Geheimhaltung. Vogel und ich hatten aus früheren Austauschfällen schon einige Erfahrung gesammelt. Sie kam uns jetzt zugute. Ich war sicher, es würde zu schaffen sein.

An der Übereinkunft waren die USA wesentlich beteiligt. Sie erklärten sich bereit, ein in den USA inhaftiertes Ehepaar, an dem der Ostblock ein Interesse hatte, freizulassen. Ich stand deshalb in enger Verbindung mit dem amerikanischen Botschafter in Bonn, Richard Burt. Er engagierte sich sehr in der Sache und unternahm alles, um in der US-Administration die Wege zu ebnen und eine positive Entscheidung zu fördern. Da es sich bei dem geplanten Austausch aber eher um eine Angelegenheit USA−DDR denn Bundesrepublik−USA handelte, hatte die Federführung auf amerikanischer Seite der Botschafter der USA in der DDR, Francis D. Meehan. Meehan und Vogel kannten sich bereits viele Jahre. Sie hatten sich schon in einer ganzen Reihe von Anliegen getroffen. Meehan genoß in der DDR aufgrund seines umfangreichen Wissens über die Ost-West-Verhältnisse, seiner Klugheit und seiner bedächtigen Art hohes Ansehen. Auch wir waren uns schon in früheren Tagen in Berlin begegnet.

Zwischen Vogel und mir wurde nun überlegt, wann und wo wir die Vereinbarung endgültig abschließen wollten. Wie jedes Jahr, hatten meine Frau und ich einen Winterurlaub nach dem Dreikönigsfest gebucht, um Ski zu laufen. Wir bevorzugten den kleinen Skiort Gerlos im Zillertal in Tirol. Wie die Dinge lagen, fiel der Zeitpunkt in diesen von mir geplanten Urlaub. Der Abschluß drängte; die Zeit war reif, ein Verschieben war angesichts der Bedeutung des Vorhabens nicht zu vertreten. Also blieb mir nur, den Urlaub abzusagen − oder vorzuschlagen, das Treffen einfach an meinen Urlaubsort zu verlegen. Vogel und Botschafter Meehan stimmten sofort zu. Sie kannten Gerlos aus meinen Erzählungen und nahmen gern die Gelegenheit wahr, die Gegend und das Hotel selbst in Augenschein zu nehmen. Vor allem aber sprach für Gerlos, daß die Geheimhaltung dort mit Sicherheit gewährleistet war. Nach Bonn konnte Meehan zuständigkeitshalber schlecht kommen. Für ein Treffen in West-Berlin galt das gleiche: Die USA wurden dort durch den US-Botschafter in Bonn repräsentiert. Und nach Ost-Berlin zu gehen, hielt ich nicht für angebracht. Es gab keinen Grund, die DDR aufzuwerten. Gerlos stellte für alle Beteiligten eine rundum neutrale Lösung dar. Der Weg von Bonn wie von Berlin war ziemlich gleich weit. Man konnte bis München fliegen und von dort in knapp zwei Stunden mit dem Auto den Ort erreichen.

Die Begegnung war deshalb schnell festgelegt. Wir verabredeten uns für den 23. Januar 1986 im Hotel »Gaspingerhof« bei mir. An der Besprechung nahm auf Bitten von Botschafter Burt Botschaftsrat Grobel von der US-Botschaft in Bonn teil. Er war in der Sache von Burt stets hinzugezogen worden und mit der Materie deshalb voll vertraut. Die Gesellschaft traf sich, wie verabredet, am frühen Vormittag. Ich hatte noch meine Bonner vertraute Sekretärin, Frau Monika Schumacher, hinzu gebeten. So hatten wir auch ausreichend technische Unterstützung.

Den Eignerleuten vom »Gaspingerhof«, einem bodenständigen, gediegenen Familienhotel österreichischer Tradition, der Familie Hörl, hatte ich gesagt, daß mir ein geschäftlicher Besuch ins Haus stehe, und um ein Zimmer für die Besprechung gebeten. Sie waren nicht überrascht, denn in dem Urlaub hatte ich bisher mehr am Telefon gehangen, als mich am Schnee und den Bergen zu erfreuen. Familie Hörl ließ sehr liebenswürdig eines ihrer schönsten Appartements zu einem Konferenzraum herrichten und stellte das Nebenzimmer für Bürozwecke zur Verfügung. So war alles bestens gerichtet.

Bis zu dieser Stunde war lediglich eine Übereinstimmung erzielt worden, welche Personen in den Austausch eingeschlossen werden könnten. Nun galt es, sich endgültig zu entscheiden und über die anderen, damit zusammenhängenden Fragen eine Einigung zu finden. Zeitpunkt und Ort des Austausches mußten festgelegt werden. Welche technischen Vorbereitungen waren zu treffen? Wer sollte daran teilnehmen? Und vieles mehr. Auch war es nötig, an die berechtigten

Wünsche der Angehörigen von Schtscharansky zu denken und ihre Erfüllung zu sichern.

Am Abend zuvor hatte ich mich hingesetzt und den Text einer Vereinbarung über diese Fragen entworfen. Dieser Entwurf wurde dann die Grundlage für den Vertrag. Nach einigen Stunden hatten wir alles unter Dach und Fach. Es war ein sehr intensives und kooperatives Gespräch gewesen. Jede Seite war mit der Absicht erschienen, die Verhandlung zu einem guten Ergebnis zu bringen. So kamen wir zügig voran. Zwischendurch wurde eine Vielzahl von Telefonaten geführt, um wirklich unmißverständliche Entscheidungen zusagen zu können. Aus technischen Gründen, die Häftlinge befanden sich ja noch in den Haftanstalten verschiedener Länder, bedurfte es eines zeitlichen Vorlaufs. So einigten wir uns als Termin für den Austausch auf den 11. Februar 1986.

Das Paket im engeren Sinn umfaßte den Austausch von acht Personen. Aus östlichem Gewahrsam sollten freigelassen werden:

— Der damals 43 Jahre alte Jaroslav Javorsky. Sein Vater, ein international bekannter Tennisspieler und Mitglied der Davis-Cup Mannschaft der CSSR, war nach einem Aufenthalt in der Bundesrepublik mit seiner Ehefrau nicht mehr in die CSSR zurückgekehrt. Der Sohn verblieb in der CSSR. Im März 1977 erhielt er die Erlaubnis, seine Eltern in Heilbronn zu besuchen. Da er sich geweigert hatte, in die kommunistische Partei der CSSR einzutreten, sah er für sich keine Zukunftschancen in der Heimat und blieb bei seinen Eltern. Er stellte den Antrag auf politisches Asyl in der Bundesrepublik Deutschland.

Javorsky hatte in der CSSR seine Verlobte zurückgelassen. Anfang Oktober 1977 reiste er nun mit gefälschten Pässen nach Bulgarien, um sich dort mit seiner Verlobten zu treffen und ihr die Flucht über die Türkei in den Westen zu ermöglichen. Beide wurden im Zug verhaftet. Die Braut mußte sofort in die CSSR zurückkehren, während Javorsky zunächst vom bulgarischen Geheimdienst streng vernommen und dann den Sicherheitsbehörden in Prag überstellt wurde.

Am 13. Dezember 1978 wurde Javorsky wegen angeblicher Spionage, Republikflucht, Beihilfe zur Republikflucht und Devisenvergehens zu dreizehn Jahren Freiheitsstrafe verurteilt. Politiker der im Deutschen Bundestag vertretenen Parteien, der Bundestagspräsident, der Außenminister wie auch der damalige bayrische Ministerpräsident Franz Josef Strauß hatten sich nachhaltig für seine Freilassung eingesetzt.

- Der zu dieser Zeit fünfzig Jahre alte Dietrich Nistroy. Er stammte aus der Bundesrepublik und war als Firmenvertreter für medizinische Geräte im innerdeutschen Handel tätig gewesen. Dabei hatte er Kontakt zu Instituten für Strahlentechnik in der DDR gewonnen. 1981 wurde er während eines Aufenthalts in der DDR verhaftet und 1982 wegen Spionage für den Bundesnachrichtendienst zu lebenslanger Haft verurteilt.
- Der 41 Jahre alte DDR-Bürger Wolf-Georg Frohn. Er arbeitete in der Forschungsabteilung der Zeiss-Werke in Jena, wurde 1980 verhaftet und ein Jahr später wegen Spionage für einen westlichen Geheimdienst zu lebenslanger Freiheitsstrafe verurteilt.

Von westlicher Seite wurden freigegeben:

- Der DDR-Bürger Detlef Scharfenorth. Er war 1985 in der Bundesrepublik zu vier Jahren Haft verurteilt worden, weil er Agenten für die DDR angeworben hatte.
- Der Diplomingenieur Jewgenij Semljakov. Als Angestellter der sowjetischen Handelsmission in Köln hatte er versucht, Material über Richtfunkgeräte und Hochfrequenztransistoren zu beschaffen. Er war vom Oberlandesgericht Düsseldorf zu drei Jahren Haft verurteilt worden.
- Jerzy Kaczmarek, ein Mitarbeiter des polnischen Geheimdienstes. Er war beim Amt für Aussiedler und Spätheimkehrer in Bremen eingeschleust worden, um zu erkunden, wie die Behörden in der Bundesrepublik die Sicherheitsüberprüfung von aus Polen einreisenden Personen handhaben. Er war im März 1985 festgenommen worden. Eine Verurteilung stand noch aus.
- Karel und Hanna Koecher. Das Ehepaar war im November 1984 in den USA wegen des Verdachts der Spionage angeklagt worden. Karel Koecher sollte jahrelang für den Geheimdienst der CSSR gearbeitet haben.

Hinzu kam die Freilassung und die Genehmigung zur Ausreise für Schtscharansky. Da die Betroffenen Familien hatten, wurde auch für die Angehörigen eine befriedigende Regelung eingebaut.

Hinsichtlich des Ortes stand nie in Frage, daß der Austausch an der Grenzlinie zwischen Ost und West — also in Deutschland — stattfinden sollte. Ich hatte schon erwähnt, daß im Laufe der Jahre bereits mehrfach politische Häftlinge zwischen Ost und West ausgetauscht worden waren. Im deutsch-deutschen Bereich war die Überstellung zumeist am Grenzübergang Herleshausen/Wartha erfolgt. Es lag nahe, den Ort wieder vorzusehen. Dieser Grenzübergang lag verkehrsgünstig; er konnte von beiden Seiten über die Autobahn erreicht werden. Die Gegend ist gut überschaubar und gegen unerwünschte Beobachter leicht abzuschirmen. In der Nähe befand sich eine Kaserne des Bundesgrenzschutzes, die für einen Zwischenstopp, für Begegnungen und mögliche Übernachtungen zur Verfügung stand. Außerdem waren die Grenzbeamten mit einem Austausch vertraut, was für die reibungslose Abwicklung von allergrößtem Vorteil war.

Der vorliegende Fall hatte jedoch eine andere Dimension. Die Einbeziehung von Anatoli Schtscharansky gab ihm ein besonderes Gewicht und eine internationale Bedeutung. Dieser Austausch ließ sich also nicht »routinemäßig« abwickeln. Er war auch keine rein deutsche Angelegenheit. Die USA leisteten zum Gelingen der Übereinkunft einen wesentlichen Beitrag. Angesichts der großen Beachtung, die der Fall Schtscharansky in Amerika gewonnen hatte, und der Tatsache, daß sich Präsident Reagan selbst eingeschaltet hatte, lag es nahe, daß die US-Seite einen der amerikanischen Regierung besonders genehmen Ort für die Übergabe vorschlagen würde. Die Wahl fiel auf Berlin, genauer die Glienicker Brücke. Auf unserer Seite gab es keinen Grund, gegen diese Vorstellung zu stimmen. So einigten wir uns für den Austausch schnell auf diesen Ort.

Die Glienicker Brücke überspannt die Havel zwischen dem Westberliner Bezirk Wannsee und dem Verwaltungsbereich Potsdam der damaligen DDR. Die Gegend hat einen ausnehmend romantischen Charakter. Sie wird in Berlin schon immer als ein höchst idyllisches Plätzchen geschätzt. Dicht vor der Brücke auf westlicher Seite hatte Prinz Karl von Preußen von dem angesehenen Baumeister Friedrich Karl Schinkel ein Lustschlößchen errichten lassen, dessen weitläufi-

ger Park noch heute unvermindert seine Anziehungskraft auf Liebes-
leute ausübt. Die Grenze zwischen Ost und West verlief genau auf der
Mitte der Brücke. Sie war durch einen weißen Strich markiert. Sinni-
gerweise erhielt die Brücke nach dem Krieg von den Sowjets den
Namen »Brücke der Einheit«. Sie war 1986 als Übergang für Deutsche
nicht zugelassen, sondern durfte lediglich von Angehörigen der westlichen Militärmissionen, die in Potsdam bei den sowjetischen Streit-
kräften akkreditiert waren, benutzt werden.

In der Nachkriegszeit hatte die Glienicker Brücke schon mehrfach
auf eine andere Weise Berühmtheit erlangt. 1962 wurde über sie der
Austausch des amerikanischen Piloten Powers, der bei einem Aufklä-
rungsflug in der Sowjetunion landen mußte, gegen den sowjetischen
Meisterspion Abels abgewickelt. Schon damals war Rechtsanwalt
Vogel auf östlicher Seite eingeschaltet gewesen. Der letzte Austausch
zwischen Ost und West hatte dort im Juni 1985 stattgefunden.

Die Glienicker Brücke lag im amerikanischen Sektor von Berlin, so
daß gemäß den Viermächterechten in der Stadt die USA an dieser
Stelle über die entscheidende Autorität verfügten.

Auch für die anderen Punkte konnte eine befriedigende Regelung
gefunden werden. Die Zustimmung der Regierungen lagen vor, so
konnten wir abschließen. Das Dokument wurde von Botschafter Meehan, Rechtsanwalt Vogel und mir unterzeichnet. Ein wenig erschöpft,
aber doch zufrieden, begaben wir uns zu einem kleinen Imbiß. Der
»Gaspingerhof«, dessen heimische Küche zu den geschätzten Adres-
sen des Landes zählt, verwöhnte die Gesellschaft mit einem typisch
österreichischen Gericht.

Anschließend wurde aufgebrochen. Während die anderen Teilneh-
mer der Runde Gerlos wieder verließen, unternahm ich einen ausgedehnten Spaziergang. Ruhe und Entspannung wollten sich jedoch so
schnell nicht einstellen. Zu sehr wirbelten noch die Gedanken: Steht
die Vereinbarung nun wirklich? Ist an jede Eventualität gedacht worden? Haben wir nichts übersehen? Gibt es Haken und Ösen, an denen
sich Mißverständnisse aufhängen können?

An dieser Stelle ist es vielleicht angebracht, ein Wort über den Ent-
scheidungsprozeß auf unserer Seite nachzuschicken: Nach der Regelung des Grundgesetzes trägt jeder Bundesminister für die Erfüllung
der Aufgaben seines Ministeriums im Rahmen der vorgegebenen poli-

tischen Richtlinien der Bundesregierung die alleinige Verantwortung. Die Zuständigkeit für die Angelegenheiten, um die es hier ging, lag beim Bundesministerium für innerdeutsche Beziehungen. Der Minister hatte nach der Geschäftsordnung die anderen Ressorts zu beteiligen, wenn deren Aufgabenkreis berührt wurde. Welches Haus hier einzuschalten war, richtete sich nach dem jeweiligen Sachstand. Der Bundeskanzler kann jederzeit, gestützt auf seine grundgesetzlich verankerte Richtlinienkompetenz, eingreifen, wenn er aufgrund der politischen Bewertung des Vorgangs dies für erforderlich hält. Diese Rechtslage schließt ein, daß der zuständige Ressortminister für Mißerfolge oder Pannen seines Hauses haftet und einzustehen hat. Er trägt die politische Verantwortung und muß gegebenenfalls die Konsequenzen ziehen. Aus dieser klaren Ordnung folgt, daß zwischen dem Bundesminister und seinem beamteten Staatssekretär, der die Behörde im Alltagsgeschäft leitet, ein festes und solides Vertrauensverhältnis bestehen muß. Um eine derartige Zusammenarbeit sicherzustellen und gewissermaßen korrespondierend zu der Haftung des Ministers, ist der Staatssekretär deshalb als ein politischer Beamter eingestuft; er kann jederzeit ohne Angabe von Gründen seines Amtes enthoben werden.

Bundesminister Windelen, der Ressortchef des Bundesministeriums für innerdeutsche Beziehungen zur damaligen Zeit, hatte mich als Staatssekretär von seinem Vorgänger, Rainer Barzel, 1983 gewissermaßen »geerbt«. Bei seiner Amtsübernahme kannten wir uns nicht näher. Windelen war seit langem als Politiker in herausragenden Positionen tätig gewesen. Wir waren uns zwar auf einigen Veranstaltungen begegnet und hatten uns in der Zeit 1971/1972, als ich in der CDU/CSU-Bundestagsfraktion als Berater aushalf, häufig getroffen. Eine enge Beziehung hatte sich damals jedoch nicht entwickelt.

Die Zusammenarbeit zwischen Windelen und mir hatte sich nach seinem Amtsantritt sehr rasch eingespielt. Windelen hatte klare politische Vorstellungen und schätzte ein offenes, deutliches Wort. So konnte es keine Mißverständnisse geben, und das Haus erhielt die Vorgaben zum Handeln. Wir stimmten in den politischen Überzeugungen uneingeschränkt überein. Es entwickelte sich schnell ein harmonisches und für die Sache fruchtbares Zusammenstehen. Windelen hat mir vom ersten Tag an persönliches Vertrauen entgegengebracht und fachliches Zutrauen zu mir gehabt. Wir deckten uns auch in der Auffassung und Neigung, nicht jeden Tag für allen möglichen Kleinkram in Besprechungen zusammenkommen zu müssen. Er ließ mir die Freiheit zum Handeln. Wir hatten aber einen ganz kurzen Draht zueinander und konnten uns in den Sachfragen immer sehr schnell abstimmen und verständigen. Unsere Seite war damit in den Verhandlungen mit der DDR höchst schlagkräftig, was sich auch in diesem Fall sehr vorteilhaft auswirkte.

Bis zum Austausch lagen nun noch fast drei Wochen vor uns. Die Zeit wurde aus technischen Gründen unbedingt gebraucht; dazu waren zu viele Vorbereitungen zu treffen. Ich dachte jedoch mit Sorge an die kommenden Tage. Der Vertrag war unterschrieben, die Abrede perfekt gemacht. Es konnte einfach nicht ausbleiben, daß der Vorgang in vielen, nicht mehr überschaubaren Gremien – auch im Ausland – besprochen wurde. Dies alles wasserdicht zu halten – ich glaubte nicht mehr daran. Sollten wir für diesen Fall Vorbereitungen treffen? Wenn ja, welche?

In der Vergangenheit hatte ich die Erfahrung gemacht, daß es nur ein Mittel gab, wirklich wichtige und bedeutsame Dinge für einige Zeit geheimzuhalten: die Presse ins Vertrauen zu ziehen, auf hoher Ebene mit den Redaktionen zu sprechen, klar und uneingeschränkt zu sagen, um was es geht und was bei einer frühzeitigen Veröffentlichung auf dem Spiel stehen würde, welcher Schaden angerichtet werden könnte, daß unter Umständen Menschen, die ein bitteres Schicksal erlitten haben, nicht mehr zu helfen wäre. In keinem Fall hatte ich bislang an die Verantwortlichen vergeblich appelliert. Die Presse der Bundesrepublik wußte über viele Vorgänge im humanitären Bereich schon frühzeitig Bescheid. Sie hat aus Verantwortung geschwiegen und sich damit einige höchst interessante und auflagensteigernde Storys entgehen lassen. Von dieser Haltung kann ich hier nur mit Respekt berichten.

Aber hatte der Vorgang, der zur Debatte stand, diesen Rang? Es ging um ein hohes Politikum, um mehr als einen Austausch. Das Dokument war unterzeichnet; keine Seite würde wohl wegen einer vorzeitigen Veröffentlichung die Vereinbarung platzen lassen. Und wer garantierte, daß die Presse beispielsweise in Amerika ebenfalls schwieg? Würde nicht erfahrungsgemäß doch alles bekannt werden?

Das waren einige der Fragen, die die Journalisten stellen würden. Nein, dieser Weg war dieses Mal meiner Überzeugung nach nicht zu beschreiten. Man mußte die Dinge auf sich zukommen lassen, sich entsprechend wappnen und je nach der Lage reagieren.

Meine Befürchtungen hatten mich nicht getrogen. Nur allzu bald sickerte speziell in sogenannten kundigen Kreisen durch, daß sich Spektakuläres ereignen würde. Es begann ein Raunen und Wispern. Die Presse nahm die Spur auf. Wer, wann, wo, was geplaudert hatte, ließ sich selbstverständlich nicht herausfinden. Der journalistische Kodex verbietet schließlich, einen Informanten preiszugeben. Hier nachzufragen, zu bohren, möglicherweise sogar zu drohen, ist verlorene Mühe und völlig zwecklos. Diese Verschwiegenheit ist einer der Eckpfeiler jeder journalistischen Arbeit. Die Konzentration durfte sich deshalb nicht darauf richten, undichte Löcher zu finden und zu stopfen, vielmehr durch eine gezielte Informationspolitik Material anzubieten, ohne damit schon die ganze Geschichte preiszugeben. Es war ein »Katz-und-Maus-Spiel«. Die Journalisten hielten sich selbstverständlich nicht nur an eine »Quelle«. Sie versuchten durch das Abfragen aller möglichen »Sachkenner«, das Puzzle zusammenzusetzen. Die Gerüchteküche brodelte bald heftig. Besonders aus den USA kamen bedrängende Fragen.

Wie bei den Umständen dieses Vorhabens nicht anders zu erwarten, wurde nach und nach Stück für Stück der Abreden bekannt. Insbesondere gewann die Presse bald über zwei der gewichtigen Punkte Kenntnis, nämlich daß Schtscharansky freikommen sollte und daß das Geschehen sich in Berlin und auf der Glienicker Brücke abspielen werde. Die Bundesregierung hatte diese Publizität nicht gesucht. Im Gegenteil: Wir wußten aus der Erfahrung, daß nun die Gefahr drohte, der Austausch könnte letztlich doch noch scheitern. Bei der Empfindlichkeit der kommunistischen Führungen im Osten waren Kurzschlußhandlungen nicht auszuschließen. Der Ostblock kannte nur eine staatlich gelenkte Presse. Immer wieder hatte ich erfahren müssen, wie sehr man östlich der Elbe in einer eigenen Welt verhaftet war und sich in unser System der freien Berichterstattung nicht hineinfinden konnte. Unerwünschte Veröffentlichungen unsererseits wurden stets zunächst als ein gezielter, bösartiger Angriff der Regierung selbst angesehen. Es erforderte durchweg erhebliche Mühe und viele

Anstrengungen, den falschen Verdacht auszuräumen. Auf der anderen Seite scheute sich etwa die DDR aber keineswegs, durch gezielte Informationen das Meinungsbild bei uns zu ihrem Nutzen zu beeinflussen.

Meine Sorge war berechtigt: Wieder lief das gleiche Szenarium ab. Die andere Seite beschwerte sich bitter über die Veröffentlichungen und vermutete voller Argwohn eine gezielte Propaganda-Kampagne gegen sich. Die Dinge eskalierten schnell. In dieser Situation hatte Rechtsanwalt Vogel einen schweren Part. Mit all seinem Geschick versuchte er in unzähligen Gesprächen, auch über den Atlantik, die Wogen zu glätten und so das Ganze vor einem Scheitern zu bewahren. Er hat sich ungemein eingesetzt. Tage voller Spannung und Aufregung reihten sich aneinander.

Inzwischen hatte sich eine Heerschar von in- und ausländischen Journalisten nach Berlin in Marsch gesetzt. Da ihre Gewißheit wuchs, der Akt würde sich auf der Glienicker Brücke abspielen, begannen sie, sich auf der Zufahrtsstraße einzunisten. Jedermann versuchte den besten Beobachtungsplatz zu ergattern. Während die einen sich ablösten, um den einmal gewonnenen günstigen Standplatz nicht zu verlieren, richteten sich andere in Wohnwagen so gut es ging häuslich ein. In der Umgebung bot sich ansonsten keine Unterhaltung. Die einzige Abwechslung bestand deshalb darin, die Gerüchte wiederzukäuen und neue in die Welt zu setzen. Ich habe die Journalisten sehr bedauert: Es war Anfang Februar und bitterkalt. Auch wußte ich, daß sie noch einige Zeit dort ausharren mußten.

Die öffentliche Aufmerksamkeit nahm schließlich eine solche Dimension an, daß wir ernsthaft daran dachten, den Austausch zu verschieben oder an einen anderen Ort zu verlegen. Man hätte die Überstellung auch an einer anderen Stelle in Berlin vorsehen können. Vogel und ich hatten in früheren Fällen eine derartige Flexibilität mit Erfolg geübt. Hier waren jedoch größere Mächte am Werk. Die amerikanische Administration wäre zerrissen worden, hätten die von weither angereisten journalistischen Teams unverrichteter Dinge, also ohne eine Reportage, wieder nach Haus zurückkehren müssen. Nein, alles mußte so bleiben, wie es verabredet worden war. Es hieß nun einfach, durchzustehen. Mehr und mehr verdichtete sich bei mir auch die Ahnung, daß nicht nur die USA an einer breiten Aufmerksamkeit ein

Interesse hatten; die Sowjetunion schien ebenfalls Gefallen daran zu finden, Schtscharansky unter den Augen der Welt ausreisen zu lassen. Die Fachleute für Agitation und Propaganda drüben waren wohl zu der Überzeugung gelangt, daß dieses öffentliche Spektakel dem Image der Sowjetunion Nutzen einbringen würde.

In den Gesprächen über die Freilassung Schtscharanskys war von unserer Seite immer wieder auf die Verhaftung von drei deutschen Kaufleuten einige Monate zuvor, die in der UdSSR geschäftlich tätig waren, hingewiesen worden. Die Behörden hatten ihnen Bestechung und andere Vergehen gegen Wirtschaftsstrafvorschriften vorgeworfen. Ein Vorwurf, den die Kaufleute stets energisch bestritten hatten. Die Behörden der Sowjetunion hatten sich den Vorstellungen der Bundesregierung gegenüber schließlich aufgeschlossen gezeigt und eine Freilassung in Aussicht gestellt. Der Vorgang war mit dem Austausch auf der Glienicker Brücke unmittelbar nicht verknüpft. Die Einigung über die Freilassung Schtscharanskys und über den Agentenaustausch hat jedoch sicher zu einer schnellen Lösung auch dieser Anliegen mit beigetragen.

Die Sowjetunion hielt ihr Wort und setzte die drei Kaufleute drei Tage vor dem geplanten Austausch auf der Glienicker Brücke außer Strafverfolgung. Glücklich kehrten sie in die Bundesrepublik zurück. Ein weiteres, ein letztes Zeichen dafür, daß nun auch der Freilassung Schtscharanskys nichts mehr im Wege stehen würde? Wenn auf unserer Seite auch niemand mehr an dem Gelingen zweifelte, so stärkte dieser Akt doch die Zuversicht beträchtlich.

Von amerikanischer Seite war für den Austausch am 11. Februar ein genaues Szenario erstellt worden. Dieser letzte Akt erfolgte unter ihrer Leitung, da die Geschehnisse sich im amerikanischen Sektor von Berlin abspielen würden. Der Ablauf war minutiös geplant. Eine generalstabsmäßige Arbeit lag vor, in der für alle Eventualitäten Vorsorge getroffen worden war. Es lief dann auch alles — fast alles — nach Plan ab.

Morgen kurz vor 9.00 Uhr trafen sich die Beteiligten auf dem Flughafen Tempelhof. Botschafter Burt, begleitet vom US-Stadtkommandanten in Berlin, General Mitchell, dem US-Gesandten in Berlin, Minister Kornblum, und Botschaftsrat Grobel, der US-Botschafter in Ost-Berlin, Meehan, mit Begleitung, ein Vertreter des US-Justizministeriums, mehrere US-Marshals, dazu Verbindungsoffiziere und andere Kräfte zur Unterstützung. Ich wurde von Ministerialrat Plewa, dem Leiter der zuständigen Unterabteilung im Ministerium, der die Hauptlast der Arbeit getragen hatte, unterstützt.

Um 9.00 Uhr brachte eine amerikanische Militärmaschine vom Typ C 130 die fünf Häftlinge, die von unserer Seite freigelassen werden sollten, nach Tempelhof, unter ihnen das Ehepaar, das am Tag zuvor aus den USA nach Frankfurt gebracht worden war. Die anderen Häftlinge waren in der Bundesrepublik inhaftiert gewesen. Sie sollten zunächst in einen Raum neben der VIP-Lounge des Flughafens geführt werden, wo für Vogel ein Gespräch mit ihnen — allein — vorgesehen war.

Nach der Landung trat eine unerwartete Schwierigkeit auf. Der zuständige US-Marshal bestand darauf, daß die Häftlinge beim Verlassen des Flugzeugs gefesselt werden müßten. Die deutschen Vorschriften, die ja für drei der Häftlinge galten, sahen eine solche Maßnahme nicht vor, eine Fesselung wäre ausgesprochen unüblich und gegen die Regeln gewesen. Außerdem bestand keine Fluchtgefahr, handelte es sich doch nur um wenige Schritte von der Maschine über das Rollfeld zum Flughafen-Gebäude. Im übrigen war das Umfeld von Militärpolizei hermetisch abgeriegelt. Eine unangenehme Situation bahnte sich an. Botschafter Burt erklärte mir, daß er gegenüber dem US-Marshal keinerlei Eingriffs- oder Anordnungsrecht habe. Dieser handele streng nach Anweisung; eine Ausnahme könnte nur Washington anordnen. Deutsche Dienstvorschriften standen gegen amerikanische Anordnungen — eine mißliche Lage! Der US-Marshal blieb hart. Der Austausch konnte und durfte doch nicht von einer — in meinen Augen — Lapalie in Mitleidenschaft gezogen werden. Ratlosigkeit breitete sich aus. Es mußte doch eine annehmbare Lösung geben! Schließlich bat ich Botschafter Burt, das Flugzeug von allen Begleitpersonen räumen zu lassen. Ich wollte mit den Häftlingen allein reden. Dies geschah. Ich sprach dann in der Maschine mit den Häftlingen und zeigte ihnen die Situation auf. Amerikanisches Recht verlange eine Fesselung beim Verlassen des Flugzeugs, nach deutschen Vorschriften sei dies in einem Fall wie diesem nicht üblich. Ein Ausweg müßte aber gefunden werden. Keiner der Häftlinge erhob Widerspruch, woraufhin ihnen Handschellen angelegt wurden. Guten

Gewissens konnte ich nun den US-Marshal seines Amtes walten lassen.

Kurze Zeit später traf Vogel, von seiner Frau chauffiert, in Tempelhof ein. Nach kurzer Begrüßung erhielt er die Gelegenheit, den Häftlingen zu begegnen, um sich zu überzeugen, daß die Vereinbarung von unserer Seite exakt eingehalten wurde. Dann wurde aufgebrochen. Vogel fuhr in seinem Pkw voraus. Ihm folgte US-Botschafter Meehan und Begleitung. Dann kamen Botschafter Burt mit mir und die anderen Fahrzeuge. Meehan sollte sich zunächst auf DDR-Gebiet — auf der östlichen Seite der Glienicker Brücke — vergewissern, daß Schtscharansky tatsächlich anwesend war und die anderen Häftlinge, die vom Ostblock freizulassen waren, zum Austausch bereit standen. Keiner hatte Zweifel, daß die Abreden östlicherseits eingehalten würden, doch galt es, jede Unsicherheit auszuschließen. Daß Schtscharansky in Ost-Berlin eingetroffen war, wußten wir bereits. Meehan hatte sich mit ihm am Vortag schon in Vogels Büro in Ost-Berlin getroffen. Es war deshalb auch bekannt, daß sich Schtscharansky, wenn man die besonderen Umstände berücksichtigt, gesundheitlich in guter Verfassung befand.

Als der Wagen mit Burt und mir auf der Glienicker Brücke ankam, wurde er sofort gewendet, so daß wir mit Schtscharansky ohne weitere technischen Manöver von der Brücke wieder wegfahren konnten. Die USA legten allergrößten Wert darauf, auch durch den äußeren Ablauf deutlich zu machen, daß Schtscharansky kein Agent sei und der Austausch von Agenten gewissermaßen nur um ihn herum ablief. Schtscharansky sollte als erster und allein kommen. Botschafter Burt und ich wollten ihn in Empfang nehmen und fort sein, bevor der Austausch im eigentlichen Sinn abgewickelt würde. Ich war gespannt, ob die östliche Seite diese Vorstellungen nicht würde zu durchkreuzen versuchen.

Natürlich hatten wir unsere Taktik strikt geheimgehalten. Aus den öffentlichen Einlassungen auf unserer Seite, Schtscharansky sei kein Agent, hätte sich die DDR jedoch entsprechende Gedanken machen können. Die beiden Botschafter Meehan und Burt spielten perfekt zusammen. Kaum waren Burt und ich in der Mitte der Brücke — der Grenze — angelangt, kamen schon Botschafter Meehan mit Schtscharansky und Vogel mit raschen Schritten von östlicher Seite auf uns zu.

Wir trafen uns genau auf der weißen Linie. Ein kurzer Handschlag von Burt und mir mit Schtscharansky, dazu ein Wort des Willkommens. Schtscharansky sagte bewegt einen Satz des Dankes, und schon nahmen Burt und ich ihn in unsere Mitte und wir gingen, nicht hastig, aber doch zügig, zu unserem Wagen. Das Foto von diesem Geschehen ist um die Welt gegangen.

Botschafter Burt und ich fuhren mit Schtscharansky unmittelbar fort, während hinter uns der Austausch nunmehr unter der Leitung von Minister Kornblum und meinem Mitarbeiter, Herrn Plewa, ablief. Dabei entwickelte sich für Plewa eine persönlich mißliche Situation. Er war mit den Häftlingen, die von unserer Seite überstellt werden sollten, vom Flughafen Tempelhof in einem kleinen Bus zur Glienicker Brücke transportiert worden. Dieser Bus nun war von den wartenden Journalisten als eines der wenigen interessanten Film- und Fotoobjekte unzählige Male abgelichtet worden. Wie war Plewa erstaunt, am nächsten Tag sein Konterfei hinter der Busscheibe in allen Zeitungen zu sehen, und zwar mit der Unterschrift, er sei einer der ausgetauschten Agenten! Er hat diesen »Rufmord« tapfer ertragen.

In dem gepanzerten Dienstwagen von Botschafter Burt fuhren wir mit Schtscharansky zum Flughafen Tempelhof. Schtscharansky, damals 38 Jahre alt, war er ein eher unauffällig aussehender Mann mit fast kahlem Kopf, wirkte keineswegs wie ein Leinwandheld. Aber seine Augen sprühten. Aus seiner Gestik, seiner ganzen Haltung, waren ein unbändiger Wille und eine große Vitalität zu spüren. Er beeindruckte durch eine blitzende Intelligenz und eine nahezu überschäumende Lebhaftigkeit. Dieser Mann wirkte nicht durch sein Äußeres, sondern durch seine Persönlichkeit. Er war geistig keinesfalls gebrochen und würde, wenn nötig, den Kampf morgen noch einmal mit der gleichen Entschlossenheit aufnehmen. Er besaß nur das, was er auf dem Leib trug. Gegen die Kälte hatte man ihn mit einer Pelzmütze und einem dicken Tuchmantel versehen.

Wir unterhielten uns in englisch. Schtscharansky sprach wie aufgedreht. Die ungeheure Anspannung wirkte offenbar noch in ihm fort. Er erzählte, daß er bereits am 22. Januar mit einer Sondermaschine aus seinem Lager im Gebiet von Perm (Ural) nach Moskau gebracht worden sei. Dort sei er dann im Lefortowo-Gefängnis verwahrt worden. Einen Grund für die Verlegung habe man ihm nicht mitgeteilt.

Am 10. Februar sei er dann wieder in ein Flugzeug gesetzt worden. Am Stand der Sonne habe er sich orientiert, daß der Flug in Richtung Westen ging. Über sein wahres Schicksal sei er auch jetzt im unklaren gelassen worden. Nach dem Überfliegen der sowjetischen Grenze sei ihm dann von seinen Begleitern eröffnet worden, daß ihm mit sofortiger Wirkung die Staatsangehörigkeit der UdSSR aberkannt worden sei. Er habe daraufhin nur geantwortet, er bedanke sich, daß sein Antrag »so rasch bearbeitet« worden sei. Als das Flugzeug zur Landung ansetzte, habe er gehofft, schon im Westen zu sein. Es sei für ihn eine herbe Enttäuschung gewesen, als er habe feststellen müssen, daß das Flugzeug in der DDR – auf dem Flughafen Schönefeld bei Berlin – heruntergegangen war. Bei seinem ersten Zusammentreffen mit Journalisten sagte er: »Ich bin glücklich, im Westen zu sein. Es ist, als ob ein Traum wahr wird.«

Auf dem Weg nach Tempelhof verständigte Botschafter Burt über Autotelefon Washington, daß Schtscharansky frei sei. Ich unterrichtete, wie verabredet, den Sprecher der Bundesregierung, Staatssekretär Ost. In Washington und in Bonn wurde daraufhin eine abgestimmte Erklärung veröffentlicht: »Bundeskanzler Kohl und Präsident Reagan freuen sich, daß es möglich gewesen ist, die Freilassung von Anatoli Schtscharansky zu erreichen, der aus Gewissensgründen gefangengehalten wurde. Dies ist das Ergebnis deutsch-amerikanischer Zusammenarbeit über einen längeren Zeitraum. Der Präsident hat Bundeskanzler Kohl seinen herzlichen Dank für den substantiellen Beitrag der Bundesregierung für die Freilassung Schtscharanskys ausgesprochen. Dem Bundeskanzler ist es ein Anliegen, wesentlich zu allen Bemühungen beizutragen, die zu einer Verbesserung der Ost-West-Beziehungen, insbesondere im Bereich der Menschenrechte, führen.«

Die DDR äußerte sich über ihre Nachrichtenagentur ADN: »Aufgrund von Vereinbarungen zwischen den USA und der Bundesrepublik Deutschland sowie der UdSSR, der CSSR, der Volksrepublik Polen und der DDR fand am Dienstag, dem 11. 2. 1986 ein Austausch von Personen statt, die durch die jeweiligen Länder inhaftiert worden waren. Darunter befanden sich mehrere ›Kundschafter‹.«

Die Fahrt zum Flughafen verging rasch. Dort angekommen, stiegen wir sofort in eine kleine zweistrahlige Maschine der US-Streitkräfte. Die Turbinen wurden angelassen, und wir rollten zur Startbahn. Der

216

Abflug mußte jedoch abgebrochen werden, da die Bremsen des Flugzeugs aufgrund der großen Kälte vereist waren. Der Pilot hatte wiederholt durch kurzes, scharfes Bremsen versucht, das Eis abzusprengen und die Blockierung aufzuheben. Aber vergebens. Zum Schluß platzten unter dem Druck die Reifen. Wir hatten in der Maschine von alldem nichts gemerkt. Erst als die Maschine mit einem plötzlichen scharfen Ruck zum Stehen gekommen war und die Flughafenfeuerwehr mit Blaulicht auf uns zuraste, nahmen wir wahr, daß etwas Außergewöhnliches passiert sein mußte. Der Schaden war nicht so schnell zu beheben. So bestiegen wir ein bereitstehendes Ersatzflugzeug − die amerikanische Organisation hatte vorgesorgt −, und fort ging es in Richtung Frankfurt.

Während des Fluges unterhielten wir uns angeregt weiter. Ich fand es erstaunlich, daß Schtscharansky keinerlei Anzeichen von Ermüdung zeigte. Im Gegenteil: Er bestritt den Hauptteil der Unterhaltung. Wir sprachen über die vergangenen Tage, sein Schicksal, die Bemühungen um seine Freilassung und über seine zukünftigen Pläne. Dabei schilderte er auch, daß er am Morgen von den Betreuern in der DDR zu einem Frühstück eingeladen worden sei. In seiner Aufregung habe er aber keinen Bissen herunterbekommen, nur mehrere Tassen schwarzen Kaffee getrunken. Nun wurde offenbar, warum er wie aufgedreht wirkte; der ungewohnte Kaffeegenuß auf nüchternen Magen hatte ihn aufgeputscht.

Nach dem Verlassen des Berliner Luftkorridors, in dem eine Flughöhe nur bis dreitausend Meter vorgeschrieben war, stieg die Maschine steil nach oben. Während wir anderen diesem uns von den Berlin-Flügen her wohlbekannten Vorgang keine Aufmerksamkeit schenkten, fragte Schtscharansky nach dem Grund für den plötzlichen Anstieg. Wir erklärten ihm die Situation und sagten ihm, daß wir nun das Gebiet der Bundesrepublik Deutschland erreicht hätten. Schtscharansky wurde plötzlich still. Diese Mitteilung bewegte ihn sichtlich. Ich hatte den Eindruck, daß er erst jetzt ganz begriff, daß er nun wieder ein freier Mensch war.

In Frankfurt wurden wir auf dem militärischen Teil des Flughafens schon erwartet und sofort in das Flughafengebäude geleitet. Die Israelis hatten in einer feinen, sehr menschlichen Geste die Ehefrau Schtscharanskys, Avital, mit nach Frankfurt gebracht. Noch vor jeder offiziellen Begrüßung durfte er sie in einem separaten Raum in die Arme schließen. Man ließ beide in dieser ersten Stunde der Gemeinsamkeit nach über acht Jahren der Trennung allein. Wir anderen warteten in einem der Nebenräume. Es war eine bewegende Stunde. Mit strahlenden, vom Glück überfluteten Gesichtern stieß dann das Ehepaar zu dem Empfangskomitee. Der israelische Botschafter in der Bundesrepublik, Itzhak Ben Ari, begrüßte Schtscharansky im Namen der israelischen Regierung und verlieh ihm in einer kurzen, feierlichen Zeremonie die Staatsangehörigkeit des Staates Israel. Er war nun juristisch in seiner neuen, von ihm so ersehnten Heimat aufgenommen. Avital und Nathan, wie Schtscharansky von jetzt an mit Vornamen hieß, gingen dann zu jedem einzelnen und bedankten sich in überaus herzlichen Worten.

Bald wurde zum Aufbruch gemahnt, denn der Flug nach Israel lag noch vor ihnen. In Israel wurde das Ehepaar von der Regierung und den Menschen im Land festlich, ja triumphal empfangen. So endete eine menschlich ergreifende Geschichte, die gleichzeitig ein bedeutendes politisches Gewicht hatte. Präsident Reagan wie die israelische Regierung sprachen Bundeskanzler Kohl den Dank für seinen persönlichen Einsatz für Schtscharansky und die vielfältige Unterstützung durch die Bundesregierung aus.

Das Ereignis hatte weltweit Beachtung gefunden. Es lag nahe, daß Spekulationen ins Kraut schossen, ob und in welchem Ausmaß sich aus diesem Vorgang auf eine veränderte Haltung der Sowjetunion schließen ließ. Durchweg wurde das Verhandlungsergebnis bejaht. Kritik gab es nur daran, daß man einen Bürgerrechtler gegen Agenten aufgerechnet habe. Ich habe mich damals zu dieser Frage so geäußert: »Wenn dies der einzige Weg ist, um einen aufrechten und tapferen Mann wie Schtscharansky aus dem Lager herauszuholen, so vergebe ich mir nichts dabei.« Zu dieser Meinung stehe ich auch heute noch.

Im Laufe der Jahre hat es im Zuge dieser besonderen Verbindung zwischen der Bundesregierung und der DDR-Führung über Rechtsanwalt Vogel zahlreiche Austauschaktionen von »Agenten« gegeben. Ich habe über den Austausch des ehemaligen Referenten des Bundesnachrichtendienstes, Heinz Felfe, gegen zahlreiche Mitarbeiter westlicher Dienste im Februar 1969 berichtet. Die DDR hatte damals sogar die Fortsetzung der Aktion von der Freilassung Felfes abhängig gemacht.

Ihr Wunsch, Felfe vorzeitig freizubekommen, war so stark – vielleicht war der bewegende Faktor auch in Moskau zu suchen –, daß sie nicht einmal vor einer handfesten Erpressung zurückscheute.

Unter den Agenten, die die Bundesrepublik freigab, befanden sich eine Reihe von echten Spitzenspionen. Neben Felfe sind da Günter Guillaume, der Bundeskanzler Willy Brandt beschattet hatte, der frühere Bundestagsabgeordnete Alfred Frenzel, der für die CSSR tätig gewesen war, sowie der hochkarätige DDR-Spion Erwin Lutze, der Nachrichten aus dem Verteidigungsbereich geliefert hatte, zu nennen. Viele der Austauschvorgänge umfaßten nicht nur Deutsche, sondern waren international angesiedelt. Neben Ländern in Europa gehörten dazu Staaten in Afrika sowie in Nord- und Südamerika. Ringtauschaktionen waren eher die Regel. Die DDR trat gern, auch um sich aufzuwerten, als Verhandlungsführer für den ganzen Ostblock auf. Der Bundesregierung fiel, weil die Gespräche über Vogel liefen, die Rolle des Vermittlers im Westen zu.

Es wäre reizvoll, diese Aktionen nachzuzeichnen, die Schwierigkeiten zu schildern und aufzuzeigen, wer gegen wen und aus welchen Gründen gewichtet wurde. Die Akten geben Stoff her, der auch von den besten Kriminalromanen nicht übertroffen wird und Material für spannendste Filme liefern würde: eiskalte Taktik, schonungslose Härte, ja Grausamkeit neben der Verirrung von Gefühlen, mißgeleitetem Idealismus und auch ganz handfestem Desperadotum – eine breite Palette menschlicher Verhaltensweisen. Ich meine jedoch, es mir versagen zu müssen, auf Einzelheiten einzugehen. Die Vorgänge sind zwar abgeschlossen und liegen zum Teil schon viele Jahre zurück, doch geben sie Einblick in Denkweisen, politische Lagebeurteilungen von Regierungen und Überlegungen, die über den Tag hinaus Gültigkeit haben.

Der »Fall Meißner«

Die langjährige Zusammenarbeit mit Rechtsanwalt Vogel hatte inzwischen ein Vertrauenskapital anwachsen lassen, das die Bundesregierung und die Regierung der DDR nutzten, um Probleme auch außerhalb des eigentlichen humanitären Bereichs zu regeln. Einen aufsehenerregenden Vorgang bildete »Der Fall Meißner«.

Der »Fall Meißner« war im Grunde nur eine ziemlich peinliche Angelegenheit – eine Affäre. Peinlich für die Person Meißner und für die DDR, die meinte, sich vor einen kleinen Warenhausdiebstahl stellen zu müssen, nur weil der Betreffende ein hoher Funktionär des Regimes war und der »Schild« des sozialistischen Staates befleckt zu werden drohte. Außerdem wollte man den Plaudereien des Funktionärs vor den bundesdeutschen Behörden das Gewicht nehmen, die Aussagen als erzwungen darstellen und damit die Glaubwürdigkeit untergraben. Eine Geschichte, wie sie sich nur im geteilten Deutschland 1986 ereignen konnte. Sie beleuchtet die Besonderheit und Labilität der Lage von damals auf das deutlichste.

Was war geschehen? Am 9. Juli 1986 gegen 15.00 Uhr fuhr der stellvertretende Generalsekretär der Akademie der Wissenschaften in Ost-Berlin, das SED-Mitglied Prof. Dr. Herbert Meißner, über den Grenzübergang Friedrichstraße mit der S-Bahn nach West-Berlin. Meißner gehörte zum sogenannten Reisekader der SED – priviligierte Funktionäre, die in den Westen reisen dürfen. Er besaß einen Diplomatenpaß der DDR. Er hatte an dem Tag eine Verabredung mit einem ihm bekannten westlichen Wissenschaftler.

Vor dem Treffen besuchte er das Kaufhaus »Wertheim«. Dort entwendete er einen verchromten Brauseschlauch im Werte von DM 29,50. Bei dem Diebstahl hatte ihn der Hausdetektiv beobachtet. Meißner weigerte sich, dem Detektiv seinen Ausweis zu zeigen, was diesen veranlaßte, die Polizei zu rufen. Der Polizei wies er seinen Diplomatenpaß vor und gab seine Identität und seine Stellung bekannt. Er ließ auch wissen, daß er in Verbindung mit dem Staatssicherheitsdienst der DDR stehe. Befangen von der Macht und dem Einfluß, den der Staatssicherheitsdienst in der DDR hat, scheint er sich wohl eine entgegenkommendere Behandlung versprochen zu haben.

Aufgrund dieser Erkenntnisse und seiner Angaben wurde Meißner am 10. Juli von Beamten des Staatsschutzes in West-Berlin vernommen. Diese hatten wegen der politischen Bedeutung, und weil die Tat im britischen Sektor von Berlin begangen worden war, die britische Besatzungsmacht eingeschaltet. Vor den Polizeibeamten zeigte sich Meißner höchst redselig und bat darum, dem Bundesnachrichtendienst überstellt zu werden. Dem wurde entsprochen, und zwei Mitarbeiter dieser Behörde holten noch am gleichen Tag Meißner mit dem Flugzeug von Berlin nach München in die BND-Zentrale.

Der BND brachte Meißner zunächst für drei Nächte in dem renommierten Hotel »Alpenhof« in Murnau in der Nähe von München unter. Meißner genoß den Aufenthalt dort sichtlich. Augenzeugen berichteten, er habe an dem bekannten Candlelight-Dinner des Hotels mit großem Wohlgefallen teilgenommen und auch das anschließende Tanzvergnügen nicht mißachtet.

Die nächsten Tage verliefen unter Gesprächen mit Mitarbeitern des Bundesnachrichtendienstes ab. Meißner gab bereitwillig Auskunft und fertigte auch schriftliche Notizen an. Eine Begegnung mit dem BND-Präsidenten, die Meißner seiner Selbsteinschätzung nach vielleicht erwartet hatte, kam hingegen nicht zustande.

Am 13. Juli wurde Meißner in ein Appartement nach München umquartiert. Der Betreuer des BND verabschiedete sich dort nachmittags gegen 17.00 Uhr. Beide verabredeten einen neuen Termin für den nächsten Tag um 13.00 Uhr in der Wohnung. Der BND ließ Meißner nicht beschatten, auch wurde sein Telefon nicht abgehört. Er konnte sich frei bewegen. Als der Kontaktmann des BND am 14. Juli zur verabredeten Zeit in der Wohnung eintraf, fehlte von Meißner jede Spur. Er hatte keine Nachricht hinterlassen, aus der geschlossen werden konnte, wann und aus welchem Grunde er die Wohnung verlassen und wohin er sich begeben hatte. Zeichen für eine Gewaltanwendung lagen nicht vor. Meißner war verschwunden.

Am nächsten Tag, dem 15. Juli, meldete sich der Gesandte der Ständigen Vertretung der DDR in Bonn, Lothar Glienke, beim Leiter des Arbeitsstabes Deutschlandpolitik, Ministerialdirigent Freiherr von

Richthofen, im Bundeskanzleramt. Er bat um einen kurzfristigen Termin, der ihm noch für den gleichen Tag eingeräumt wurde. In dem Gespräch, das um 16.00 Uhr stattfand, erklärte der Gesandte, daß Meißner sich in der Vertretung der DDR in Bonn befinde. Er erhob namens der Regierung der DDR scharfen Protest gegen eine angebliche Freiheitsberaubung. Meißner sei unter falschen Anschuldigungen festgenommen und dann gewaltsam nach München verschleppt worden. Die Bundesregierung müsse dafür sorgen, daß er unbehelligt sofort in die DDR zurückkehren könne. Am Abend um 19.47 Uhr verbreitete ADN, der amtliche Nachrichtendienst der DDR, folgende Meldung: »Berlin, den 15. Juli 86 ADN − Der amtierende Leiter der Ständigen Vertretung der DDR in der BRD, Gesandter Lothar Glienke, protestierte am Dienstag im BRD-Bundeskanzleramt aufs schärfste gegen einen provokatorischen Akt des BRD-Geheimdienstes (BND) gegen den stellvertretenden Generalsekretär der Akademie der Wissenschaften der DDR Prof. Dr. Herbert Meißner. Prof. Dr. Meißner war während einer Dienstreise nach West-Berlin unter falschen Anschuldigungen festgenommen, gewaltsam nach München entführt und dort vom BRD-Geheimdienst in Gewahrsam gehalten und verhört worden. Sein Diplomatenpaß und seine persönlichen Unterlagen wurden vom BND eingezogen. Mit Druck und erpresserischen Mitteln sollte Prof. Dr. Meißner zum Verrat an der DDR gezwungen werden. Er konnte sich jedoch seinen Bewachern entziehen und begab sich zur Gewährleistung seiner persönlichen Sicherheit in die Ständige Vertretung der DDR in Bonn.«

Auch gab Meißner im Ostberliner Fernsehen ein Interview. Er beschuldigte darin die Behörden der Bundesrepublik, in seinem Fall den »Tatbestand der Verschleppung« erfüllt zu haben. Hier handle es sich um eine »eindeutige politische Provokation«. Er bestritt, am 9. Juli in West-Berlin bei einem Ladendiebstahl ertappt worden zu sein. Als er in einem Kaufhaus einen Gegenstand zur Prüfung in der Hand hielt, habe ihm jemand auf die Schulter geklopft, und er sei festgenommen worden. Bei der Staatsschutzbehörde der Westberliner Polizei sei er einer »geheimdienstlichen Tätigkeit« beschuldigt worden, man habe ihm mit einer Haftstrafe zwischen acht und zwölf Jahren gedroht. Dann seien ihm im Verhör Getränke »verabreicht« worden, in denen sich »offensichtlich Psychopharmaka« befunden hätten.

Er sei in einen »leicht euphorischen Zustand« geraten und »willenlos« gewesen. In dieser Situation habe er eine »Übertrittserklärung in die BRD« unterschrieben.

Auch auf unserer Seite hatte der Vorgang inzwischen erhebliche Aktivitäten ausgelöst. Bei Generalbundesanwalt Rebmann waren von der Berliner Polizei die Protokolle der Vernehmung Meißners eingegangen. Dessen Aussagen über die Zusammenarbeit mit dem Staatssicherheitsdienst der DDR hielt er für ausreichend, um ein Ermittlungsverfahren wegen Verdachts landesverräterischer Beziehungen einzuleiten.

Meißner hatte sich durch seinen Aufenthalt in der Ständigen Vertretung der DDR in Bonn einer weiteren Aufklärung entzogen. Da nicht von der Hand zu weisen war, daß er sich mit Hilfe der Ostberliner Behörden in die DDR absetzen würde, hielt Generalbundesanwalt Rebmann den Erlaß eines Haftbefehls für geboten. Juristisch war seine Ansicht sicher zu vertreten, doch jedermann mußte sehen, daß damit die Dinge politisch eskalieren würden. Wir legten uns selbst eine Zwangsjacke an. Rebmann beharrte aber auf seiner Forderung mit großem Nachdruck. Über die Frage gab es zahlreiche Gespräche zwischen dem Bundeskanzleramt, dem Generalbundesanwalt, dem Bundesminister der Justiz und dem Bundesnachrichtendienst. Der Haftbefehl wurde schließlich beantragt und vom Ermittlungsrichter beim Bundesgerichtshof antragsgemäß erlassen. Der Bundesminister für innerdeutsche Beziehungen war bis zu dieser Zeit nicht eingeschaltet worden.

Am 17. Juli verschärfte Ost-Berlin die Lage. Der Leiter der Ständigen Vertretung der Bundesrepublik Deutschland, Hans-Otto Bräutigam, wurde ins DDR-Außenministerium einbestellt. Staatssekretär Krolikowski eröffnete ihm dort, wenn die Bundesregierung nicht dafür sorgen würde, daß Meißner unbehelligt in die DDR zurückkehren könnte, würde dies nachteilige Konsequenzen für den Reise- und Besucherverkehr haben. Auch sei der gerade wieder zwischen beiden Ländern in Gang gekommene Jugendaustausch gefährdet.

ADN veröffentlichte folgende Erklärung:

»Berlin, den 17. Juli 86 ADN — Der Staatssekretär und 1. Stellvertreter des Ministers für Auswärtige Angelegenheiten der

DDR, Dr. Herbert Krolikowski, bekräftigte am Donnerstag gegenüber dem Leiter der Ständigen Vertretung der BRD in der DDR, Dr. Hans Otto Bräutigam, die Forderung der DDR nach unverzüglicher und ungehinderter Rückkehr des DDR-Bürgers Prof. Dr. Herbert Meißner, stellvertretender Generalsekretär der Akademie der Wissenschaften der DDR, in die Deutsche Demokratische Republik, die ihm seit Tagen gegen seinen Willen durch die Organe der BRD verweigert wird.

Staatssekretär Krolikowski wies darauf hin, daß sich die von den Behörden der BRD eingeleiteten Maßnahmen direkt gegen die persönliche Freiheit von Prof. Dr. Meißner richten. Sie sind ein schwerwiegender Eingriff in den Reise- und Besucherverkehr. Entschieden wies Staatssekretär Krolikowski die Anmaßung einer ›Obhutspflicht‹ der BRD für DDR-Bürger zurück. Angesichts des Vorgehens der BRD muß man schlußfolgern, daß gewisse Kreise in der BRD bewußt die Beziehungen zwischen beiden deutschen Staaten belasten. Für alle sich daraus ergebenden Folgen trägt allein die BRD die Verantwortung.

Staatssekretär Krolikowski unterstrich erneut im Interesse der Bewahrung des erreichten Standes in den Beziehungen die Forderung nach unverzüglicher und ungehinderter Rückkehr von Prof. Dr. Meißner in die DDR, die Wiederherstellung der Sicherheit im Reise- und Besucherverkehr sowie die Unantastbarkeit der Bürger der DDR.«

Damit waren die innerdeutschen Beziehungen an einem ihrer empfindlichsten Nervensträge betroffen. Der Reiseverkehr und der Jugendaustausch zwischen der DDR und der Bundesrepublik standen auf jeder Prioritätenliste der Bundesregierung stets ganz obenan. Eine bewußte Drosselung der Begegnungsmöglichkeiten für die Menschen in Deutschland würde die innerdeutschen Beziehungen in ihrem Kern berühren und mit nicht absehbaren Folgen belasten. Unversehens war aus einer eher »peinlichen Geschichte« eine Staatsaffäre geworden. Es war müßig, darüber zu spekulieren, ob in Ost-Berlin einige Spitzenfunktionäre die urlaubsbedingte Abwesenheit von Erich Honecker ausnutzen wollten, um Stärke zu demonstrieren und einmal zu zeigen, wie man mit der Bundesregierung umzugehen habe.

Die DDR als Staat hatte sich eingelassen. So ging es denn nicht nur um politische Fragen oder um rechtliche Beurteilungen; vielmehr stand das Prestige unausgesprochen — aber für jeden erkennbar — mit auf dem Spiel. Geraten Probleme zwischen Staaten aber auf eine Ebene, auf der ihr Ansehen beeinträchtigt zu werden droht, ist eine Lösung nach aller geschichtlichen Erfahrung besonders schwer zu finden.

Auf unserer Seite war als Konsequenz des Haftbefehls inzwischen der Aufenthaltsort Meißners — die Ständige Vertretung der DDR in Bonn — durch die Polizei abgeriegelt worden, um ein mögliches Verschwinden von Meißner zu verhindern. Die Polizei kontrollierte jede Person und jedes Fahrzeug auf dem Hinweg und beim Verlassen des Gebäudes.

Die Lage schien rundum verfahren. Kein klargesichtiger und verantwortungsvoller Politiker in West wie in Ost konnte angesichts des im Grunde läppischen Anlasses — ein relativ hoher Funktionär der SED aus dem kulturellen Bereich wird bei einem Ladendiebstahl ertappt und plaudert dann munter vor westdeutschen Behörden — eine echte Krise der innerdeutschen Beziehungen mit ihrem ganzen Gewicht für die beiden Staaten in Deutschland wünschen. Die SED hatte sich mit ihren absurden Behauptungen der Entführung und der Verabreichung von Drogen den Spielraum selbst sehr eingegrenzt. Auf unserer Seite lagen der Haftbefehl und der Anspruch, ein Ermittlungsverfahren durchführen zu wollen, als Stein auf dem Weg.

Am 17. Juli telefonierte ich mit Rechtsanwalt Vogel. Ein Routinegespräch. Wir hatten einige anstehende Fragen aus dem humanitären Bereich zu klären. Im Verlauf dieses Gesprächs fragte ich eher beiläufig, wie er denn den Vorgang Meißner einschätzen würde. Er gab mir keine Antwort, fragte aber, ob er mich am gleichen Tag noch einmal erreichen könnte. Er würde wieder anrufen. Einige Stunden später kam dann der Rückruf. Vogel erklärte, er habe in der Angelegenheit jetzt ein Mandat seiner Regierung. Von mir wurde erwidert, daß ich jederzeit für ein Gespräch zur Verfügung stehe. Auf den Vorfall selbst haben wir uns dann am Telefon jedoch nicht weiter eingelassen. Ich hielt es allerdings für wichtig — und dies sollte gegebenenfalls ruhig mitgehört werden — darauf hinzuweisen, daß das Grundgesetz der Bundesregierung bestimmte Grenzen für ihren Handlungsspielraum gezogen hat. Zum Beispiel dürfe es keine Bundesregierung je zulassen, daß ein Deutscher auf dem Boden der Bundesrepublik von fremden staatlichen Organen gegen seinen Willen zu irgendwelchen Handlungen gezwungen wird. Vogel verstand sofort.

Wir verabredeten uns für den 19. Juli, 18.30 Uhr, in Bonn. Vogel war ohnehin an diesem Tag in der Stadt. Da wir etwas Amtliches zu bereden hatten, hielt ich es für richtig, auch wenn das Treffen auf einen Sonnabend fiel, ihn nicht zu mir nach Hause oder in ein Restaurant zu bitten, sondern das Gespräch in meinem Dienstzimmer im Ministerium zu führen. Vogel nahm an, und wir trafen uns gegen 18.00 Uhr in meinem Büro. Den Pförtner hatte ich verständigt, daß ein Wagen mit DDR-Kennzeichen kommen würde. Sein Erstaunen, wen der Herr Staatssekretär da am Sonnabend abend − noch dazu allein − in seinem Büro empfing, wird groß gewesen sein. Anmerken ließ er sich jedoch nichts. Im Eingangsbuch für Besucher des Hauses ist der Besuch korrekt vermerkt worden.

Vogel wurde von seiner Frau begleitet. Frau Vogel unterstützte ihren Mann tatkräftig bei seiner Arbeit. Sie war sehr engagiert und nahm sich besonders des Bereichs der Familienzusammenführung an. Er vertraute ihr in allen Angelegenheiten. Es war deshalb nichts Ungewöhnliches, daß sie dem Gespräch beiwohnte.

Mit welcher Marschroute Vogel kam, ließ er als guter Verhandler nicht durchblicken. Daß er aber gekommen war und daß die DDR ihm ein Mandat erteilt hatte, also einen Verhandlungsweg neben den amtlichen Stellen eröffnete, deutete darauf hin, daß die DDR an einer raschen Regelung interessiert war und die Situation nicht mehr verschärfen wollte. Die besonnenen und erfahrenen Leute drüben hatten sichtlich das Heft wieder in die Hand genommen. Über einen Anwalt lassen sich Probleme anders behandeln als über Beamte von Regierungen. Hinter seinen Worten steht nicht gleich das ganze Gewicht des Staates. Er ist besser geeignet, Möglichkeiten auszuloten, weil er Gedanken freier aussprechen kann, ohne in dem engen Korsett eines offiziellen Vertreters zu stecken. Ein Anwalt ist von Berufs wegen zur Vertraulichkeit verpflichtet. Er muß der Öffentlichkeit, den Medien gegenüber, nicht Rede und Antwort stehen. Falls es ihm nicht gelingt, zu einem befriedigenden Ergebnis zu kommen, kann sein Mandat zurückgenommen werden, ohne daß sein Auftraggeber, der Staat, sein

Gesicht verliert und nun schon aus Prestigegründen eine härtere Gangart einschlagen muß.

Wie sah die Lage aus? Das Interesse der Bundesregierung, Meißner wegen des Diebstahls oder der Zusammenarbeit mit dem Staatssicherheitsdienst zu verfolgen, hielt sich in Grenzen. Es ging auf jeden Fall nicht so weit, dafür ernsten Schaden an den innerdeutschen Beziehungen in Kauf nehmen zu wollen. Im übrigen hätte die Bundesregierung auch keine Möglichkeit gehabt, Meißner mit Gewalt aus der Ständigen Vertretung der DDR herauszuholen. Eine Güterabwägung sprach klar dafür, einen Weg zu suchen, diese Affäre schnell und möglichst elegant zu bereinigen.

Die Bundesregierung war dabei in ihren Handlungen keineswegs frei. Nach dem Grundgesetz genießt jeder Deutsche – wo immer er sich auch befindet, vor allem natürlich auf dem Boden der Bundesrepublik – den Schutz des Staates vor rechtswidrigen Handlungen anderer. Konkret hieß dies: Meißner hatte seine Wohnung in München verlassen und hielt sich nun in der Ständigen Vertretung der DDR auf. Auf welchem Weg er dorthin gelangt war und ob er freiwillig oder möglicherweise gegen seinen Willen nach Bonn gebracht worden war, hierüber gab es keine Erkenntnisse. Niemand im Westen wußte es. Meißner hatte sich freiwillig westdeutschen Behörden gestellt und auch Erklärungen abgegeben. Er hätte sich deshalb nach DDR-Recht, von dem Verlust an Ansehen einmal abgesehen, auch strafbar gemacht haben können. So war der Verdacht nicht einfach von der Hand zu weisen, daß er – auf welche Art auch immer – nicht freiwillig noch einmal die Fronten gewechselt hatte. Seine Bekundungen über das Fernsehen, wieder in die DDR zu wollen, mußten deshalb auf Zweifel stoßen. Über die Frage mußte im Licht des Verfassungsgebots Klarheit gewonnen werden. Die Bundesregierung mußte sich Gewißheit verschaffen, ob Meißner freiwillig wieder in die DDR zurückkehren wollte. Dies war ein Punkt, in dem sich unsere Seite auf keinen Kompromiß einlassen konnte. Wie diese Gewißheit zu gewinnen sein könnte, darüber ließ sich reden. Hier konnte die Bundesregierung flexibel sein.

Dieser unserer Auffassung wurde von der DDR strikt widersprochen. Sie betrachtete sich als einen souveränen Staat, der ausschließlich allein über seine »Bürger«, die Bewohner der DDR, zu befinden habe. Der von der Bundesregierung vertretene Fürsorgestandpunkt, für alle Deutschen, also auch für die Menschen in der DDR eintreten zu müssen, wurde kräftig bekämpft und als Diskriminierung empfunden. Die Fronten standen sich in all den Jahren unverrückbar gegenüber.

Es bestand kein Zweifel, daß der Angelpunkt unseres Gespräches hier liegen würde. Ich hatte aus diesem Grunde schon bei der Verabredung des Termins die Beschränkungen unserer Handlungsmöglichkeiten am Telefon angedeutet. Vieler Worte bedurfte es nicht, um zu dem Kern vorzustoßen. Eine grundsätzliche Diskussion haben wir vermieden. Sie hätte zu nichts geführt. Es galt einen Weg zu finden, um die verfahrene Geschichte einer annehmbaren Lösung zuzuführen.

Die Bundesregierung konnte nicht darauf hoffen, daß die DDR ihren Vorwurf, Meißner sei verschleppt und mit Drogen gefügig gemacht worden, öffentlich zurücknehmen würde. Auch war mit Sicherheit nicht durchzusetzen, daß die DDR der Fortführung des Ermittlungsverfahrens und einer zu erwartenden Verurteilung wegen Diebstahls zustimmen würde. Der Ausweg konnte also nur in der Richtung gefunden werden, daß Meißner in die DDR zurückkehrte, allerdings erst, nachdem unsere Seite sich in geeigneter Weise davon hatte überzeugen können, daß er tatsächlich aus freien Stücken zu diesem Schritt entschlossen war. Vogel und ich kamen schon nach wenigen Minuten − ohne daß jeder die Gedankenführung seiner Seite darlegen mußte − zu diesem entscheidenden Punkt. Es brauchte dann allerdings noch insgesamt drei Stunden, bis wir uns ganz geeinigt hatten.

Die Vereinbarung beinhaltete: Der Haftbefehl wird aufgehoben und das Ermittlungsverfahren eingestellt. Ich erhalte die Möglichkeit, mich in einem persönlichen Gespräch mit Meißner von dessen Meinung zu überzeugen. Verbliebe er bei seiner Absicht, in die DDR zurückzukehren, stehe ihm die Heimkehr frei. Dieses Ergebnis schien mir annehmbar. Freilich wäre es mir lieber gewesen, wenn der Test über die Freiwilligkeit seiner Entscheidung von einer anderen Person oder einem sachkundigen Gremium durchgeführt worden wäre. Behaglich war mir nicht, die Verantwortung dafür allein tragen zu sollen, ob Meißner sich nun wirklich frei entschieden hatte. Aber die DDR hätte sich zu einer spektakulären Aktion, wie eine Vorführung

Meißners vor einem Konsilium von Ärzten, nicht bereit gefunden. Daß sie überhaupt zustimmte, lag einmal an ihrem Interesse, die Sache zu bereinigen. Das Zugeständnis der Befragung wurde ihr erleichtert, weil ich darauf hinweisen konnte, daß unsere Seite Befragungen von Flüchtlingen in der Bundesrepublik durch Vermittler aus der DDR bereits mehrfach gestattet habe. Staats- oder völkerrechtliche Fragen seien dabei stets ausgeklammert worden. Wir erörterten ausführlich, wo die Unterredung stattfinden könnte. In einer Dienststelle des Bundes? Im Bundeskanzleramt? In einem Ministerium? In den Räumen einer unpolitischen Institution? Auf einem Spaziergang? Viele Gelegenheiten ließen sich denken.

Schließlich kamen wir überein, die Begegnung in der Außenstelle des Bundeskriminalamtes in Meckenheim, dicht bei Bonn, vorzusehen. Das Bundeskriminalamt hatte den Vorteil, daß Meißner von der Optik her sich den Ermittlungsbehörden der Bundesrepublik wieder stellte. Es sollte auch jeder Anschein vermieden werden, daß die Befragung nicht ernsthaft gemeint sei, nur zum Schein durchgeführt werde. Vogel wollte für die DDR kein Gerücht aufkommen lassen, Meißner sei letzten Endes doch nicht freiwillig in die DDR zurückgekehrt.

Einem guten Brauch zwischen uns folgend, wollten wir die Vereinbarung nun schriftlich fixieren. Dabei ergab sich die Schwierigkeit, daß weder Vogel noch ich mit den modernen elektrischen Schreibgeräten in meinem Vorzimmer zurechtkamen. Es war Sonnabend und inzwischen 21.00 Uhr geworden, so konnte ich auch schlecht noch eine Hilfe herbeitelefonieren. Frau Vogel erbot sich deshalb liebenswürdigerweise, einzuspringen. So ist dieses Dokument dann auf meinem Briefpapier durch die Hand der Ehefrau des Bevollmächtigten der DDR im Dienstzimmer des Staatssekretärs des innerdeutschen Ministeriums gefertigt worden.

Anschließend verabschiedeten wir uns in der Meinung, damit eine für beide Seiten annehmbare Übereinkunft erzielt zu haben. Nun mußte die Zustimmung der Regierungen eingeholt werden. Ich telefonierte mit Bundesminister Windelen, schilderte ihm das Gespräch und las ihm den Text der Vereinbarung vor. Er stimmte zu. Anschließend bat er mich, den Chef des Bundeskanzleramtes, Bundesminister Schäuble, zu verständigen und dessen Meinung einzuholen. Dies tat ich. Auch Schäuble fand die Regelung tragbar. Weiter wurde Justizminister Engelhardt eingeschaltet. Auch er sagte sofort seine Unterstützung bei dieser Lösung zu. Generalbundesanwalt Rebmann erklärte sich zu einer Einstellung des Ermittlungsverfahrens bereit, wenn die Bundesregierung für ihn nachvollziehbare Gründe anführen würde, daß eine Einstellung des Verfahrens im Interesse der Bundesrepublik liege.

Schäuble schrieb einen entsprechenden Brief an Rebmann und bat, das Verfahren, weil es das Interesse der Bundesrepublik Deutschland gebiete, nach § 153 StPO einzustellen. Der Brief wurde durch einen Kurier des Justizministeriums Rebmann übermittelt, der sich von den Argumenten überzeugt zeigte. Ihm ist die Entscheidung nicht leicht gefallen. Er stellte seine Instrumente nur ungern beiseite.

Vogel ließ mich wissen, daß seine Seite einverstanden sei. Ich gab ihm die Entscheidung der Bundesregierung bekannt. Wir legten nun den genauen Ablauf fest: Vogel sollte mit Meißner am Montag, dem 21. Juli, gegen 11.00 Uhr die Ständige Vertretung der DDR mit seinem Privat-Pkw verlassen und unmittelbar zur Außenstelle des Bundeskriminalamtes nach Meckenheim fahren. Dort wollten wir uns um 11.30 Uhr treffen. Anschließend sollte die Begegnung selbst im Bundeskriminalamt stattfinden. Sofern die Klarheit gewonnen war, daß Meißner freiwillig in die DDR zurückkehren wollte, sollte er anschließend sofort mit einem Wagen der Ständigen Vertretung Meckenheim verlassen und über die Autobahn in die DDR fahren.

Zahlreiche Telefongespräche folgten. Der technische Ablauf mußte geklärt werden. Schließlich würde Meißners Abreise den Journalisten nicht verborgen bleiben. Alles ließ sich jedoch reibungslos einrichten. Bundeskriminalamt und Polizei waren sehr kooperativ. Die Autonummern wurden ausgetauscht, das Bundeskriminalamt richtete die Örtlichkeit her, die Grenzschutzstellen wurden verständigt – es lag ja noch ein Haftbefehl vor.

Am 21. Juli um 8.30 Uhr stellte Rebmann – wie festgelegt – das Ermittlungsverfahren ein. Der Haftbefehl wurde aufgehoben. Juristisch war Meißner jetzt ein freier Mann. Er hätte die Ständige Vertretung der DDR ohne Behinderung verlassen und sich dem Gespräch mit mir entziehen können. Das Risiko, welches hierin lag, war mir bewußt. Ich hielt es jedoch für tragbar. Denn wohlweislich war von mir nicht zugesagt worden, die genaue Uhrzeit der Aufhebung des Haftbefehls bekanntzugeben. Vogel konnte nur davon ausgehen, daß dies geschehen sein würde, wenn er gegen 11.00 Uhr mit Meißner die Ständige Vertretung verließ, um nach Meckenheim zu fahren. Ich war aber sicher, daß die DDR, nachdem eine schriftliche Vereinbarung vorlag, sich an das gegebene Wort halten würde. Jeder weiß: Wer ein Abkommen in einer derart politischen und diffizilen Sache bricht, wird für alle Zukunft unglaubwürdig und damit partiell handlungsunfähig. Auch kalkulierte ich ein, daß − sofern es solche Gedanken auf seiten der DDR überhaupt geben sollte − man sich sagen würde, unsere Seite hätte wohl Mittel und Wege überlegt, um für einen solchen Fall ein Verschwinden Meißners zu verhindern. − Ich hatte!

Die »Technik« klappte, alles lief genau nach Plan ab. Vogel und Meißner verließen, begleitet von dem Surren der Kameras der Weltpresse, in Vogels Pkw gegen 11.00 Uhr die Ständige Vertretung der DDR und fuhren nach Meckenheim. Ich war schon vorher im Bundeskriminalamt eingetroffen, um mich mit der Örtlichkeit vertraut zu machen.

Es gab noch einen anderen Grund, warum ich vorher an Ort und Stelle sein wollte. Vogel und ich hatten nicht festgelegt, wer auf beiden Seiten an dem Gespräch teilnehmen sollte und in welcher Weise ich mich von Meißners Entscheidungsfreiheit überzeugen wollte. Von mir war das Thema bewußt nicht zur Erörterung gestellt worden, weil ich in meiner Entscheidung über die Durchführung bis zum Schluß frei bleiben wollte. Nach dem Gespräch mußte nicht nur die Bundesregierung unterrichtet, sondern auch der Öffentlichkeit Rede und Antwort gestanden werden. Diese würde anhand des Ablaufs natürlich genau untersuchen, ob auf seiten der Bundesregierung auch wirklich pflichtbewußt und seriös gehandelt und nicht nur eine Show veranstaltet worden sei. Ein derartiger Verdacht durfte nicht zurückbleiben.

Ich fühlte mich auch vor meinem Gewissen verantwortlich, denn es schien mir zwingend, daß die Geschichte für Meißner nach seiner Rückkehr in die DDR nicht ohne Folgen bleiben würde. Ich war deshalb fest entschlossen, alles zu tun, um mir Gewißheit zu verschaffen. Dabei lag der Gedanke nahe, nicht nur dem eigenen Urteil zu trauen. Deshalb bat ich einen der Bundesregierung gut bekannten, besonders vertrauenswürdigen Arzt für Neurologie und Psychiatrie, an dem

Gespräch teilzunehmen. Er sollte, soweit es unter den Umständen möglich war, sich ein Bild von Meißner machen. Mit Vogel war die Anwesenheit des Arztes nicht besprochen worden. Ich sah aber keine Komplikationen voraus, da ich wußte, daß er den Arzt von einer früheren Begegnung her kannte. Außerdem mußte es unserer Seite freistehen, auf welche Art wir uns das Urteil bilden wollten. So geschah es dann auch.

Vogel erschien pünktlich. Die Abfahrt aus der Ständigen Vertretung war ohne Schwierigkeiten vonstatten gegangen. Sein Wagen war — wie nicht anders zu erwarten — von der Presse verfolgt worden. Das Bundeskriminalamt hatte jedoch den Zutritt zu dem Gelände für die Presse gesperrt. Die Journalisten mußten am Tor warten. Als Vogel im Besprechungsraum den Arzt sah, stutzte er zwar, nahm seine Anwesenheit jedoch ohne jede Bemerkung hin. Vogel war im übrigen begleitet von seiner Frau. Ich hatte noch einen Mitarbeiter meines Hauses hinzugezogen, um notfalls bei auftretenden Problemen Unterstützung zu haben.

Es war ein warmer, sommerlicher Tag. Für den Abend war Gewitter angesagt. Das Bundeskriminalamt hatte ein kleines Sitzungszimmer freigemacht, in dem wir uns an einen rechteckigen Konferenztisch gegenübersetzen konnten. Kaffee und Wasser waren bereitgestellt. Kurz wurde noch einmal der Ablauf besprochen. Die Vorstellung unter den Teilnehmern wurde schnell erledigt. Mir lag daran, Meißner nicht wissen zu lassen, daß ein Arzt zugegen war. Die Einleitung des Gesprächs wurde dadurch erleichtert, daß zunächst Persönliches zu erledigen war. Meißner hatte einige Habe in der Wohnung in München zurückgelassen. Der Bundesnachrichtendienst hatte mich gebeten, sie ihm bei dieser Gelegenheit auszuhändigen. Dies tat ich nun. Meißner mußte den Empfang auf einer Liste, in der jedes Stück einzeln genau beschrieben und aufgeführt war, quittieren. Der deutsche Ordnungssinn feierte Urständ.

Der Bundesnachrichtendienst hatte mir auch den roten Diplomatenpaß Meißners mitgegeben, um ihn, je nach Ausgang des Gesprächs, ihm wieder auszuhändigen. Ich legte den Paß vor mich auf den Tisch. Wie magnetisch angezogen, bat Meißner sofort, ihn wieder zurückzuerhalten. Ich verweigerte dies, ohne einen Grund anzugeben. Damit wollte ich erreichen, daß Meißner das nun beginnende

Gespräch ernst nahm und nicht nur als Farce, um einen Schein zu wahren, ansah.

Meißner verstand sofort und wiederholte seine Bitte nicht. Sein rasches Verlangen nach dem Paß ließ aber blitzartig ein Stück seiner Persönlichkeit erkennen. Der Diplomatenpaß sollte ihm die Stellung des Privilegierten wiedergeben. Wer weiß, mit welcher Begehrlichkeit auch in der Bundesrepublik nach einem Diplomatenpaß angestanden wird, wird nicht erstaunt sein. Wieviel mehr also in der DDR, wo der Diplomatenpaß ein Statussymbol war. Er verschaffte Privilegien und wies den Träger als einen hohen Repräsentanten der Staatsmacht aus. Während in der Demokratie mehr die Eitelkeit Nutznießer ist, brachte der Besitz eines Diplomatenpasses in der DDR handfeste Vorteile mit sich. Vorteile, wie sie nur ein diktatorisches Regime zu bieten hat. Für diesen herausgehobenen Status sind viele Menschen bereit, sich zu beugen, zu gehorchen und auch die Augen vor unangenehmen Wahrheiten zu verschließen – ein besonderes Mittel, Anhänger auszuzeichnen, sie aber auch mit der Drohung des jederzeit möglichen Entzugs an sich zu binden und folgsam zu halten. All dies sagte Meißners Blick. Ein Funktionär, wie man deren viele sattsam kennt, schoß es mir durch den Kopf.

Auf das Gespräch hatte ich mich sorgfältig vorbereitet. So hatte ich Meißners Biographie studiert, mich mit seinem Arbeitsgebiet und seinen Veröffentlichungen beschäftigt. Es fiel also nicht schwer, ein Gespräch zu beginnen. Um die Atmosphäre aufzulockern, erwähnte ich, daß wir dem gleichen Jahrgang angehörten. Ich hätte auch mit Vergnügen gelesen, daß er sich nach dem Krieg als Kellner durchgeschlagen habe. Mir sei es ähnlich ergangen.

Meißner ließ sich ohne jede Verkrampfung auf das Gespräch ein. Es wurde ein angeregter Meinungsaustausch, ohne jedoch das politische Feld zu berühren. Nach rund fünfzehn Minuten trat eine Pause ein. Der Small talk hatte sich erschöpft. Man mußte zur Sache kommen. Vogel wurde unruhig, und eine gewisse Spannung begann sich auszubreiten. Ich wandte mich deshalb an den Arzt, um einen Hinweis von ihm zu erhalten, ob und wie er die Lage beurteilte. Er machte daraufhin mir gegenüber eine Geste, die klar aussagte, er habe keine Zweifel, daß sich Meißner bei bester Gesundheit befinde. Ich erhob mich deshalb und bat Meißner zu einem Vieraugengespräch in das Nebenzimmer. Er war etwas verdutzt, folgte mir jedoch sofort. Es war ein schmuckloses Arbeitszimmer, ohne jede persönliche Atmosphäre.

Unsere Unterhaltung begann ich, indem ich Meißner die Rechtslage vor Augen führte. Er sei im Sinne des Grundgesetzes Deutscher und habe deshalb die gleichen Rechte wie jeder andere Bundesbürger. Es liege in seinem freien Ermessen, in der Bundesrepublik zu bleiben oder wieder in die DDR zurückzukehren. Die Entscheidung könne ihm niemand abnehmen. Das Gespräch hier sei notwendig geworden, weil er den Behörden der Bundesrepublik gegenüber zunächst erklärt habe, er wolle im Westen bleiben. Sein Weg von München nach Bonn in die Ständige Vertretung der DDR sei höchst mysteriös. Die Umstände seien ungeklärt; insbesondere sei sein Sinneswandel nicht ohne weiteres nachzuvollziehen. In der Welt, und besonders im politischen Raum, gehe es nicht immer nur fein zu. Die Erfahrungen lehrten, daß Skepsis angebracht sei. Er wisse doch sehr gut, daß er nicht gegen seinen Willen nach München gebracht worden sei. Wenn er trotzdem über das DDR-Fernsehen die aberwitzige These der DDR von seiner Verschleppung und Drogenbehandlung unterstützt habe, so sei ein solches Verhalten zumindest höchst befremdend. Unsere Zweifel, ob er sich tatsächlich freiwillig von München nach Bonn in die Obhut der DDR-Vertretung begeben habe, seien daher nur zu berechtigt. Aber ich wolle keinen Druck ausüben. Unserer Seite läge es keineswegs daran, ihn zu bewegen, in der Bundesrepublik zu bleiben. Ich hätte auch nicht im Sinn, ihn zu drängen, nunmehr seine jüngsten Erklärungen zu widerrufen. Die Bundesrepublik sei als ein Rechtsstaat weltweit bekannt. Man wisse landauf, landab, daß hier niemand entführt und mit Drogen seines freien Willens beraubt werde, um ihn in der Bundesrepublik zu halten. Seine und die Behauptungen der DDR seien einfach lächerlich und letztlich nur peinlich – für seine Seite.

Wie nicht anders zu erwarten, ging Meißner auf meinen Vortrag nicht ein. Er wand sich hin und her, ohne sich jedoch konkret zu äußern. Mit großer Verblüffung vernahm ich allerdings seine Gegenfrage: Ob er denn nun wieder unbehelligt reisen könne. Ich schaute ihn verdutzt an. Denn ob er nach diesen Vorfällen von der DDR noch einmal eine Reiseerlaubnis in den Westen erhalten würde, müßte er als hoher Funktionär der SED doch wahrlich besser wissen als ich. Konnte er wirklich so naiv sein anzunehmen, die DDR würde ihn wieder mit offenen Armen empfangen und alles bleiben, wie es vorher gewesen war? Nach der Blamage, die er der DDR zugefügt hatte?

Es verhielt sich tatsächlich so. Meißner wollte wissen, ob er bei einer erneuten Einreise in die Bundesrepublik von den Behörden hier Schwierigkeiten zu erwarten hätte. Ich schilderte ihm die Rechtslage, deutete aber an, daß nach meiner Ansicht er sich eher Gedanken zu machen hätte, was die SED in diesem Punkt wohl überlegen werde. Meißner zeigte sich völlig unbesorgt. Seine Haltung wurde vielleicht von der Tatsache bestimmt, daß man ihn die letzten Tage in der Ständigen Vertretung von seiten der DDR sehr zuvorkommend behandelt hatte. Vielleicht hatte man auch Versprechungen gemacht. Offenkundig wurde jedoch in dem Gespräch mit mir, daß er völlig unpolitisch dachte: ein Wissenschaftler, dessen Gedanken um sein Fachgebiet kreisten, der die Vorteile, die das System der DDR ihm bot, gern annahm und der zu Gegenleistungen weitgehend bereit war. Vielleicht hatte er, wie so mancher Wissenschaftler in der DDR, auch Scheu, sich den dortigen politischen Realitäten zu stellen, sich ungeschminkt ein Bild von der Wirklichkeit zu machen. Eine andere Haltung hätte möglicherweise die Konfrontation mit der SED und den Verlust von Bevorzugung, Besserstellung bedeutet. Es gibt auch eine Flucht in die Naivität zum Zwecke des Selbstschutzes. Je höher Menschen in der Hierarchie steigen, desto schwieriger kann das Problem für sie werden. Die Verstrickungen wachsen, und manch einem gelingt es sogar, das Wunschbild für die politische Realität zu halten. Der Mensch ist in hohem Maße befähigt, Unangenehmes zu verdrängen. Als einen »Kämpfer« konnte man Meißner jedenfalls nicht bezeichnen.

Meine Aufgabe sah ich nicht darin, Meißner in irgendeiner Weise zu »belehren«. Es ging nur darum festzustellen: Ist er körperlich und geistig in der Lage, frei entscheiden zu können? Weiß er, was er tut? Kann man mit Sicherheit bezeugen, daß sein Entschluß auf einer freien Willensentscheidung beruhte, für die er allein die Verantwortung tragen konnte. Im übrigen sah ich Meißners Lage auch nicht als so verhängnisvoll an. Die DDR hatte offiziell eine Entführung behauptet. Sie konnte deshalb den »Entführten« nach seiner Rückkehr, nachdem man ihn »freigekämpft« hatte, schlecht sofort einsperren.

Sicher schien mir jedoch, daß man ihn nach einer gewissen Anstands-
frist fallenlassen würde. Es würde interessant sein, seinen weiteren
Lebensweg zu beobachten.

Meißner gab, wie nicht anders zu erwarten, keine Erklärung ab, aus
welchen Gründen er sich entschlossen habe, wieder in die DDR
zurückzukehren. Er konnte dies auch schlecht tun, da er sich über das
Fernsehen die These von der Verschleppung zu eigen gemacht hatte.
Ebenso war nicht zu erwarten gewesen, daß er ausplaudern würde,
wie er mit der DDR Verbindung aufgenommen hatte und auf welchem
Weg er von München nach Bonn in die Ständige Vertretung der DDR
gelangt ist. Wir sprachen insgesamt rund dreißig Minuten unter vier
Augen. Er zeigte sich aufgeschlossen, geistig rege und bereit, sich an
dem Gespräch zu beteiligen, das sehr sachlich verlief.

Aufgrund seiner Einlassungen hatte ich schließlich nicht den
geringsten Zweifel, daß Meißner in die DDR zurückkehren wollte. Er
sah dort die bessere Perspektive für sein Leben. Wir begaben uns
dann wieder zu den anderen. Ich händigte ihm seinen roten Diplomatenpaß aus. Vogel brach nun sofort mit ihm auf. Meißner fuhr wie verabredet mit einem Wagen der Ständigen Vertretung über die Autobahn
zur Grenze. Bei einer Rast kurz vor Dortmund gab er Reportern von
SAT 1, die seinen Wagen verfolgt hatten, ein Fernsehinterview. Er
genoß es ganz offensichtlich, im Blickpunkt der Öffentlichkeit zu stehen. Erstaunlich, daß keinerlei Beklemmungen wegen seiner Tat
durchschimmerten.

Ich trat vor die Bundespressekonferenz, um zu berichten. Vogel
wertete die Geschehnisse gegenüber Journalisten als das Ergebnis
einer »Koalition der Vernunft«. Ein an sich unbedeutender Vorgang,
der sich zu einer innerdeutschen Krise entwickelt hatte, konnte zu den
Akten gelegt werden.

Wie erging es Meißner nach seiner Rückkehr in die DDR? Die
Affäre spielte sich im Juli 1986 ab. Mit Ablauf des Jahres verlor er
offiziell seinen Sitz im Redaktionsbeirat der von der Akademie der
Wissenschaften der DDR herausgegebenen Zeitschrift »Spectrum«;
auch wurde er aus dem Redaktionskollegium des Periodikums »Wirt-
schaftswissenschaften« ausgeschlossen. Zugleich wurde er zum
31. Dezember 1986 seiner Funktion als Stellvertreter des Generalse-
kretärs der Akademie der Wissenschaften enthoben. Ihm wurde

jedoch nicht die Mitgliedschaft der Akademie entzogen. In der erwähnten Monatszeitschrift »Spectrum« wurde in der Ausgabe 5/1987 des sechzigsten Geburtstages Meißners am 16. Mai 1987 gedacht. In der Notiz wurde er als ein ordentliches Mitglied der Akademie bezeichnet.

Die DDR hatte damit einen Mittelweg beschritten. Gebunden an ihre These, Meißner sei entführt worden, konnte sie ihn nicht völlig fallen oder gar verschwinden lassen. Da er der DDR aber einen großen Schaden zugefügt hatte, mußte − schon zur Abschreckung − eine Strafe ausgesprochen werden. So nutzte die DDR weiter seine erheblichen wissenschaftlichen Gaben, stellte ihn aber kalt.

Ein deutsches Schicksal zwischen Ost und West, begründet in menschlicher Schwäche. Daß der Vorgang zumindest für einige Tage eine Brisanz bekam und in eine erhebliche politische Dimension hineinwuchs, lag letztlich an dem fundamentalen Gegensatz zwischen freiem Westen und kommunistischem Osten. Von der Episode wird nur ein Kopfschütteln darüber übrigbleiben, was sich in den damaligen Zeiten alles abspielen konnte.

Das Ende der
»besonderen humanitären Bemühungen«

Wenn die SED gedacht hatte, daß mit der großen Zahl von Ausreisebewilligungen im Jahr 1984 und der Demonstration ihrer Unnachgiebigkeit gegenüber den Zufluchtsuchenden um die Jahreswende 1984/1985 in Prag das Problem des Ausreisedrucks gelöst war, so unterlag sie einem fundamentalen Irrtum. Nur wer den Bezug zum Denken, zur Bewußtseinslage und zu den Wünschen der Menschen in der DDR verloren hatte, konnte sich in dieser Annahme wiegen.

Zunächst hatte die Ausreisewelle 1984/1985 eine von der DDR wohl sicher nicht bedachte, ganz konkrete Folge. Die Übersiedler, die aufgrund der gelockerten Genehmigungspraxis ausreisen konnten, wechselten ja nicht in ganzen Familien über die Grenze; es handelte sich in der Regel lediglich um einzelne Personen, die aus der DDR ausreisen konnten. Sie ließen zumeist nahe Verwandte in der DDR zurück, die später aufgrund des engen familiären Verhältnisses zu den jetzt in der Bundesrepublik lebenden Familienmitgliedern ihrerseits einen Ausreiseantrag stellten und ihn mit einer Familienzusammenführung begründeten.

Ich habe berichtet, daß vor der Ausreisewelle das Verhältnis von Ausreisewilligen aus echten verwandtschaftlichen Gründen zu denen, die aus rein politisch begründeten Motiven die DDR verlassen wollten, ungefähr 30:70 betragen hat. Ab 1985 kehrte es sich nahezu um. Das heißt, mit ihrem Eingehen auf eine entgegenkommendere Genehmigungspraxis hatte die DDR bewirkt, daß das Vorhandensein getrennter Familien in Deutschland nicht eine weiter rückläufige Tendenz aufwies, was in ihrer politischen Zielvorstellung liegen mußte, sondern im Gegenteil, daß die Anzahl auseinandergerissener Familien erneut anstieg. Hieraus folgte für die DDR die höchst unangenehme Komponente, daß die in der DDR verbliebenen Angehörigen zum Teil einen nach der DDR-Verordnung über die Familienzusammenführung echten Rechtsanspruch auf eine Ausreisegenehmigung erworben hatten, da die vor ihnen ausgereisten Familienmitglieder ja mit einer Genehmigung − also legal − das Land verlassen hatten. Mit anderen Worten: Ein Entgegenkommen bei den Ausreisewünschen schaffte der DDR höchst unerwünschte Anschlußprobleme. Diese bald gewonnene Erkenntnis trug sicher dazu bei, daß sich die DDR gegenüber den Ausreisebegehren immer herber zu verschließen begann.

Das Problem der »Altfälle« bei der Familienzusammenführung löste sich nur langsam auf. An ihre Stelle traten neue, besonders schwierig gelagerte Anliegen, die eine besondere Aufmerksamkeit und nachhaltiges Bemühen verlangten. Immer wieder gab es auch Zufluchtnahmen in den Vertretungen der Bundesrepublik. Sie konnten nach dem Prager Muster diskret gelöst werden.

In den Jahren ungefähr von 1987 an begannen sich jedoch die Zeichen zu mehren, daß die DDR innenpolitisch immer mehr einem Kessel ähnelte, in dem es stärker und stärker brodelte. Mit der Unterzeichnung von Dokumenten über die Wahrung von Menschenrechten bei den KSZE-Nachfolgetreffen hatte die DDR sich auch gegenüber ihren Bürgern öffentlich gebunden. Eine neue Generation war herangewachsen, die nachhaltig und unerschrocken ihre Rechte einforderte. Die Diskrepanz zwischen den verkündeten Erfolgen und der so anders gearteten Wirklichkeit im Alltag der DDR wuchs ständig. Immer mehr Menschen machten Front gegen die permanente Gängelung durch die einseitig ideologisch fixierte Politik, gegen die Unfähigkeit der staatlichen Bürokratie, gegen die Unmöglichkeit, sich den eigenen Wünschen gemäß frei entfalten zu können.

Der Mißmut schlug sich in den Zahlen derjenigen, die die Bundesregierung bei ihren Ausreisewünschen um Unterstützung baten, deutlich nieder. Der Ansturm war im Grunde nicht mehr zu bewältigen. Schnell waren es über 60 000 aktuelle Anliegen geworden, die die Akten zum Bersten brachten. Eine ordentliche Bearbeitung von Anwaltsbüro zu Anwaltsbüro war bei dieser Größenordnung nicht mehr denkbar. Rechtsanwalt Vogel und ich machten uns viele Gedanken, wie Abhilfe geschaffen werden konnte. Wir dachten lange über andere Organisationsformen nach. Es gab schließlich Institutionen, die in der Regelung von humanitären Anliegen Erfahrung hatten, zum Beispiel das »Rote Kreuz«. Sollte man sie einschalten? Viele Vorstellungen wären zu verwirklichen gewesen, doch haperte es an einer Grundvoraussetzung.

Die rechtliche Grundlage, um einen Ausreiseantrag mit Aussicht auf eine Genehmigung stellen zu können, bildeten die »Verordnung zur Regelung von Fragen der Familienzusammenführung und der Eheschließung zwischen Bürgern der DDR und Ausländern vom 15. 9. 1983« und später die »Verordnung über Reisen von Bürgern der DDR nach dem Ausland vom 30. 11. 1988« sowie die »Verordnung zur Gewährung des ständigen Wohnsitzes für Ausländer in der DDR und zur Eheschließung von Bürgern der DDR mit Ausländern vom 30. 11. 1988«. In der ersten Verordnung, die bis 1988 galt, ist der Kreis der Berechtigten eng begrenzt gehalten. Im Grunde beschränkte er sich auf ein enges Verwandtschaftsverhältnis, etwa die Zusammenführung von getrennten Ehegatten oder Eltern mit ihren Kindern. Derartige Verwandtschaftsverhältnisse waren aber bei den Anliegen, die unsere Akten füllten, eben gerade nicht gegeben. Die Betroffenen konnten ihren Antrag deshalb strenggenommen auf die Verordnung über Familienzusammenführung nicht stützen. Wenn die DDR sich dennoch auf Verhandlungen über derartige Anträge einließ und fallweise eine Genehmigung zur Ausreise erteilte, so desavouierte sie im Grunde ihr eigenes Recht – eine für jeden Staat nur schwer erträgliche Situation. Dies auch noch öffentlich tun zu sollen, indem man wohlbekannte und renommierte Einrichtungen des öffentlichen Lebens mit der Bearbeitung betraute, wäre nicht zu verkraften gewesen.

Ein Auftrag an eine öffentlich wirkende Institution hätte vorausgesetzt, daß sich die DDR hätte bereit finden müssen, Beurteilungskriterien zuzulassen, die über den Rahmen der in der Verordnung über Familienzusammenführung festgelegten Kategorien für Anträge hinausgingen. Denn jeder Sachbearbeiter mußte schließlich für die Beratung der Antragsteller eine Handhabe haben, wer unter welchen Voraussetzungen eine Aussicht hat, die Ausreisegenehmigung zu erhalten. Zu einem solchen Schritt war die DDR jedoch nicht bereit. Offiziell hielt man an der Verordnung über Familienzusammenführung fest, tatsächlich wurde jedoch in vielen Fällen auch denen eine Ausreisegenehmigung erteilt, die an sich keine Berechtigung hatten, einen Antrag zu stellen. Ob die DDR dabei nach einem bestimmten System verfuhr, und wenn ja, nach welchen Kriterien die Anträge beurteilt wurden, ließ sich nicht herausfiltern.

Manche Gesuche, die von der Person des Antragstellers her, sei es wegen seines Alters, seines Berufes oder anderer Umstände, darauf deuten ließen, die DDR könnte an seinem Verbleiben kein überragendes Interesse haben, wurden dennoch durch Jahre abgelehnt. Andere, bei denen man meinte, daß sie nie eine Chance hätten — Mitarbeiter im medizinischen Bereich, in der Forschung, in wichtigen Positionen in der volkseigenen Industrie oder im kulturellen Leben —, erhielten überraschenderweise die Genehmigung zur Ausreise. Diese rechtlich höchst unkorrekte Handhabung fand erst durch die Verordnung vom 30. November 1988 formal ihre Bereinigung. Sie enthielt zwar ebenfalls genau umrissene Kategorien, welcher Verwandtschaftsgrad gegeben sein mußte, um einen Ausreiseantrag stellen zu können, doch war in § 10 Absatz 3 eine Art Generalklausel aufgenommen worden, die auch in den Fällen, in denen ein Verwandtschaftsverhältnis nicht nachgewiesen werden konnte, die Genehmigung rechtlich erlaubte. Es hieß dort, daß »ständige Ausreisen... auch aus anderen humanitären Gründen genehmigt werden« können. Mit dieser Generalklausel war eine rechtliche Deckung vorhanden, um jeden Antrag — wenn es denn politisch gewollt wurde — genehmigen zu können.

Eines wurde jedoch zunehmend offenbar. Die Zahl der Wünsche, die DDR verlassen zu wollen, stieg steil an — kontrapunktisch dazu versteifte sich die Haltung der SED-Führung. Die Gespräche über die Familienzusammenführung wurden immer unergiebiger. Es wurde eine Fülle von Papier ausgetauscht, Namenslisten in großer Zahl übergeben, aber die DDR entzog sich von Tag zu Tag mehr der konkreten Bearbeitung und einer Antwort. Wir taten alles, um den vielen Menschen, die die Bundesregierung um Unterstützung angingen, zu helfen, doch wurden die Erfolge — gemessen an dem ständig wachsenden Umfang — immer kleiner.

Für jeden, der das Geschehen mit offenen Augen verfolgte, der die Gründe, warum die Menschen die DDR verlassen wollten, aufmerksam überdachte und in sich aufnahm, häuften sich die Zeichen, daß die DDR in eine Krise taumelte. Die Führung schien wie mit Blindheit geschlagen, wollte nicht wahrhaben und verdrängte, daß der real existierende Sozialismus, wie das System in der DDR sich selbst kennzeichnete, von den Menschen nicht angenommen wurde. Der SED fiel kein besseres Rezept gegen die aufkeimende Unruhe ein, als die Gewalt des Staates einzusetzen und den Zwang zu verschärfen, mit dem Ergebnis, daß die Menschen ihr Heil in der Abwanderung suchten. Die vermehrten Besuchsreisen in den Westen haben durch die Möglichkeit, das Leben in der Bundesrepublik in Augenschein zu nehmen, sicher ein übriges dazu beigetragen, die Ungeduld und Unzufriedenheit mit der Entwicklung oder besser der Stagnation in der DDR zu verschärfen.

Die Lage spitzte sich ständig weiter zu. Der Gegensatz zwischen den Begehren der Bürger und einer in überholten, wirklichkeitsfremden Vorstellungen verhafteten Regierung wurde von Tag zu Tag größer. Viele Stimmen warnten, doch die SED wollte nicht begreifen. Die evangelische Kirche forderte die Menschen immer wieder auf, das Land nicht zu verlassen; Flucht und Abwanderung seien nicht das rechte Mittel, um die geforderten gesellschaftspolitischen Veränderungen zu bewirken. Doch die Hoffnungslosigkeit über die bestehenden Verhältnisse und der Mangel an einer Perspektive, daß die Zukunft einen grundlegenden Wandel bringen würde, waren stärker.

Das entscheidende Datum kam mit dem 2. Mai 1989. An diesem Tage begann Ungarn mit dem Abbau der Grenzbefestigung zum Westen. Jeder, der Einblick in die Akten hatte und der die Stimmungslage in der DDR kannte, wußte, daß es nun zu einer neuen Fluchtbewegung kommen würde. Entweder stoppte die DDR sofort den Reiseverkehr nach Ungarn, oder es würde sich eine Lawine in Bewegung setzen. Zu der ersten Maßnahme fehlte es der SED-Spitze offenbar an Mut, Kraft oder an Einsichtsvermögen in den Ernst der Lage. Die Führung der DDR wirkte wie gelähmt und ließ die Dinge − zumindest nach außen hin − treiben.

So setzte Ausgang Sommer 1989 die neue Fluchtbewegung ein. Sie erhielt durch die breite Veröffentlichung im Westen weitere Nahrung. Viele haben sich sicher auch überstürzt zur Flucht entschlossen, nur um den »Zug« nicht zu verpassen.

Die Vorgänge sind bekannt. Über 60 000 Menschen aus der DDR flüchteten in die Vertretungen der Bundesrepublik in Ost-Berlin, Prag, Budapest und Warschau. Rechtsanwalt Vogel konnte ihnen zunächst nur, wie bisher, Straffreiheit bei einer Rückkehr in die DDR und eine anwaltliche Unterstützung in ihren Ausreiseanliegen zusagen. Eine diskrete Lösung war angesichts der Flut von Menschen, die sich in die

Botschaften ergoß, und der dadurch bedingten weltweiten Öffentlichkeit des Geschehens nicht mehr möglich. Die frühere »Übereinkunft« von Prag, die im Grunde darauf hinauslief, daß die Menschen ausreisen konnten, allerdings ohne daß dies öffentlich und verbindlich zugesagt wurde, konnte unter diesen Umständen nicht mehr praktiziert werden. Sie griff nicht mehr. Sie verlor auch durch die Bekanntgabe in der Pressekonferenz am 8. August 1989 in Bonn — ich sprach schon davon — ihre Attraktion, denn nun wußte jeder, daß die DDR zwar nach außen hin nicht nachgegeben hatte, sich vordergründig nicht hatte erpressen lassen, indem sie den Botschaftsflüchtlingen keine Ausreise garantierte, dann in der Praxis aber eben doch nicht hart geblieben war, weil alle Botschaftsflüchtlinge letztlich ausreisen konnten.

Die in den Botschaften auf ihre Ausreise in den Westen drängenden Landsleute aus der DDR ließen sich in der Mehrzahl von dem Angebot Vogels nicht umstimmen. Im Gegenteil: Die Fluchtbewegung schwoll weiter an. Sie nahm ein bestürzendes und beängstigendes Ausmaß an. Die Zustände in den restlos überfüllten Botschaften erforderten eine rasche Lösung. Die innenpolitischen Auswirkungen auf die Menschen in der DDR, die das Geschehen durch das westliche Fernsehen und den Rundfunk verfolgen konnten, nahmen für die SED bedrohliche Dimensionen an. Der maßgebliche Mann, der Staatsratsvorsitzende Erich Honecker, lag krank darnieder und konnte offenkundig einige Zeit nicht in das Geschehen eingreifen. Man spürte seine Hand erst wieder, als Vogel Tage später sein Angebot erweiterte und nun neben der Straffreiheit bei einer Rückkehr in die DDR auch die Ausreise innerhalb von sechs Monaten verbindlich zusagte. Dieses Zugeständnis konnte nur ein Kopfschütteln auslösen. Es wies darauf hin, in welchen ernsten Schwierigkeiten die DDR steckte. Denn das Angebot konnte nichts nützen, nichts bewirken. Das Rad der Geschichte war inzwischen über eine derartige Offerte hinweggerollt. Die menschliche Haltung der ungarischen Regierung, die die flüchtenden Landsleute aus der DDR praktisch ohne Schranken ausreisen ließ, wirkte wie ein Fanal. Die Tausende in den Botschaften ließen sich damit nicht mehr einfangen oder abspeisen. Sie hatten kategorisch und endgültig mit dem Regime in der DDR gebrochen. Sie waren sich der Macht der großen Zahl bewußt. So konnte die Lösung nicht mehr gefunden werden.

Die Bundesrepublik wie die DDR standen vor einer total neuen Situation. Sie erforderte neue Gedanken und andere Wege. Die Botschaftsflüchtlinge in Prag und Warschau konnten dann per Zug direkt in den Westen ausreisen. Die DDR mußte, sicher höchst unwillig, den Ansehensverlust und die Tatsache einer erneuten Erpressung, wie 1984 zu Beginn der Zuflucht nahme in Vertretungen, hinnehmen.

Ein letzter Schein des früher behaupteten Standpunktes kam in dem Arrangement zum Ausdruck, daß der Zug mit den Botschaftsflüchtlingen aus Prag den Weg über das DDR-Gebiet nehmen mußte und daß die Zufluchtsuchenden in den Botschaften der Bundesrepublik in Warschau und Prag, die sich dort auch später immer wieder einfanden, ihre Ausreisepapiere von den DDR-Botschaften in Warschau und Prag ausgestellt erhielten. So konnte die DDR zur Wahrung des Gesichts sich an dem Fädchen hochranken, daß letztlich sie doch über die Ausreise entschieden hatte. In der politischen Beurteilung hat dieses Faktum allerdings weder in West noch in Ost sich merklich positiv für die DDR niedergeschlagen.

Durch die Entmachtung Honeckers und den gesellschaftspolitischen Umbruch in der DDR im Herbst 1989 hat sich das Problem der Familienzusammenführung von allein gelöst. Die noch von der DDR rechtlich verankerte Möglichkeit, daß alle Bewohner der DDR frei in den Westen reisen konnten, hat diese schweren Belastungen der Vergangenheit − bedingt durch die Spaltung Deutschlands − für die Menschen in Ost und West aus der Welt geräumt.

Während sich das Problem der Hilfe für die aus der DDR in die Vertretungen der Bundesrepublik im Ostblock flüchtenden Landsleute durch die Gestattung der Ausreise entschärfte, mußten andere, die wegen versuchter »Republikflucht« zu gleicher Zeit noch in Haft gehalten wurden, ihre Strafe weiter verbüßen. Und auch derjenige, der in diesen Tagen von den Grenzsoldaten der DDR bei einem Fluchtversuch gestellt wurde, mußte weiterhin mit seiner Verurteilung rechnen. Eine widersinnige Situation.

Am 13. Oktober 1989, noch vor der Abdankung Honeckers, wandte sich Vogel in einer persönlichen Erklärung an die Öffentlichkeit. Er setzte sich dafür ein, daß alle DDR-Bewohner, die bei einem Fluchtversuch über Ungarn, die CSSR oder Polen verhaftet und verurteilt worden waren, sofort freigelassen werden sollten. Er berief sich auf den Grundsatz der Gleichbehandlung. Es sei unvertretbar, daß der Staat Sonderwege in die Bundesrepublik zulasse und »andererseits für analoges Verhalten Haftbefehle« verkünde. Weiter bezeichnete Vogel die Strafverfahren gegen gewaltlose Demonstranten als »juristisch bedenklich« und sagte, er sehe sich als Rechtsanwalt in der Pflicht, hier »Korrekturen und rechtsstaatliche Praktiken anzumahnen«.

Die öffentliche Mahnung Vogels ist sicher bei den damaligen Oberen in der DDR nicht wohlgefällig aufgenommen worden. Sie hat ihm wohl keine neuen Freunde eingetragen, obwohl die Logik in seiner Forderung unabweisbar auf der Hand lag. Die vereinigten Rechtsanwaltskollegien in der DDR unter Leitung von Rechtsanwalt Gysi, dem späteren Parteivorsitzenden der SED-Nachfolgepartei PDS, haben den Gedanken kurz danach aufgenommen. Zu bedauern bleibt allerdings, daß die Inkonsequenz im Denken und Handeln der DDR-Führung nicht schon früher in das Bewußtsein der SED-Spitze vermittelt werden konnte, denn mit dem »Freikauf« hatte die DDR seit Jahren ebenfalls »Sonderwege« in die Bundesrepublik zugelassen. Die Personen, die wegen versuchter Republikflucht inhaftiert waren und sich an westliche Stellen gewandt hatten, kamen vorzeitig frei und konnten in den Westen ausreisen. Die Häftlinge aber, von denen wir im Westen keine Kenntnis hatten, und diese »Fälle« hat es sicher nicht wenige gegeben, mußten ihre Strafe voll absitzen und wurden dann wieder in die DDR entlassen. Wo lag da der Unterschied zu der Situation des Jahres 1989?

Am 27. Oktober 1989 erließ der Staatsrat der DDR einen Beschluß, nach dem »Personen, die vor dem 27. 10. 1989 Straftaten des ungesetzlichen Grenzübertritts sowie Straftaten begangen haben, die darauf gerichtet waren, die Ausreise aus der DDR widerrechtlich durchzusetzen, amnestiert« werden. Und weiter: »Amnestiert werden auch Personen, die vor dem 27. Oktober 1989 Straftaten gegen die staatliche und öffentliche Ordnung im Zusammenhang mit demonstrativen Ansammlungen begangen haben.« Diese Amnestie umfaßte damit zwar einen großen Teil der politischen Häftlinge, beschränkte den Kreis jedoch auf diejenigen, die wegen Fluchtversuchs oder im Zusammenhang mit Demonstrationen verurteilt worden waren.

Diese Einengung konnte nicht genügen. Auf den Druck der Öffentlichkeit hin raffte sich der Staatsrat der DDR am 6. Dezember 1989 zu einem weiteren Amnestiebeschluß auf. Nun wurde die Amnestie nicht mehr auf die Tat und das Vergehen abgestellt, sondern auf die Höhe der Verurteilung. Alle Häftlinge mit einem Freiheitsentzug bis zu drei Jahren kamen frei. Doch auch diese Amnestie ließ noch eine Reihe von politischen Häftlingen unberücksichtigt. In der DDR saßen noch rund 130 Häftlinge, die zu höheren Strafen verurteilt worden waren, ein, unter ihnen sogenannte Agenten westlicher Dienste und Häftlinge, die aus politischen Gründen sich in besonderer Weise gegen die SED-Ordnung vergangen hatten. Zu ihnen gehörten Fluchthelfer und Personen, die die sozialistische Gesellschaftsform in der DDR aktiv bekämpft hatten.

Das Schicksal eines Fluchtversuchs will ich wegen der besonderen Tragik abschließend in Erinnerung rufen. Im August 1979 versuchte der Matrose der DDR-Volksmarine, Bodo Strehlow, in den Westen zu fliehen. Auf einer Patrouillenfahrt überraschte er seine Kameraden und sperrte sie unter Deck. Dann nahm er Kurs in Richtung Westen. Die anderen Marinesoldaten konnten sich jedoch befreien und überwältigten Strehlow mit Waffengewalt. Dabei trug er schwere Verletzungen davon. Er wurde fast taub und auf dem linken Auge blind. Strehlow erhielt »lebenslänglich«. In meiner Zeit, als ich als Staatssekretär des innerdeutschen Ministeriums mit Rechtsanwalt Vogel die Listen mit den Häftlingen verhandelte, hatte ich schon versucht, die Begnadigung Strehlows zu erreichen. Aber alle Mühe war vergebens gewesen. Die DDR zeigte sich absolut unnachgiebig. Sie ließ sich durch kein Gebot umstimmen. Auch meinem Nachfolger im Amt, Staatssekretär Walter Priesnitz, lagen dieses wie die anderen Anliegen besonders am Herzen. Er hat sich unermüdlich für die Freilassung Strehlows eingesetzt.

Nach dem Erlaß der letzten Amnestie – Mitte Dezember 1989 – kam es im DDR-Zuchthaus Bautzen II unter den Gefangenen, die von der Amnestie ausgeschlossen geblieben waren, zu Unruhen, auch zu Hungerstreikaktionen. Die Aufsichtsbeamten scheuten sich jedoch, wie es früher sofort geschehen wäre, die »Revolte« mit Gewalt niederzuschlagen. Statt dessen wurde mit den Häftlingen diskutiert und versucht, sie zu begütigen. Als die Häftlinge jedoch von ihren Forderungen nicht abließen, gestattete die Anstaltsleitung, selbstverständlich mit ministerieller Genehmigung, daß Vogel und Staatssekretär Priesnitz mit dem Gefangenenbeirat, der dies verlangt hatte, zusammentreffen konnten. Das Unfaßbare, noch vor Monaten Undenkbare geschah: Der Staatssekretär des innerdeutschen Ministeriums aus der Bundesrepublik Deutschland, einem Ministerium, dem die DDR – wo immer möglich – aus politischen Gründen aus dem Weg ging, wird zu politischen Häftlingen in der DDR in die Zelle gelassen, um sie zu beruhigen und ihnen Hilfe zu versprechen. Ein deutlicheres Zeichen, wie tief die Glaubwürdigkeit der SED gesunken war, war kaum vorstellbar.

In sehr intensiven und sicher schwierigen Gesprächen zwischen Priesnitz und Vogel wurde dann eine Einigung über die Freilassung aller politischen Häftlinge in der DDR erarbeitet. Bundeskanzler Kohl konnte bei seinem Besuch in der DDR am 19. Dezember 1989, auf dem er von der damaligen Bundesministerin für innerdeutsche Beziehungen, Dorothee Wilms, begleitet wurde, in einem Gespräch mit DDR-Ministerpräsident Modrow die Übereinkunft festschreiben.

Die »besonderen humanitären Bemühungen« der Bundesregierung – aller Bundesregierungen seit 1963 – waren damit an ihr Ende gelangt. Ein guter Ausgang, daß nun die Verhandlungen mit Rechtsanwalt Vogel als Beauftragten der Regierung der DDR eingestellt werden konnten, weil die Verhältnisse in diesem Teil Deutschlands sich so gewandelt hatten, daß neue Verurteilungen aus politischen Gründen nicht mehr zu befürchten waren.

Im Zuge der »besonderen Bemühungen« wurde von 1963 bis 1989 für 33 755 politische Häftlinge die vorzeitige Freilassung erreicht, über zweitausend Kinder konnten mit ihren Eltern wieder vereint und über 250 000 Familienzusammenführungen geregelt werden. Die verschiedenen Bundesregierungen haben dafür Gegenleistungen im Wert von über 3,5 Milliarden D-Mark erbracht. Ein lukratives »Geschäft« für die SED, denn rein wirtschaftlich gesehen standen diesen Einnahmen keine Aufwendungen auf seiten der DDR gegenüber.

Der Weg war lang, dornenreich und umstellt von vielerlei Gefahren. Vielen tausend Menschen konnte in ihrer politisch bedingten Not geholfen werden. Aber auch das muß hier vermerkt werden, daß in leider nicht wenigen Fällen trotz aller Bemühungen ein Erfolg versagt geblieben ist, weil die DDR sich hartnäckig verweigerte. Die »besonderen Bemühungen« haben dazu beigetragen, vielfältiges Leid und arge Bedrängnis in Deutschland zu mildern. Sie haben tief auf die gesellschaftspolitischen Verhältnisse in der DDR eingewirkt, und man kann sicher ohne Überschätzung hinzufügen, daß sie den Boden für den Wandel im Jahre 1989 mit bereitet haben.

In den Dienst dieser für die Betroffenen so schwerwiegenden Anliegen haben sich viele Persönlichkeiten gestellt. Sie aufzuzählen ist nicht möglich. Sie haben in der Stille gewirkt, um Landsleuten beizustehen, nicht um äußerer Ehren willen. Ein bemerkenswertes Kapitel in der deutschen Geschichte nach 1945 hat mit der Beseitigung seiner Ursache, der Teilung Deutschlands, seinen Abschluß gefunden.

Personenregister

Abels, sowjet. Spion 207
Adenauer, Konrad 10, 21
Albertz, Heinrich 15

Backlund, Sven 76
Barzel, Claudia 16
Barzel, Kriemhild 16
Barzel, Rainer 10, 15 ff., 21 ff.,
  28 f., 32 f., 35, 37, 39, 84,
  87, 93, 95 ff., 103, 208
Behling, Kurt 12 f.
Ben-Ari, Itzhak 218
Berg, Hans-Dieter 130 ff.
Berg, Ingrid 130 ff.
Berg, Jens 130 ff.
Berg, Simone 130 ff.
Berger, Lieselotte 97 f.
Brandt, Willy 219
Braune, Pastor 150
Bräutigam, Hans-Otto 133, 140,
  142 f., 152 f., 223 f.
Brentano, Heinrich v. 21
Brodesser, Karl Friedrich 37
Burt, Richard 202 f., 212 ff.

Cheysson, Claude 126
Craxi, Bettino 136
Czaja, Herbert 123

Dahlgrün, Rolf 21

Engelhard, Hans 230

Erhard, Ludwig 37
Esch, Arno 20

Fabiola, Königin von Belgien 65
Felfe, Heinz 78 f., 218 f.
Franke, Egon 5, 32, 80 f., 85,
  91, 93 ff.
Frenzel, Alfred 219
Frohn, Wolf-Georg 205

Gaus, Günter 122 f.
Gehlen, Reinhard 78
Genscher, Hans-Dietrich 166,
  175, 189 ff.
Glienke, Lothar 221 f.
Globke, Hans 21
Goerke, Edgar 37
Gorbatschow, Michail 200 f.
Grobel, US-Botschaftsrat 203,
  212
Guillaume, Günter 219
Gysi, Gregor 245

Hamm-Brücher, Hildegard 170 ff.
Hennig, Ottfried 138
Hirt, Edgar 5, 32, 80 f., 85 f.,
  91 ff., 102, 111
Honecker, Erich 7, 46, 76 f.,
  108, 116, 126 f., 131, 136, 144,
  224, 243 f.

Bitte beachten Sie auch
folgende Seiten

Berndt Guben

Schwarz, Rot und Gold
Biographie einer Fahne

424 Seiten, mit zahlreichen Farbabbildungen
gebunden

Die Fahne mit den Farben Schwarz, Rot und Gold feierte am
31. März 1991 ihren 175. Geburtstag. Dies ist ihre Biographie und
zugleich die lange Geschichte der Sehnsucht nach Einheit, Recht und
Freiheit.

Ullstein

Rainer Barzel

Plädoyer für Deutschland

238 Seiten, gebunden

Rainer Barzels Buch ist zeitgeschichtliche Bilanz und politisches Plädoyer zugleich. Sein Fazit: Die deutsche Geschichte erschöpft sich
nicht im »Dritten Reich« und in den namenlosen Verbrechen des Hitler-
Regimes. Die Deutschen tragen Verantwortung für dieses dunkelste
Kapitel ihre Geschichte, aber sie haben auch die bitteren Lehren daraus
gezogen. Ein nachdenklich stimmendes, ein herausforderndes Buch.

Ullstein

DIE WELT war dabei

Das Jahr der deutschen Einheit

323 Seiten, mit zahlreichen Fotos,
zum Teil in Farbe, gebunden

Dieser Band versammelt die achtzig wichtigsten Reportagen, mit
denen die Tageszeitung DIE WELT den stürmischen Weg zur deutschen Einheit beschrieb. Hier wird ein dramatisches Kapitel deutscher
Politik geschildert − nicht mit der kühlen Distanz des Zeithistorikers,
sondern in der lebendigen Sprache der Journalisten.

Ullstein